14.80/75

Kleine Bibliothek 48

Politik Wissenschaft Zukunft

W0362885

prv

Richard Sorg

Marxismus und Protestantismus in Deutschland

Eine religionssoziologisch-sozialgeschichtliche Studie zur Marxismus-Rezeption in der evangelischen Kirche 1848–1948

Pahl-Rugenstein

© 1974 by Pahl-Rugenstein, Köln.
Alle Rechte vorbehalten.
Herstellung: Peter Millard & Co. KG, Köln.
ISBN 3-7609-0168-9

Inhalt

Vorwort

Die vorliegende Studie ist die überarbeitete Fassung meiner Dissertation, die im Sommer 1973 vom Fachbereich Gesellschaftswissenschaften der Philipps-Universität Marburg angenommen wurde. Für mannigfache Anregungen und Kritik danke ich Prof. Dr. Heinz Maus und Prof. Dr. Frank Deppe, ferner den Freunden Dr. Friedrich-Martin Balzer und Dr. Herbert Gottwald. In besonderer Weise gilt mein Dank der Stiftung Mitbestimmung des Deutschen Gewerkschaftsbundes, die durch ein Stipendium die materiellen Voraussetzungen dafür schuf, daß ich nach dem theologischen Examen ein Zweitstudium in Soziologie beginnen und mit der Promotion abschließen konnte. Frau Ruth Figge möchte ich für das Schreiben des Manuskripts herzlich danken. Stetige Ermunterung und solidarische Hilfe über Jahre hinweg verdanke ich schließlich Dr. Agnes Klingshirn.

Marburg, Sommer 1974 *Richard Sorg*

Einleitung

Soweit das Thema ‚Protestantismus und Marxismus' von kirchlich-theologischer Seite behandelt wurde, geschah das allenfalls unter dem Aspekt eines moralisch bewerteten schuldhaften ‚Versäumnisses' oder ‚Fehlverhaltens' der Kirche gegenüber der sogenannten sozialen Frage, demgegenüber die Kirche zur ‚Buße' aufgefordert wurde.

Im Unterschied zu dieser moralischen Betrachtungsweise soll hier versucht werden, eine soziologische Begründung der – bis zu einem gewissen Grade – gesellschaftlich bedingten ‚Notwendigkeit' jenes inkriminierten Verhaltens der Kirche zu geben. Die nachweisbare sozialökonomische, politische und rechtliche Abhängigkeit der evangelischen Kirche – die katholische bleibt hier außer Betracht – von den herrschenden Klassen in Deutschland verwehrte bestimmte Einsichten, ganz zu schweigen von konkreten Parteinahmen gegen das Gesellschaftssystem, mit dem die Kirche so eng verbunden war. Diese Abhängigkeit gilt, wenn auch in veränderter Form, bis heute und bestimmt den Spielraum kirchlichen Redens und Handelns. Von den damit gesetzten Grenzen her muß auch die Art und Weise der Auseinandersetzung mit dem Marxismus im Bereich des Protestantismus gesehen werden.

Mit diesen Bemerkungen ist bereits das der Arbeit zugrunde liegende allgemeine theoretische und methodische Konzept angedeutet, von dem aus die leitenden Gesichtspunkte gewonnen werden. Es wird hier der Versuch unternommen, die von KARL MARX und FRIEDRICH ENGELS[1] entwickelte materialistische Geschichtsauffassung auf den Gegenstand der Untersuchung selbst – die protestantische Rezeption eben dieser materialistischen Geschichtsauffassung als eines zentralen Bestandteils des Marxismus – anzuwenden. Im Hinblick auf den Zweck dieser Arbeit erscheint es ausreichend

[1] Es besteht kein Anlaß, aus der Arbeitsteilung zwischen Marx und Engels und aus den auf eine veränderte historische Situation bezogenen Stellungnahmen des späten Engels ein grundsätzliches Gegeneinander der beiden Begründer der materialistischen Geschichtsauffassung zu konstruieren, wie es verschiedene Marxismus-Kritiker versuchen.

und in gewissem Sinne sogar geboten, einen relativ weiten Begriff von „Marxismus" zugrunde zu legen, und zwar vor allem deshalb, weil, was die hier behandelten Vertreter des deutschen Protestantismus in ihrem mannigfach variierenden Verständnis dessen, was sie als Marxismus oder als Sozialismus bezeichnen, sicherlich nicht unter einem definitorisch eng gefaßten Begriff des Marxismus zu subsumieren wäre. Als Marxismus soll das Ganze der von Marx und Engels begründeten und von ihnen im historischen Prozeß weiterentwickelten vor allem gesellschaftswissenschaftlichen Theorien gelten, welche zugleich eine bestimmte Methode implizieren, die historisch-materialistische Dialektik.

Indem das Schwergewicht auf die Untersuchung der theoretischen Auseinandersetzung innerhalb des deutschen Protestantismus mit dem Marxismus gelegt wird, ist der Charakter dieser Arbeit vorwiegend ideen- bzw. theoriegeschichtlicher Natur. Da aber die Art der Auseinandersetzung auf die ihr zugrunde liegenden sozialen Zusammenhänge hinterfragt, die gesellschaftlichen Hintergründe für die spezifische Stellung von Vertretern der evangelischen Kirche zum Marxismus aufgezeigt werden sollen und damit ansatzweise die Ermittlung der sozialen Funktion des Protestantismus am Beispiel der in seinen Reihen geführten Auseinandersetzung mit der marxistischen Gesellschaftstheorie versucht wird, trägt die Arbeit auch einen religionssoziologischen Charakter. Im Zusammenhang mit dem Problem der sozialen Funktion des Protestantismus sucht sie schließlich auch zur Frage nach der Rolle zumindest der behandelten Vertreter des deutschen Protestantismus innerhalb der Geschichte der sozialen Bewegung beizutragen.

I ZUR KONZEPTION EINER MARXISTISCHEN SOZIOLOGIE DER RELIGION

Der Protestantismus[2] wird hier begriffen als eine bestimmte historische Ausprägung der christlichen Religion – entstanden mit der Herausbildung der bürgerlich-kapitalistischen Produktionsweise im Schoße der feudalen Gesellschaft – und als solcher zum Gegenstand einer religionssoziologischen Untersuchung gemacht. Sowohl der Begriff der Religion als auch Gegenstand und Methode der Religionssoziologie sind wissenschaftlich kontrovers. Einer Klärung der zentralen theoretischen Thesen, der Kategorien und methodischen Voraussetzungen einer *marxistischen* Religionssoziologie, von deren Position aus unser Thema behandelt wird, soll dieser Teil der Arbeit dienen.

1 Grundzüge der marxistischen Religionstheorie

Bei der Herausbildung der Theorie und Methode des Historischen Materialismus spielte die Auseinandersetzung mit der Religion eine wichtige Rolle. Entsprechend der feudalen Zurückgebliebenheit der deutschen Staaten des Vormärz konzentrierte sich der Kampf der oppositionellen, bürgerlich-demokratischen Intelligenz, zu der damals auch Marx und Engels gehörten, zunächst notgedrungen auf das weltanschauliche Gebiet. Die religiöse Bevormundung diente den feudalen Klassen als wichtigste geistige Waffe zur Aufrechterhaltung ihrer überlebten Herrschaft. Aus diesem Grund hatte die Kritik der Religion, indem sie die Legitimationsgrundlagen der alten

[2] Cf. zur Eigenart des Protestantismus innerhalb der christlichen Konfessionen Wolf II und Schrey III.

Gesellschaftsordnung antastete, unmittelbar politische Bedeutung. Es war darum kein Zufall, daß Marx und Engels ihr begriffliches Instrumentarium für die Analyse und Kritik der bürgerlichen Gesellschaft und Sozialtheorie zunächst an der Kritik der Religion entwikkelten und erprobten. Sie knüpften hierbei an die Religionskritik der Linkshegelianer (z. B. Bruno Bauer)[3], vor allem aber an die *materialistischen* Traditionen der Philosophie an, insbesondere der Aufklärung, deren fortgeschrittenste Position durch LUDWIG FEUERBACH markiert wurde.

1.1 *Feuerbach als Wegbereiter der Marxschen Religionskritik*[4]

In seinem Hauptwerk, dem „Wesen des Christentums", hatte Feuerbach den irdischen Kern der Religion enthüllt, Gott als eine Projektion des Menschen und den Inhalt des religiösen Bewußtseins als menschliches Selbstbewußtsein bestimmt:

„*Das Bewußtsein Gottes ist das Selbstbewußtsein des Menschen, die Erkenntnis Gottes die Selbsterkenntnis des Menschen* . . . Gott ist das *offenbare* Innere, das *ausgesprochene* Selbst des Menschen; die Religion die feierliche Enthüllung der verborgenen Schätze des Menschen . . ."[5]

In der Anthropologie fand er das Geheimnis der Theologie. Die der Religion zugrunde liegende Selbsterkenntnis des Menschen ist nach Feuerbach freilich eine verkehrte, „pathologische".[6] Der religiöse Mensch weiß nicht, daß sein Gottbewußtsein in Wirklichkeit Selbstbewußtsein ist. Infolgedessen handelt es sich bei der Religion um ein sich selbst verborgenes, ein entäußertes, entfremdetes Selbstbewußtsein:

„Der Mensch verlegt sein Wesen zuerst *außer sich*, ehe er es in sich findet. Das eigne Wesen ist ihm zuerst als ein andres Wesen Gegen-

[3] Zu Bruno Bauer cf. Barnikol.

[4] Zum folgenden cf. vor allem Finger sowie Stiehler und (zum Einfluß Feuerbachs auf den jungen Marx) Schuffenhauer.

[5] Feuerbach, S. 53. – Hervorhebungen hier wie bei allen übrigen Zitaten im Original, sofern nichts anderes vermerkt wird.

[6] Die Theologie sei als die „psychische Pathologie" des Menschen zu behandeln. Ebd. S. 10.

stand. Die Religion ist das *kindliche Wesen* der Menschheit . . . der Mensch hat sein *eignes Wesen* angebetet. Der Mensch hat sich vergegenständlicht, aber den Gegenstand nicht als sein Wesen erkannt . . .“[7]

Beim religiösen, unaufgeklärten[8] Menschen verkehrt sich sein Subjektives in ein äußeres, von ihm abgetrenntes Objektives. In dieser Verkehrung, die zugleich eine Verdinglichung, eine Vergegenständlichung von Nichtgegenständlichem (Selbstbewußtsein) darstellt, besteht das Charakteristikum der Religion als einer Illusion. Die Wahrheit des illusorischen Gegensatzes von Göttlichem und Menschlichem ist der Gegensatz zwischen dem menschlichen Gattungswesen und dem Individuum; der wirkliche Inhalt der Religion ist mithin ein menschlicher:[9]

„Die Religion, wenigstens die christliche, ist das *Verhalten des Menschen zu sich selbst*, oder richtiger: *zu seinem Wesen,* aber das Verhalten zu seinem Wesen *als zu einem andern Wesen. Das göttliche Wesen ist nichts andres als das* menschliche Wesen oder besser: *das Wesen des Menschen,* abgesondert von den Schranken des individuellen, d. h. wirklichen, leiblichen Menschen, vergegenständlicht, d. h. *angeschaut* und *verehrt als ein andres, von ihm unterschiednes, eignes Wesen* . . .“[10]

Entfremdet ist dies Bewußtsein, weil mit der Verehrung des Göttlichen zugleich eine Herabsetzung des Menschlichen verbunden ist. „Um Gott zu bereichern, muß der Mensch arm werden; damit Gott alles sei, der Mensch nichts sein.“[11] Diese Depravation, die zugleich den illusorischen Trostcharakter der Religion und ihre die gegebene schlechte Realität zudeckende und rechtfertigende Funktion anzeigt, entbehrt nicht der inneren Logik. Denn wenn der Mensch sein

[7] Ebd. S. 53 f.

[8] Den fundamentalen Gegensatz, in dem die Religion zur Vernunft, zum aufgeklärten Wissen steht, formuliert Feuerbach an einer späteren Stelle (S. 295) so:
„Gott ist der den *Mangel der Theorie ersetzende Begriff.* Er ist die Erklärung des Unerklärlichen, die nichts erklärt, weil sie alles ohne Unterschied erklären soll – . . . das Nichtwissen, das alle Zweifel *löst,* weil es alle *niederschlägt,* alles weiß, weil es nichts Bestimmtes weiß, weil alle Dinge, die der Vernunft imponieren, vor der Religion verschwinden, ihre Individualität verlieren, im Auge der göttlichen Macht nichts sind. Die Nacht ist die Mutter der Religion.“

[9] Cf. ebd. S. 53 f.

[10] Ebd. S. 54.

[11] Ebd. S. 71.

Wesen in Gott hat, braucht er für sich selbst nichts zu sein, – wenn er alles, was er sich selbst entzieht, in Gott um so reicher genießt. (Die Nonne, die sich mit Gott als ihrem himmlischen Bräutigam vermählt, bedarf nicht des irdischen.)[12] Die religiöse Selbstentäußerung und Selbstentfremdung faßt Feuerbach so zusammen:

„Der Mensch – dies ist das Geheimnis der Religion – vergegenständlicht sein Wesen und macht dann wieder sich zum *Gegenstand* dieses vergegenständlichten, in ein Subjekt, eine Person verwandelten Wesens; er denkt sich, ist sich Gegenstand, aber als *Gegenstand eines Gegenstands*, eines *andern* Wesens."[13]

Das wichtigste Ergebnis der Feuerbachschen Religionskritik, die er in Anwendung und materialistischer Weiterentwicklung Hegelscher[14] Kategorien wie Entäußerung und Entfremdung formulierte, ist die Entdeckung des spezifischen *Verkehrungsmechanismus* der Religion: In der Religion findet eine Verkehrung von Subjekt und Objekt statt. Das wirkliche Subjekt – der Mensch – vergegenständlicht, objektiviert sein Wesen in einem Anderen, in Gott. Dieses Produkt des Menschen wird nun für das religiöse Bewußtsein zum Produzenten, zum Schöpfer, zum Subjekt, während der Mensch selbst zum Objekt seines eigenen Werks – Gott – herabsinkt. In der verlorenen Einheit von Individuum und Gattung sah Feuerbach die Ursache für die phantastische Verdoppelung der Welt durch die Religion, worin die eigenen Gedankenschöpfungen dem Menschen als selbständige, fremde, ihn beherrschende Mächte entgegentreten.
Dieses Resultat der bürgerlich-materialistischen Religionskritik rezipierte Marx, wenn er in der „Einleitung zur Kritik der Hegelschen Rechtsphilosophie" formulierte:

„Für Deutschland ist die *Kritik der Religion* im wesentlichen beendigt, und die Kritik der Religion ist die Voraussetzung aller Kritik . . .
Der Mensch, der in der phantastischen Wirklichkeit des Himmels, wo er einen Übermenschen suchte, nur den *Widerschein* seiner selbst gefunden hat, wird nicht mehr geneigt sein, nur den *Schein* seiner selbst, nur den Unmenschen zu finden, wo er seine wahre Wirklichkeit sucht und suchen muß.

[12] Ebd. S. 72.
[13] Ebd. S. 76.
[14] Zur Entwicklung des Entfremdungsbegriffs von Hegel über Feuerbach zu Marx cf. z. B. Schuffenhauer, S. 79–83. Zum Entfremdungsproblem cf. ferner Buhr und Heise.

Das Fundament der irreligiösen Kritik ist: Der *Mensch macht die Religion*, die Religion macht nicht den Menschen."[15]

Feuerbachs Zurückführung der religiösen Vorstellungen auf ihre irdisch-menschlichen Grundlagen bildete für Marx den zentralen, materialistischen Ausgangspunkt seiner Religionstheorie. Die konkrete Frage nach der Beschaffenheit jener irdischen Grundlagen aber führte ihn über Feuerbach hinaus. Dessen Religionsverständnis basierte auf einer abstrakt anthropologischen Theorie, die ungeschichtlich von *dem* Menschen ausging. Hier setzte die Kritik von Marx ein. Der die Religion machende Mensch ist nicht als isoliertes, geschichtsloses Individuum zu begreifen:

„Aber *der Mensch*, das ist kein abstraktes, außer der Welt hockendes Wesen. Der Mensch, das ist *die Welt des Menschen*, Staat, Sozietät."[16]

‚Der Mensch' im Sinne einer konkreten, historisch bestimmten Sozietät ist der Schöpfer der Religion, die damit als ein *historisch-soziales* Phänomen begriffen wird.[17] „Und zwar ist die Religion das Selbstbewußtsein und das Selbstgefühl des Menschen, der sich entweder noch nicht erworben oder schon wieder verloren hat."[18] Die Religion ist das Spiegelbild einer schlechten, ‚falschen' gesellschaftlichen Wirklichkeit. Diese konkreten Verhältnisse, dieser

„Staat, diese Sozietät produzieren die Religion, ein *verkehrtes Weltbewußtsein*, weil sie eine *verkehrte Welt* sind. Die Religion ist die allgemeine Theorie dieser Welt, . . . ihre moralische Sanktion, ihre feierliche Ergänzung, ihr allgemeiner Trost- und Rechtfertigungsgrund. Sie ist die *phantastische Verwirklichung* des menschlichen Wesens, weil das *menschliche Wesen* keine wahre Wirklichkeit besitzt."[19]

Aus der historisch-sozialen Natur der Religion als einem „verkehrten Weltbewußtsein" einer „verkehrten Welt" resultiert ihr *widersprüchlicher* Charakter. Sie ist zwar ein verkehrtes Bewußtsein, aber sie ist nicht nur das, denn sie wurzelt ja in – wenn auch verkehrten –

[15] MEW 1, S. 378.
[16] Ebd.
[17] Vorformen eines historisch-soziologischen Verständnisses der Religion finden sich schon bei den französischen Aufklärern Voltaire, Diderot u. a.
[18] MEW 1, S. 378.
[19] Ebd.

gesellschaftlichen Verhältnissen und hat somit einen, wenn auch verzerrten Realitätsbezug. Diesen widersprüchlichen Charakter formulierte Marx so: „Das *religiöse* Elend ist in einem der *Ausdruck* des wirklichen Elends und in einem die *Protestation* gegen das wirkliche Elend."[20] Sie ist der Ausdruck, die Manifestation einer ‚verkehrten', inhumanen Gesellschaft und zugleich der lebendige Protest dagegen, da sie das humane Gegenbild – freilich auf illusionäre Weise – beschwört. In der Einheit dieser Widersprüche besteht das Phänomen der Religion, das darum nur in einer dialektischen Betrachtungsweise angemessen begriffen werden kann. Der Doppelcharakter der Religion soll nun konkreter bestimmt werden.[21]

1.2 *Religion als „Ausdruck des wirklichen Elends"*

Die Religion ist eine ideelle Widerspiegelung bzw. Verarbeitung einer historisch konkreten Sozietät. Sie gehört neben Recht, Moral, Metaphysik etc. in die Kategorie der „geistigen Produktion". Als eine besondere Bewußtseinsform trifft auch auf die Religion zu, was vom Bewußtsein im allgemeinen nach der materialistischen Geschichtsauffassung, die Marx und Engels erstmals in der „Deutschen Ideologie" entwickelten, gilt:

„Die Menschen sind die Produzenten ihrer Vorstellungen, Ideen pp., aber die wirklichen, wirkenden Menschen, wie sie bedingt sind durch eine bestimmte Entwicklung ihrer Produktivkräfte und des denselben entsprechenden Verkehrs bis zu seinen weitesten Formationen hinauf. Das Bewußtsein kann nie etwas Andres sein als das

[20] Ebd.

[21] Im folgenden wird die marxistische Religionstheorie als Einheit behandelt, ohne daß der historische Prozeß ihrer Herausbildung und Weiterentwicklung bis zum reifen Werk von Marx und Engels in seinen einzelnen Stufen nachgezeichnet werden kann, wie es bei einer umfassenderen Darstellung angezeigt wäre. – Zur Auseinandersetzung mit der Marxschen Religionstheorie auf evangelisch-theologischer Seite aus neuester Zeit cf. Bosse S. 100 ff., der die Dialektik der Religion als „Ausdruck des wirklichen Elends" und als „Protestation" gegen das Elend gut herausarbeitet. – Zu einer neueren katholischen Kritik des Marxschen Religionsverständnisses cf. die materialreiche Arbeit von Kadenbach, der die „Verirrung eines primär soziologischen Religionsbegriffes" (S. 8) bei Marx nachweisen möchte, welcher das wahre Wesen der Religion nicht erfasse, weil er „Gott als den maßgebenden Wert religiösen Verhaltens nicht erkennt und anerkennt." (S. 241)

bewußte Sein, und das Sein der Menschen ist ihr wirklicher Lebensprozeß . . . Nicht das Bewußtsein bestimmt das Leben, sondern das Leben bestimmt das Bewußtsein."[22]

Ist die Religion nach Marx und Engels eine Form des gesellschaftlichen Bewußtseins,[23] das als solches das gesellschaftliche Sein, die soziale Realität zum Ausdruck bringt, widerspiegelt, so liegt das Spezifikum der religiösen Bewußtseinsform darin, daß sie das gesellschaftliche Sein verzerrt, verkehrt wiedergibt. Als verkehrtes, Ursache und Wirkung vertauschendes und insofern idealistisches Geschichts- und Weltbewußtsein wird die Religion der *Ideologie* zugerechnet.[24]
Über die spezifisch religiöse Verkehrung schrieb Engels im ,,Anti-Dühring":

,,Nun ist die Religion nichts andres als die phantastische Widerspiegelung, in den Köpfen der Menschen, derjenigen äußern Mächte, die ihr alltägliches Dasein beherrschen, eine Widerspiegelung, in der die *irdischen Mächte die Form von überirdischen annehmen.*"[25]

Die Ursache für die verkehrte, ,,phantastische Widerspiegelung" liegt in der Beschaffenheit der widergespiegelten Realität.

,,Wenn in der ganzen Ideologie die Menschen und ihre Verhältnisse wie in einer Camera obscura auf den Kopf gestellt erscheinen, so geht dies Phänomen ebensosehr aus ihrem historischen Lebensprozeß hervor, wie die Umdrehung der Gegenstände auf der Netzhaut aus ihrem unmittelbar physischen."[26]

Der ,,historische Lebensprozeß" der Menschen ist aber in der bisherigen Geschichte dadurch bestimmt, daß die ,,äußern Mächte", die

[22] MEW 3, S. 26 f.
[23] Als Form des gesellschaftlichen Bewußtseins wird Religion übrigens schon bei Comte, dem Begründer des Positivismus, in seiner Lehre von den drei Stadien der Menschheitsgeschichte, dem theologischen, mataphysischen und positiven (oder wissenschaftlichen), verstanden.
[24] MEW 3, S. 26. Nach Rauh II, S. 13 war bei Marx und Engels mit ,,Ideologie" konkret ,,der spekulative historische Idealismus und sein Unvermögen, den wirklichen Geschichtsprozeß in seinen tatsächlichen materiellen Grundlagen zu begreifen, gemeint", – also die Spezifik eines die ,,wirklichen Abhängigkeitsverhältnisse . . . auf den Kopf gestellt und in diesem Sinne ,verkehrt' widerspiegelnden . . ." Bewußtseins. – Zum Ideologiebegriff cf. ferner unten S. 41, Anm. 81.
[25] MEW 20, S. 294. Hervorhebung vom Verf.
[26] MEW 3, S. 26.

der Natur und der Gesellschaft, das alltägliche Dasein der Menschen beherrschen. Das verkehrte Weltbewußtsein entsteht, weil die Menschen die Realität nicht durchschauen und nicht meistern. Zwar ist die Erkenntnis der Mächte der Natur und ihre Beherrschung im Zuge der Entwicklung von Naturwissenschaft und Technik relativ weit fortgeschritten, dasselbe gilt aber noch nicht für die historisch-gesellschaftlichen Prozesse. Die Undurchsichtigkeit der sozialen Realität und die Ohnmacht ihr gegenüber dauern an.

Wie die gesellschaftliche Undurchsichtigkeit als sozialer Boden für religiöse Bewußtseinsformen in einer Gesellschaft von Warenproduzenten begründet ist, entwickelte Marx im ,,Kapital": Auf der Grundlage des mit der gesellschaftlichen Arbeits- und Klassenteilung entstandenen Privateigentums an Produktionsmitteln werden die Arbeitsprodukte der Menschen zu Waren. Die individuelle Arbeit realisiert sich als Teil der gesellschaftlichen Gesamtarbeit von jetzt an nur im Austausch von Waren. Der gesellschaftliche Charakter der Produktion und die gesellschaftlichen Beziehungen insgesamt werden über den Warentausch vermittelt. Weil der gesellschaftliche Zusammenhang über Dinge (Waren) hergestellt wird (durch den Austausch auf dem Markt), erscheinen die gesellschaftlichen Verhältnisse der Menschen als Beziehungen von Sachen. Den Sachen (Waren) werden lebendige, aktive Eigenschaften zugeschrieben; sie führen scheinbar ein Eigenleben. Diesen eigentümlichen Sachverhalt nennt Marx den *Fetischismus*. Die zentrale Stelle im ,,Kapital", an der dieser diffizile Zusammenhang entwickelt wird, lautet:

,,Die Gleichheit der menschlichen Arbeiten erhält die sachliche Form der gleichen Wertgegenständlichkeit der Arbeitsprodukte, das Maß der Verausgabung menschlicher Arbeitskraft durch ihre Zeitdauer erhält die Form der Wertgröße der Arbeitsprodukte, endlich die Verhältnisse der Produzenten, worin jene gesellschaftlichen Bestimmungen ihrer Arbeiten betätigt werden, erhalten die Form eines gesellschaftlichen Verhältnisses der Arbeitsprodukte.

Das Geheimnisvolle der Warenform besteht also einfach darin, daß sie den Menschen die gesellschaftlichen Charaktere ihrer eignen Arbeit als gegenständliche Charaktere der Arbeitsprodukte selbst, als gesellschaftliche Natureigenschaften dieser Dinge zurückspiegelt, daher auch das gesellschaftliche Verhältnis der Produzenten zur Gesamtarbeit als ein außer ihnen existierendes gesellschaftliches Verhältnis von Gegenständen. Durch dies Quidproquo werden die Arbeitsprodukte Waren, sinnlich übersinnliche oder gesellschaftliche Dinge . . . Es ist nur das bestimmte gesellschaftliche Verhältnis der Menschen selbst, welches hier für sie die phantasmagorische Form eines Verhältnisses von Dingen annimmt. Um daher eine Analogie zu finden, müssen wir in die Nebelregionen der religiösen Welt flüchten. Hier scheinen die Produkte des menschlichen Kopfes mit eignem Leben begabte, untereinander und mit den Menschen in Verhältnis stehende selbständige Gestalten. So in der Warenwelt die Produkte der menschlichen Hand. Dies nenne ich den Fetischismus, der den Arbeitsprodukten anklebt, sobald sie als Waren produziert werden, und der daher von der Warenproduktion unzertrennlich ist."[27]

Die fundamentale Verkehrung des gesellschaftlichen Charakters der Arbeit in einen „gegenständlichen Schein" ist kein bloßes Bewußtseinsphänomen, sondern objektiver Natur mit realen Wirkungen auf die ihre Produkte als Waren austauschenden Menschen.[28] Der von ihnen selbst geschaffene, aber nicht begriffene gesellschaftliche Zusammenhang verselbständigt sich zu einer gleichsam schicksalhaften Realität, der sie blind und ohnmächtig ausgeliefert sind. „Ihre eigene gesellschaftliche Bewegung besitzt für sie die Form einer Bewegung von Sachen, unter deren Kontrolle sie stehen, statt sie zu kontrollieren."[29]
Mit dem Begriff des Fetischismus hat der in den frühen Marxschen Schriften verwendete Begriff der Entfremdung[30] seine präzise ökonomische Bestimmung erhalten. Der damit gekennzeichnete, für die Warenproduktion charakteristische Vorgang der *Verkehrung* von Gesellschaftlichem und Gegenständlichem, Subjekt und Objekt, Ursache und Wirkung wird in den drei Bänden des „Kapital" in seinen mannigfachen, das Wesen der Sache immer mehr verhüllenden Erscheinungsformen entwickelt – vom Fetischcharakter der Ware über das Geld, das Kapital, den Arbeitslohn, Profit, Zins, die Grundrente bis hin zur „trinitarischen Formel", der vulgärökono-

[27] MEW 23, S. 88 f.

[28] Daß es sich in den kapitalistischen Produktionsverhältnissen um Verkehrungen des Bewußtseins *und* des gesellschaftlichen Seins handelt, zeigte Marx auch z. B. in den „Grundrissen" S. 715 f.

[29] MEW 23, S. 89.

[30] Zum Begriff der Entfremdung cf. z. B. Buhr und Heise.

mischen Lehre von den drei Produktionsfaktoren (Kapital, Boden, Arbeit).[31]

Alle diese Mystifikationen der Warenproduktion, vor allem in ihrer kapitalistischen Form, bilden die objektiven, gesellschaftlichen Grundlagen für die „Religion des Alltagslebens", für die Fortdauer religiöser oder religionsartiger Bewußtseins- und Verhaltensformen auch noch in der modernen bürgerlichen Gesellschaft. Engels resümierte diesen Zusammenhang im „Anti-Dühring":

„Wir haben aber mehrfach gesehn, daß in der heutigen bürgerlichen Gesellschaft die Menschen von den von ihnen selbst geschaffnen ökonomischen Verhältnissen, von den von ihnen selbst produzierten Produktionsmitteln *wie von einer fremden Macht beherrscht* werden. Die tatsächliche Grundlage der religiösen Reflexaktion dauert also fort und mit ihr der religiöse Reflex selbst . . . Die bürgerliche Ökonomie kann weder die Krisen im ganzen verhindern noch den einzelnen Kapitalisten vor Verlusten, schlechten Schulden und Bankrott oder den einzelnen Arbeiter vor Arbeitslosigkeit und Elend schützen. Es heißt noch immer: der Mensch denkt und Gott (das heißt die Fremdherrschaft der kapitalistischen Produktionsweise) lenkt."[32]

In der Beschaffenheit bestimmter gesellschaftlicher Verhältnisse ist die Ursache für das verkehrte Weltbewußtsein zu suchen: In der Klassengesellschaft – das Problem der Religion in vor-antagonistischen Verhältnissen (‚Urgesellschaft') muß hier außer Betracht bleiben –, in der die gesellschaftliche Realität durch tiefe Widersprüche bestimmt ist, in der die Produkte der Menschen ihnen als unabhängige, unerkannte und unbeherrschbare Mächte gegenübertreten, liegt die Wurzel für das verkehrte Bewußtsein der Religion. Die reale Situation der Undurchsichtigkeit und Ohnmacht gegenüber den verselbständigten Kräften der Natur[33] und der Gesellschaft produziert die falsche Welterklärung, das Trostbedürfnis, die illusorische Lösung der realen gesellschaftlichen Widersprüche.

An dieser Stelle wird nun das beherrschende Moment in der sozialen Funktion der Religion deutlich. Das verkehrte Bewußtsein, das die –

[31] Cf. dazu MEW 25, S. 822–839. – Zum Fetischismusproblem cf. z. B. Hahn III, S. 1175–1178 sowie Godelier I und II.

[32] MEW 20, S. 295 – Hervorhebung vom Verf.

[33] Die Verselbständigung der Naturkräfte gegenüber ihrer vernünftigen, humanen Kontrolle spiegelt sich z. B. in der gängigen Rede von der ‚Dämonie der Technik'.

illusorische – Lösung der Probleme und Konflikte der wirklichen Welt vorgaukelt, dient objektiv der Festigung der bestehenden antagonistischen, ‚entfremdeten' Verhältnisse, indem ein solches Bewußtsein die Einsicht vor allem der unterdrückten Massen in ihre wirkliche Lage behindert, ihre Aktivität lähmt, sie ablenkt von der realen Veränderung der gesellschaftlichen Grundlagen jener Widersprüche hin auf eine jenseitige Vertröstung oder auf Scheinbefriedigungen (Religion als Opium), die gesellschaftlich alles beim alten belassen. Die verkehrte Welt der Klassenherrschaft, die die soziale Grundlage des religiösen ‚Bedürfnisses' ist, bleibt unangefochten. Über diese für die Gläubigen unbewußt bleibende Rolle der Religion hinaus wird das religiöse Bewußtsein von den an der Aufrechterhaltung und Festigung ihrer Herrschaft interessierten Klassen auch bewußt benutzt, um den bestehenden Zustand der Gesellschaft mit göttlicher Weihe zu versehen und durch diese Legitimation zu einer zusätzlichen Stabilisierung ihrer Herrschaft beizutragen.[34] Um diesen Effekt der Herrschaftsstabilisierung zu verstärken, fördern sie z. B. die Institutionalisierung des religiösen Einflusses durch die Unterstützung entsprechender Aktivitäten der Kirchen oder anderer religiöser Organisationen und Institutionen. Eine entscheidende sozialgeschichtliche Ursache für die enge Verbindung der institutionalisierten Religion und ihrer ‚Funktionäre' (Priester und Theologen) mit den herrschenden Klassen war durch die Teilung der Arbeit in körperliche und geistige geschaffen worden, wobei die geistige Arbeit das Privileg der herrschenden Klassen wurde und die Priester als geistige Arbeiter an der Privilegierung teilnahmen.[35]
Der ganze umfangreiche Komplex einer Benutzung religiöser Gefühle und Institutionen zum Zwecke der Herrschaftssicherung, von der ideologischen Rechtfertigung der Klassenverhältnisse bis hin zur direkten Instrumentalisierung von Kirche und Religion in der Herrschaftsausübung, wird in der modernen marxistischen Theorie mit dem Begriff des „politischen Klerikalismus" umschrieben.[36]

[34] Die Funktion der Religion als Herrschaftsmittel wurde schon von Hobbes und Holbach hervorgehoben.
[35] Auf diesen Zusammenhang weist Steigerwald II, S. 84 hin.
[36] Cf. hierzu z. B. H. Maier, S. 1–11. – Über Religion als Herrschaftsmittel cf. auch z. B. MEW 4, S. 200. – Über die Klassenfunktion der Religion schreibt Klügl III, S. 119: „Die Religion hat zur Festigung der gesellschaftlichen Zustände in der Klassengesell-

1.3 *Religion als „Protestation gegen das wirkliche Elend"*

Im Unterschied zur Auffassung einiger vormarxistischer Materialisten (Holbach, Helvetius u. a.), welche die Religion mit ihrer Theorie vom Priesterbetrug[37] als *bloßes* Herrschaftsmittel ansahen, betonten Marx und Engels, ihrem historisch-dialektischen Herangehen an das Phänomen des religiösen Bewußtseins entsprechend, das Moment des Protests, das nicht restlos in Herrschaftsfunktionen aufgeht.

Wenn die Religion die Widerspiegelung einer verkehrten Wirklichkeit ist, spiegelt sie auch deren Widersprüchlichkeit wider. Dies tut das religiöse Bewußtsein insofern, als es gegen die Verkehrtheit und Trostlosigkeit der Realität protestiert. Es protestiert, indem es gegen die elenden Zustände ein Glücksversprechen geltend macht, das aus einem in eben diesen Zuständen uneingelösten Glücksanspruch motiviert wird. Wenn auch dieser Protest infolge des illusorischen Charakters des religiösen Bewußtseins in seinen verändernden Wirkungsmöglichkeiten stark eingeschränkt ist, so signalisiert er doch ein reales Potential an Auflehnung gegen die verkehrte Welt. Die Religion enthält also einen Bestand an – bis zu einem gewissen Grade – revolutionären Traditionen, die ein Ausdruck der realen, den Herrschafts- und Ohnmachtsverhältnissen entgegengesetzten Tendenzen und Kräfte darstellen.

schaft beigetragen, indem diese und ihre Repräsentanten als gottgewollt verklärt und erhöht wurden. Sie hat den Volksmassen die durch die äußeren übermächtigen natürlichen und gesellschaftlichen Mächte erzeugten Gefühle der Ohnmacht, Hilfslosigkeit, der Furcht und Abhängigkeit sowie der Exaltation gefestigt, standardisiert, die Hoffnungen der Unterdrückten auf das Jenseits gerichtet, den materiellen Verzicht gepredigt und die Bedürfnislosigkeit gerechtfertigt. Besonders durch die kirchliche Institutionalisierung dieser Gefühle und Ideen wurde eine Festigung der bestehenden Verhältnisse bewirkt. Die religiöse Reflexion hemmte deshalb die Entwicklung der ‚sozialen Tat', die reale Veränderung der Wirklichkeit, weil die illusionäre durch die religiöse Ergänzung der Wirklichkeit bewirkte ‚Lösung' der Widersprüche ihre tatsächliche Lösung verzögert."

37 Cf. zur Theorie vom Priesterbetrug Lenk, S. 21–24 sowie Engels, „Bruno Bauer und das Urchristentum", MEW 19, S. 297 f.: „Mit einer Religion, die das römische Weltreich sich unterworfen und den weitaus größten Teil der zivilisierten Menschheit 1800 Jahre lang beherrscht hat, wird man nicht fertig, indem man sie einfach für von Betrügern zusammengestoppelten Unsinn erklärt. Man wird erst fertig mit ihr, sobald man ihren Ursprung und ihre Entwicklung aus den historischen Bedingungen zu erklären versteht, unter denen sie entstanden und zur Herrschaft gekommen ist."

Weil die Religion als eine Form des gesellschaftlichen Bewußtseins wie alle Bewußtseinsgestalten hinsichtlich des *Inhalts* – nicht in jedem konkreten Einzelzug der *Form* – in letzter Instanz durch die materiellen, ökonomischen Verhältnisse bestimmt ist, muß der soziale Kern jener ‚revolutionären' Traditionen in den materiellen gesellschaftlichen Verhältnissen gesucht werden. Nach Marx und Engels sind diese Protest-Gehalte, die vor allem im Christentum (z. B. in Gestalt der Gleichheitsforderungen) von seinen Anfängen an sichtbar wurden, der bewußtseinsmäßige, ideologische Ausdruck realer, aus bestimmten Klasseninteressen resultierenden, sozialrevolutionärer Tendenzen, die jedoch auf Grund des relativ niedrigen Entwicklungsniveaus der Produktivkräfte, des unentwickelten Stands der Erkenntnis von natürlichen und gesellschaftlichen Prozessen geschichtlich lange Zeit nur in religiöser Verkleidung ihren Ausdruck fanden.
Den historischen Nachweis dafür, daß den widersprüchlichen religiösen Traditionen, in denen fortschrittliche und reaktionäre Elemente vermischt sind, reale gesellschaftliche Widersprüche und Klassenauseinandersetzungen zugrunde liegen, hat Engels in einer Reihe von Schriften geliefert. In „Bruno Bauer und das Urchristentum"[38] erklärte er die Entstehung und Ausbreitung des Christentums aus der allgemeinen sozialen Lage der von Rom unterdrückten Völker und der verzweifelten Situation der Unterklassen. Das Urchristentum, so Engels, stand deshalb in einem teilweise scharfen Gegensatz zu vielen Elementen der übrigen Religionen des Mittelmeerraumes und zur damaligen, durch das römische Imperium bestimmten Welt insgesamt, weil seine Anhänger vor allem aus den unterdrückten Klassen stammten.

„Aus was für Leuten rekrutierten sich die ersten Christen? Hauptsächlich aus den ‚Mühseligen und Beladenen', den Angehörigen der untersten Volksschichten, wie es einem revolutionären Element geziemt. Und woraus bestanden diese? In den Städten aus heruntergekommenen Freien . . ., ferner aus Freigelassenen und besonders aus Sklaven . . ., in den Landdistrikten der Provinzen aus mehr und mehr der Schuldknechtschaft verfallenden Kleinbauern."[39]

[38] MEW 19, S. 297–305. Cf. auch „Zur Geschichte des Urchristentums", MEW 22, S. 449–473.

[39] MEW 22, S. 463; cf. auch MEW 19, S. 300 ff. – Diese Bemerkungen von Engels

Alle diese Gruppen suchten einen Ausweg aus ihrem Elend. Weil es aber real – auf Grund objektiver Schranken – damals keinen Ausweg gab, suchten und fanden sie ihn in der Religion, die die Erlösung aus dem irdischen Jammertal im himmlischen Paradies verhieß.
Im Urchristentum fand eine soziale Massenbewegung ihren Ausdruck, eine Bewegung von Klassen, deren gemeinsames Merkmal die Hoffnungslosigkeit ihrer gesellschaftlichen Lage war. Hierin, in der gesellschaftlichen Grundlage des Urchristentums, lag für Engels, der gesellschaftliches Bewußtsein primär als Resultat sozialhistorischer Prozesse begriff, der Vergleichspunkt zum modernen Sozialismus:

„Die Geschichte des Urchristentums bietet merkwürdige Berührungspunkte mit der modernen Arbeiterbewegung. Wie diese, war das Christentum im Ursprung eine Bewegung Unterdrückter: es trat zuerst auf als Religion der Sklaven und Freigelassenen, der Armen und Rechtlosen, der von Rom unterjochten oder zersprengten Völker. Beide, Christentum wie Arbeitersozialismus, predigen eine bevorstehende Erlösung aus Knechtschaft und Elend; das Christentum setzt diese Erlösung in ein jenseitiges Leben nach dem Tod, in den Himmel, der Sozialismus in diese Welt, in eine Umgestaltung der Gesellschaft. Beide werden verfolgt und gehetzt, ihre Anhänger geächtet, unter Ausnahmegesetze gestellt, die einen als Feinde des Menschengeschlechts, die andern als Reichsfeinde, Feinde der Religion, der Familie, der gesellschaftlichen Ordnung. Und trotz aller Verfolgungen, ja sogar direkt gefördert durch sie, dringen beide siegreich, unaufhaltsam vor."[40]
Für das Urchristentum war charakteristisch „ein Gefühl, daß man sich im Kampf gegen eine ganze Welt befindet und diesen Kampf siegreich bestehn wird; eine Kampfeslust und eine Siegesgewißheit, die dem heutigen Christen total abhanden gekommen und die in unsrer Zeit sich nur findet am andern Gesellschaftspol, bei den Sozialisten.
In der Tat, der Kampf gegen eine anfangs übermächtige Welt und der gleichzeitige Kampf der Neuerer untereinander, ist beiden gemeinsam, den Urchristen wie den Sozialisten. Beide große Bewegungen sind nicht von Führern und Propheten gemacht – obwohl Propheten genug bei beiden vorkommen –, sie sind Massenbewegungen."[41]

müßten in einer Soziologie des Urchristentums, die die entsprechenden Ergebnisse der historischen Forschung seit Engels zu verarbeiten hätte, überprüft werden.

[40] MEW 22, S. 449, geschrieben 1894.

[41] Ebd. S. 460. – In der Polemik bürgerlicher Marxismuskritik wird die Parallelität zwischen Christentum und Sozialismus darin behauptet, daß letzterer ebenso wie das

Den sozialen Kern der unter religiösem Vorzeichen geführten Auseinandersetzungen wies Engels auch für das Mittelalter und für die Zeit der Reformation nach. Da im Mittelalter die Kirche und das Christentum zur zentralen ideologischen Stütze der feudalen Herrschaft geworden waren, wird auch hier die religiöse Gestalt des Protests begreiflich:

„Es ist klar, daß hiermit alle allgemein ausgesprochenen Angriffe auf den Feudalismus, vor allem Angriffe auf die Kirche, alle revolutionären, gesellschaftlichen und politischen Doktrinen zugleich und vorwiegend theologische Ketzereien sein mußten. Damit die bestehenden gesellschaftlichen Verhältnisse angetastet werden konnten, mußte ihnen der Heiligenschein abgestreift werden."[42]

Oder:

„Das Mittelalter hatte alle übrigen Formen der Ideologie: Philosophie, Politik, Jurisprudenz, an die Theologie annektiert, zu Unterabteilungen der Theologie gemacht. Es zwang damit jede gesellschaftliche und politische Bewegung, eine theologische Form anzunehmen; den ausschließlich mit Religion gefütterten Gemütern der Massen mußten ihre eigenen Interessen in religiöser Verkleidung vorgeführt werden, um einen großen Sturm zu erzeugen."[43]

Christentum eine Religion oder Pseudoreligion sei. Wenn man einmal von der darin enthaltenen Diffamierungsfunktion absieht, geht eine solche Behauptung, die im übrigen vollständig auf Ähnlichkeiten im äußeren Erscheinungsbild (Siegesgewißheit, Kampfeslust, Ketzereien etc.) fixiert bleibt, von idealistischen Prämissen aus. Die Religion, ein Bewußtseinsphänomen, gilt dabei als das Primäre und im geschichtlichen Wandel Konstante, während für Engels die sozialökonomischen Prozesse die Basis darstellen, die je nach dem historischen Entwicklungsstand dieser Basis spezifische Bewußtseinsformen der Massen hervorbringen: damals in der irrealen Gestalt der Religion des Christentums, seit dem 19. Jahrhundert in der realitätsadäquateren Gestalt des wissenschaftlichen Sozialismus. – Selbstverständlich wirkt das Bewußtsein auf die sozialökonomische Basis zurück – sei es fördernd, sei es hemmend –, aber es ist gegenüber dem gesellschaftlichen Sein deshalb das ‚Abgeleitete', weil es nicht nach Belieben bestimmte soziale Prozesse hervorbringen kann, ungeachtet der objektiven Möglichkeiten der materiellen, ökonomisch-gesellschaftlichen Entwicklung.

[42] MEW 7, S. 343 f. – Engels exemplifizierte das z. B. an den Albigensern und an Thomas Münzer, ebd., S. 344 und 351 ff. Cf. auch die folgende Bemerkung: „Auch in den sogenannten Religionskriegen des sechzehnten Jahrhunderts handelte es sich vor allem um sehr positive materielle Klasseninteressen, und diese Kriege waren Klassenkämpfe, ebensogut wie die späteren inneren Kollisionen in England und Frankreich. Wenn diese Klassenkämpfe damals religiöse Schibboleths trugen, wenn die Interessen, Bedürfnisse und Forderungen der einzelnen Klassen sich unter einer religiösen Decke verbargen, so ändert dies nichts an der Sache und erklärt sich leicht aus den Zeitverhältnissen." MEW 7, S. 343.

[43] MEW 21, S. 304.

In der Schlußphase des bürgerlichen Emanzipationskampfes büßten die Klassenauseinandersetzungen (wenigstens in Europa) zunehmend ihren religiösen Charakter ein. Der Fortschritt der Wissenschaft einerseits und die uneingeschränkte Unterstützung der feudalen Herrschaft durch Christentum und Kirche andererseits beschleunigten diesen Prozeß, den Engels im 19. Jahrhundert mit dem Aufkommen der revolutionären Arbeiterbewegung im großen und ganzen für abgeschlossen hielt.[44] Im Blick auf die nicht mehr religiös verkleidete, rein politische Form der Französischen Revolution kam Engels darum zu dem Resümee:

,,Dadurch war das Christentum in sein letztes Stadium getreten. Es war unfähig geworden, irgendeiner progressiven Klasse fernerhin als ideologische Verkleidung ihrer Strebungen zu dienen; es wurde mehr und mehr Alleinbesitz der herrschenden Klassen, und diese wenden es an als bloßes Regierungsmittel, womit die untern Klassen in Schranken gehalten werden. Wobei dann jede der verschiedenen Klassen ihre eigne entsprechende Religion benutzt: die grundbesitzenden Junker die katholische Jesuiterei oder protestantische Orthodoxie, die liberalen und radikalen Bourgeois den Rationalismus; und wobei es keinen Unterschied macht, ob die Herren an ihre respektiven Religionen selbst glauben oder auch nicht."[45]

In diesem Stadium der historischen Entwicklung, in der das Christentum nur noch ,,bloßes Regierungsmittel" der Herrschenden ist, büßt es tendenziell auch seinen Charakter als ,,Protestation" ein, verliert es seine revolutionären Gehalte. Allen seither angestellten Versuchen der Wiederbelebung dieser revolutionären Traditio-

[44] Eine späte Gestalt des Protests in religiösem Gewand waren z. B. die englischen Arbeitersekten im 19. Jahrhundert, die unter den vorwiegend ungelernten Teilen des in ländlich-städtischem Milieu (Industriedörfern) wohnenden, gerade erst in den Industrialisierungsprozeß einbezogenen Frühproletariats verbreitet waren. Hobsbawm S. 188 sieht die Funktion der ,,Ursprünglichen Methodisten", einer dieser Arbeitersekten, darin, ,,daß sie den sozialen Protest in die den Arbeitern vertraute und machtvolle Sprache der Bibel kleidete, und sie tat dies durch Mittel, die innerhalb der Reichweite der am wenigsten gebildeten und qualifizierten Arbeiter lag, und sie verschaffte ihnen . . . eine höchst wertvolle Schulung und Erfahrung." – Die soziologische Seite der religiösen Protestation ist in der neueren Forschung noch kaum beachtet worden. Das mag damit zusammenhängen, daß die widersprüchliche Form eines sich etwa im Frühproletariat noch religiös ausdrückenden Klassenbewußtseins es erschwert, dieses überhaupt als solches wahrzunehmen.

[45] MEW 21, S. 305.

nen des Christentums waren denn auch keine größeren Erfolge mehr beschieden.[46]

1.4 *Folgerungen für das praktische Verhältnis des Marxismus zur Religion*

Wenn die Religion, wie Marx und Engels darlegten, ein soziales Phänomen, wenn sie wesentlich ein Produkt realer gesellschaftlicher Verhältnisse, nicht aber irgendwelcher ‚jenseitiger', ‚metasozialer' Mächte ist, dann sind alle religiösen Erscheinungen und Auseinandersetzungen auf die sozialen Bedingungen, Kräfte und Interessenkonflikte hin zu befragen, die sich in den religiösen Formen spiegeln. Marx erhob deshalb im „Kapital" die methodologische Forderung:

„Es ist in der Tat viel leichter, durch Analyse den irdischen Kern der religiösen Nebelbildungen zu finden, als umgekehrt, aus den jedesmaligen wirklichen Lebensverhältnissen ihre verhimmelten Formen zu entwickeln. Die letztre ist die einzig materialistische und daher wissenschaftliche Methode."[47]

Der Kontext zeigt, daß Marx sich hier gegen einen abstrakten, d. h. ungeschichtlich vorgehenden Materialismus wandte. Insofern wäre unter der bloßen Analyse des „irdischen Kerns" der religiösen Erscheinungen etwa der Feuerbachsche Ansatz zu verstehen, der Gott zwar als menschliche Projektion erklärte, nicht aber die spezifischen religiösen Formen aus den „jedesmaligen wirklichen", d. h. konkret sozialgeschichtlichen „Lebensverhältnissen" entwickelte.[48]

[46] Diese Bemerkungen im Anschluß an Engels beziehen sich im wesentlichen auf Europa, und hier wieder mehr auf die protestantischen als auf die katholischen Länder wie Italien und Spanien. Daß in den Ländern der Dritten Welt (besonders in Lateinamerika) die Religion noch länger als Form und Motivation sozialen Protestes dienen konnte und dies z. T. bis heute tut, dürfte mit der niedrigeren Entwicklungsstufe kapitalistischer Produktionsverhältnisse in diesen Ländern zusammenhängen.

[47] MEW 23, S. 393, Anm. 89.

[48] Ein Beispiel für das letztere Vorgehen findet sich an einer andern Stelle im „Kapital": „Für eine Gesellschaft von Warenproduzenten, deren allgemein gesellschaftliches Produktionsverhältnis darin besteht, sich zu ihren Produkten als Waren, also als Werten zu verhalten, und in dieser sachlichen Form ihre Privatarbeiten aufeinander zu beziehen als gleiche menschliche Arbeit, ist das Christentum, mit seinem Kultus des abstrakten Menschen, namentlich in seiner bürgerlichen Entwicklung, dem Protestantismus, Deis-

Weil die Wurzel der Religion in konkret historischen sozialen Verhältnissen liegt, wäre eine Religionskritik, die sich lediglich als Ideologiekritik verstünde, ebenso unangemessen wie wirkungslos.
Ein solches Stehenbleiben bei der bloßen Ideologiekritik warfen Marx und Engels in der „Deutschen Ideologie" den Junghegelianern vor: Diese hielten auf Grund ihrer idealistischen Voraussetzungen die Verhältnisse der Menschen für Produkte von Vorstellungen und sahen in den Vorstellungen eines falschen Bewußtseins die eigentlichen Fesseln der Menschen.[49] Darum kämpften sie auch nur gegen diese Illusionen des Bewußtseins, z. B. gegen die Religion. Sie forderten ihre Zeitgenossen auf, „ihr gegenwärtiges Bewußtsein mit dem menschlichen, *kritischen*, oder egoistischen *Bewußtsein* zu vertauschen und dadurch ihre Schranken zu beseitigen."[50]

mus usw., die entsprechendste Religionsform. In den altasiatischen, antiken usw. Produktionsweisen spielt die Verwandlung des Produkts in Ware, und daher das Dasein der Menschen als Warenproduzenten, eine untergeordnete Rolle . . . Jene alten gesellschaftlichen Produktionsorganismen sind außerordentlich viel einfacher und durchsichtiger als der bürgerliche, aber sie beruhen entweder auf der Unreife des individuellen Menschen, der sich von der Nabelschnur des natürlichen Gattungszusammenhangs mit andren noch nicht losgerissen hat, oder auf unmittelbaren Herrschafts- und Knechtschaftsverhältnissen. Sie sind bedingt durch eine niedrige Entwicklungsstufe der Produktivkräfte der Arbeit und entsprechend befangene Verhältnisse der Menschen innerhalb ihres materiellen Lebenserzeugungsprozesses, daher zueinander und zur Natur. Diese wirkliche Befangenheit spiegelt sich ideell wider in den alten Natur- und Volksreligionen." Ebd., S. 93 f.
Hier wären auch zahlreiche Beispiele von Engels zu nennen, etwa seine Bemerkungen über die Lehre Calvins: „Sein Dogma war den kühnsten der damaligen Bürger angepaßt. Seine Gnadenwahl war der religiöse Ausdruck der Tatsache, daß in der Handelswelt der Konkurrenz Erfolg oder Bankrott nicht abhängt von der Tätigkeit oder dem Geschick des einzelnen, sondern von Umständen, die von ihm unabhängig sind. ‚So liegt es nicht an jemandes Wollen oder Laufen, sondern am Erbarmen' überlegner, aber unbekannter ökonomischer Mächte." MEW 19, S. 534.

[49] „Die Menschen haben sich bisher stets falsche Vorstellungen über sich selbst gemacht, von dem, was sie sind oder sein sollen. Nach ihren Vorstellungen von Gott, von dem Normalmenschen usw. haben sie ihre Verhältnisse eingerichtet. Die Ausgeburten ihres Kopfes sind ihnen über den Kopf gewachsen. Vor ihren Geschöpfen haben sie, die Schöpfer, sich gebeugt. Befreien wir sie von den Hirngespinsten, den Ideen, den Dogmen, den eingebildeten Wesen, unter deren Joch sie verkümmern. Rebellieren wir gegen diese Herrschaft der Gedanken. Lehren wir sie, diese Einbildungen mit Gedanken vertauschen, die dem Wesen des Menschen entsprechen, sagt der Eine, sich kritisch zu ihnen verhalten, sagt der Andere, sie sich aus dem Kopf schlagen, sagt der Dritte, und – die bestehende Wirklichkeit wird zusammenbrechen." So charakterisierten Marx und Engels (MEW 3, S. 13) ironisch die junghegelianischen Auffassungen.

[50] Ebd. S. 20 – Hervorhebung vom Verf.

Die Forderung nach einem bloßen Austausch von Bewußtseinsinhalten – unter Beibehaltung der idealistischen Voraussetzungen – ist nach dem Urteil von Marx und Engels illusionär:

„Diese Forderung, das Bewußtsein zu verändern, läuft auf die Forderung hinaus, das Bestehende anders zu interpretieren, d. h. es vermittelst einer andren Interpretation anzuerkennen."[51]

In der „Deutschen Ideologie" wiesen Marx und Engels im Gegensatz zu den junghegelianischen Auffassungen nach, daß die Menschen ihre Verhältnisse nicht nach irgendwelchen hohen Ideen und Vorstellungen eingerichtet haben, sondern daß die materielle Tätigkeit der Menschen bestimmte Verhältnisse hervorbringt, die ihrerseits erst entsprechende Erscheinungen des Bewußtseins produzieren wie z. B. Religion. Will man der Religion als dem „verkehrten Weltbewußtsein", dem „Geist geistloser Zustände", der opiatartigen Vorspiegelung einer illusorischen Lösung der realen Probleme der Menschen, zu Leibe rücken, dann muß man den materiellen Verhältnissen, den „geistlosen Zuständen" zu Leibe rücken, die solche phantastischen Vorstellungen erzeugen.

Die Religionskritik muß über den Rahmen einer Kritik des falschen Bewußtseins hinausgehen.

„Die Aufhebung der Religion als des illusorischen Glücks des Volkes ist die Forderung seines *wirklichen* Glücks. Die Forderung, die Illusionen über seinen Zustand aufzugeben, ist die *Forderung, einen Zustand aufzugeben, der der Illusion bedarf.* Die Kritik der Religion ist also im *Keim* die Kritik des *Jammertales,* dessen *Heiligenschein* die Religion ist.

Die Kritik hat die imaginären Blumen an der Kette zerpflückt, nicht damit der Mensch die phantasielose, trostlose Kette trage, sondern damit er die Kette abwerfe und die lebendige Blume breche."[52]

Die marxistische Religionstheorie schlägt in ihrem eigenen dialektischen Fortschreiten um in die Theorie einer radikalen, an den Wur-

[51] Ebd. – Cf. dazu die 11. Feuerbachthese, ebd. S. 7: „Die Philosophen haben die Welt nur verschieden *interpretiert,* es kömmt drauf an, sie zu *verändern.*"

[52] MEW 1, S. 379. Marx fährt weiter unten fort: „Es ist also die *Aufgabe der Geschichte,* nachdem das *Jenseits der Wahrheit* verschwunden ist, die *Wahrheit des Diesseits* zu etablieren . . . Die Kritik des Himmels verwandelt sich damit in die Kritik der Erde, die *Kritik der Religion* in die *Kritik des Rechts,* die *Kritik der Theologie* in die *Kritik der Politik.*" Ebd.

zeln ansetzenden gesellschaftlichen Veränderung, in die Revolutionstheorie:

„Die Kritik der Religion endet mit der Lehre, daß der *Mensch das höchste Wesen für den Menschen* sei, also mit dem *kategorischen Imperativ, alle Verhältnisse umzuwerfen,* in denen der Mensch ein erniedrigtes, ein geknechtetes, ein verlassenes, ein verächtliches Wesen ist, Verhältnisse, die man nicht besser schildern kann als durch den Ausruf eines Franzosen bei einer projektierten Hundesteuer: Arme Hunde! Man will euch wie Menschen behandeln!"[53]

Erst nach der Beseitigung der erniedrigenden Verhältnisse kann auch die Religion verschwinden. Die für das Ende der Religion erforderlichen gesellschaftlichen Voraussetzungen skizzierte Marx im „Kapital" so:

„Der religiöse Widerschein der wirklichen Welt kann überhaupt nur verschwinden, sobald die Verhältnisse des praktischen Werkeltagslebens den Menschen tagtäglich durchsichtig vernünftige Beziehungen zueinander und zur Natur darstellen. Die Gestalt des gesellschaftlichen Lebensprozesses, d. h. des materiellen Produktionsprozesses, streift nur ihren mystischen Nebelschleier ab, sobald sie als Produkt frei vergesellschafteter Menschen unter deren bewußter planmäßiger Kontrolle steht. Dazu ist jedoch eine materielle Grundlage der Gesellschaft erheischt oder eine Reihe materieller Existenzbedingungen, welche selbst wieder das naturwüchsige Produkt einer langen und qualvollen Entwicklungsgeschichte sind."[54]

Denselben Sachverhalt formulierte Engels im „Anti-Dühring" in ähnlicher Weise:

„Die bloße Erkenntnis, und ginge sie weiter und tiefer als die der bürgerlichen Ökonomie, genügt nicht, um gesellschaftliche Mächte der Herrschaft der Gesellschaft zu unterwerfen. Dazu gehört vor allem eine gesellschaftliche *Tat.* Und wenn diese Tat vollzogen, wenn die Gesellschaft durch Besitzergreifung und planvolle Handhabung der gesamten Produktionsmittel sich selbst und alle ihre Mitglieder aus der Knechtung befreit hat, in der sie gegenwärtig gehalten werden durch diese von ihnen selbst produzierten, aber ihnen als übergewaltige fremde Macht gegenüberstehenden Produktionsmittel, wenn der Mensch also nicht mehr bloß denkt, sondern auch lenkt, dann erst verschwindet die letzte fremde Macht, die sich jetzt noch in der Religion widerspiegelt, und damit verschwindet auch die reli-

[53] Ebd. S. 385.
[54] MEW 23, S. 94.

giöse Widerspiegelung selbst, aus dem einfachen Grunde, weil es dann nichts mehr widerzuspiegeln gibt."[55]

Wenn die gesellschaftlichen Voraussetzungen erfüllt sind, d. h. wenn die soziale Befreiung durch die Beseitigung der Klassenherrschaft und durch die gesellschaftliche Aneignung und Verwendung der Produktionsmittel die planvolle, an den Interessen der übergroßen Mehrheit der Menschen orientierte Kontrolle der natürlichen und gesellschaftlichen Prozesse erlaubt und damit die Undurchsichtigkeit dieser Prozesse sowie die damit verbundene Ohnmacht ihnen gegenüber verschwindet, dann, aber auch erst dann, sind die Quellen des religiösen Bewußtseins versiegt, dann wird die Religion allmählich absterben.[56]

Für die Herstellung solcher gesellschaftlichen Bedingungen, unter denen die Religion funktionslos wird, ist der revolutionäre Kampf der abhängigen Klassen die entscheidende Voraussetzung. Die praktische Solidarität in diesem Kampf hat darum den Vorrang vor der Übereinstimmung in allen weltanschaulichen Fragen. Demzufolge ist nicht zu fragen, ob die Beteiligten am Kampf um die Herstellung dieser neuen sozialen Ordnung Atheisten sind oder nicht, sondern ob sie sich konsequent am praktischen Klassenkampf beteiligen.

[55] MEW 20, S. 295. – Mit der Religion verschwindet aber auch der Atheismus als bloße Negation der Religion. Diesen Gedanken entwickelte Marx bereits in den „Ökonomisch-philosophischen Manuskripten" von 1844, wo er in der Begrifflichkeit der Hegelschen Dialektik schrieb: „Indem die *Wesenhaftigkeit* des Menschen und der Natur, indem der Mensch für den Menschen als Dasein der Natur und die Natur für den Menschen als Dasein des Menschen praktisch, sinnlich anschaubar geworden ist, ist die Frage nach einem *fremden* Wesen, nach einem Wesen über der Natur und dem Menschen – eine Frage, welche das Geständnis von der Unwesentlichkeit der Natur und des Menschen einschließt – praktisch unmöglich geworden. Der *Atheismus*, als Leugnung dieser Unwesentlichkeit, hat keinen Sinn mehr, denn der Atheismus ist eine *Negation des Gottes* und setzt durch diese Negation das *Dasein des Menschen*; aber der Sozialismus als Sozialismus bedarf einer solchen Vermittlung nicht mehr; er beginnt von dem *theoretisch und praktisch sinnlichen Bewußtsein* des Menschen und der Natur als des *Wesens*. Er ist positives, nicht mehr durch die Aufhebung der Religion vermitteltes *Selbstbewußtsein* des Menschen . . ." MEW, Ergänzungsband, 1. Teil, S. 546.

[56] Engels warf darum Dühring ein ‚Überbismarcken' Bismarcks vor, weil er es nicht abwarten könne, bis die Religion dieses ihres natürlichen Todes verstirbt und sie stattdessen per Dekret abschaffen wolle. MEW 20, S. 295. – In ähnlicher Weise schrieb er an anderer Stelle: „Soviel ist sicher: Der einzige Dienst, den man Gott heutzutage noch tun kann, ist der, den Atheismus zum zwangsmäßigen Glaubensartikel zu erklären und die Bismarckschen Kirchenkulturkampfgesetze durch ein Verbot der Religion überhaupt zu übertrumpfen." MEW 18, S. 532.

Eine solche Auffassung vertrat auch Lenin (1905):

„Die Einheit dieses wirklich revolutionären Kampfes der unterdrückten Klasse für ein Paradies auf Erden ist uns wichtiger als die Einheit der Meinungen der Proletarier über das Paradies im Himmel."[57]

2 Zum historischen Prozeß des Rückgangs der Religion

Wenn die Religion nach der skizzierten Theorie von Marx und Engels ein *historisches* Phänomen ist, welches unter bestimmten geschichtlichen Voraussetzungen entstand und sich entwickelte, und welches ebenso wieder verschwinden wird, sobald bestimmte, angebbare Voraussetzungen erfüllt sind, so müssen dafür Anhaltspunkte in der realen historischen Entwicklung aufzeigbar sein.

[57] LW 10, S. 73 f. – Über die Frage, ob ein Pfarrer Mitglied der revolutionären Arbeiterpartei werden könnte, schrieb er 1909: „Kommt ein Geistlicher zu uns zwecks gemeinsamer politischer Arbeit und leistet er gewissenhaft Parteiarbeit, ohne gegen das Parteiprogramm aufzutreten, so können wir ihn in die Reihen der Sozialdemokratie aufnehmen, denn der Widerspruch zwischen dem Geist und den Grundlagen unseres Programms einerseits und der religiösen Überzeugung des Geistlichen anderseits könnte unter solchen Umständen ein nur ihn allein betreffender, persönlicher Widerspruch bleiben, und eine politische Organisation kann ihre Mitglieder nicht daraufhin examinieren, ob zwischen ihren Anschauungen und dem Parteiprogramm nicht ein Widerspruch besteht." LW 15, S. 411. Und weiter im selben Zusammenhang über die Mitarbeit von Christen in der Partei: „Wir müssen es nicht nur allen Arbeitern, die den Glauben an Gott noch bewahrt haben, gestatten, der sozialdemokratischen Partei beizutreten, sondern müssen sie zielstrebig für sie gewinnen; wir sind unbedingt gegen die geringste Verletzung ihrer religiösen Überzeugungen, doch wir suchen sie zu gewinnen, um sie im Geiste unseres Programms zu erziehen, nicht aber, damit sie dieses Programm bekämpfen." Ebd. – Vor einer Verletzung der religiösen Gefühle der Gläubigen warnte Lenin in einer Rede von 1918: „Im Kampf gegen religiöse Vorurteile muß man außerordentlich vorsichtig vorgehen; großen Schaden richtet dabei an, wer in diesem Kampf das religiöse Gefühl verletzt. Der Kampf muß auf dem Wege der Propaganda, der Aufklärung geführt werden. Wenn wir den Kampf mit scharfen Methoden führen, können wir die Massen gegen uns aufbringen; ein solcher Kampf vertieft die Scheidung der Massen nach dem Religionsprinzip, während unsere Stärke doch in der Einigkeit liegt. Die tiefsten Quellen religiöser Vorurteile sind Armut und Unwissenheit; eben diese Übel müssen wir bekämpfen." LW 28, S. 176.

Die Wurzeln der Religion liegen nach marxistischer Auffassung in der Undurchsichtigkeit und Unbeherrschbarkeit der objektiven Realität, dem auf der Subjektseite die Unwissenheit und Ohnmacht der Menschen dieser Realität gegenüber entsprechen. Diese primär sozial bestimmten Bedingungen dauern in der Klassengesellschaft fort und darum ist notwendigerweise hier auch die Religion noch lebendig.

Dennoch ist nicht zu übersehen, daß seit über hundert Jahren ein Prozeß im Gange ist, den man als einen tendenziell wachsenden Rückgang in der sozialen Bedeutung der Religion charakterisieren kann. Dieser Prozeß wird mit dem Begriff der *Säkularisierung* umschrieben, wofür der marxistische Religionssoziologe JOHANN KLÜGL folgende Definition vorschlägt:

,,Unter Säkularisierung ist allgemein eine fortschreitende Verweltlichung, ein Verfall religiöser Bewußtseinsformen und kirchlicher Institutionen zu verstehen, die Zurückdrängung der Religion als eines Mittels der sozialen Kontrolle, die Überwindung der durch objektive äußere natürliche und gesellschaftliche Kräfte, sowie durch staatlichen, moralischen und kirchlichen Druck erzwungenen religiösen Konformität, eine Umwandlung religiöser und kirchlicher in immanent weltliche gesellschaftliche Funktionen, die Bejahung gesellschaftlicher Strukturen, politischer und moralischer Wertsysteme aus wissenschaftlich rationalen und anderweitigen weltlichen Erwägungen.“[58]

2.1 *Historische Etappen und Ursachen des Säkularisierungsprozesses*

Jahrhundertelang war das religiöse das dominierende gesellschaftliche Bewußtsein, das – insbesondere im europäischen Mittelalter – allen anderen sozialen Bereichen seinen Stempel aufprägte. Das

[58] Klügl III, S. 1. – Lewada II, S. 38 versteht unter Säkularisierung ,,die Verdrängung der Religion (der Vorstellungen, Beurteilungen, Normen) aus den verschiedenen Sphären der gesellschaftlichen Tätigkeit der Menschen.“ – Zum Problem der Säkularisierung cf. außerdem z. B. Birnbaum II, Blumenberg I und II und Lübbe. – Max Weber verwendete in diesem Zusammenhang den Begriff der ,,Entzauberung“ (Weber I, S. 94, 185) bzw. der ,,Rationalisierung“ (ebd. S. 11). Zur gleichen Problematik cf. auch Habermas III, S. 71 f. sowie Habermas I, S. 293 f.

Christentum und seine Institutionalisierung in Form der Kirche waren bestimmender ideologischer Ausdruck und zugleich wichtigstes Mittel der Absicherung feudaler Herrschaft. Selbst die Auflehnung gegen diese Herrschaft vollzog sich in religiösen Formen.
Erst als im Schoße der feudalen Gesellschaft eine neue, die kapitalistische Produktionsweise sich herauszubilden begann, wurde die Vorherrschaft des religiösen Bewußtseins und seiner sozialen Manifestationen erschüttert und zunehmend zurückgedrängt. Die wichtigsten Etappen dieses keineswegs gradlinigen Prozesses bildeten die Renaissance, die Reformation, die Aufklärung[59] und schließlich die Französische Revolution.
Für die Weiterentwicklung der Produktivkräfte, die in wachsendem Maße der Anwendung wissenschaftlicher Erkenntnisse bedurfte, bildete die religiöse Weltanschauung zunehmend ein Hindernis. So kämpfte die aufsteigende Klasse des Bürgertums zum einen gegen die Bevormundung vor allem der Naturwissenschaft durch die Theologie, zum andern gegen die Religion und Kirche überhaupt als wichtigste ideologische Stütze der feudalen Herrschaft. In dem Maße, wie das Bürgertum durch zunehmende Erkenntnis mittels der Wissenschaft sich die Kräfte der Natur unterwarf und zugleich im Kampf gegen den Feudalismus die den Fortschritt hemmende soziale Funktion der Religion erfuhr und durchschaute, schwand bei dieser Klasse die Autorität der Religion.
Gleichwohl, der zunehmenden Unterwerfung der Natur korrespondierte nicht die Beherrschung auch der gesellschaftlichen Prozesse. Zudem benutzte das Bürgertum, nachdem es zur herrschenden Klasse geworden war, nunmehr seinerseits die Religion zur ideologischen Absicherung seiner Herrschaft gegen die neue aufbegehrende Klasse des Proletariats. Die aktive Rolle des Proletariats im Produktionsprozeß der bürgerlichen Gesellschaft und seine Erfahrungen im Kampf gegen die Klasse der Bourgeoisie, die Religion und Kirche wieder als Herrschaftsmittel einsetzte, führten in wachsendem Maße zur Abkehr der Arbeiterklasse von der Kirche. Die Religion büßte für immer größere Teile an Bedeutung ein. Die Klassen-

[59] Die Religionskritik der Aufklärung wurde im allgemeinen noch nicht von einer eindeutig atheistischen Position aus vorgetragen, sondern war meist gepaart mit Formen des Deismus.

kämpfe wurden im allgemeinen nicht mehr in religiösem Gewande geführt. Gegen Ende des 19. Jahrhunderts konnte Engels feststellen:

„Der Atheismus ist so ziemlich selbstverständlich bei den europäischen Arbeiterparteien ... Von den deutschen sozialdemokratischen Arbeitern kann man sogar sagen, daß der Atheismus bei ihnen sich schon überlebt hat;[60] dies rein negative Wort hat auf sie keine Anwendung mehr, indem sie nicht mehr in einem theoretischen, sondern nur noch in einem praktischen Gegensatz zum Gottesglauben stehen: Sie sind *mit Gott einfach fertig,* sie leben und denken in der wirklichen Welt und sind daher Materialisten."[61]

Die Ursachen[62] für den Rückgang der Religiosität und für den damit verbundenen zunehmenden Funktionsverlust der Kirchen lagen zum einen in der Revolutionierung der Produktivkräfte, die im Zuge der Herausbildung der industriell-kapitalistischen Produktionsweise eine wachsende Erkenntnis und Beherrschung der Naturzusammenhänge mit sich brachte,[63] zum andern in den Kampferfahrungen der jeweils revolutionären Klassen – zunächst des Bürgertums, dann des Proletariats –, die sich genötigt sahen, auch gegen eine Religion und Kirche Front zu machen, die von den herrschenden Klassen zur Verteidigung der bestehenden Produktionsverhältnisse instrumentalisiert worden waren.

[60] Engels, der in diesem Zusammenhang den übertriebenen Antiklerikalismus der Blanquisten kritisierte, deren negative Fixierung auf Religion und Kirche als die vermeintlichen Hauptfeinde der Revolution eine falsche politische Strategie impliziere (cf. dazu auch Deppe, S. 197 ff.), – dürfte seinerseits den damals noch bestehenden Einfluß der Religion auf die deutschen Arbeiter etwas unterschätzt haben. Zwanzig Jahre später, 1894, schränkte Engels denn auch den zitierten Satz ein, indem er formulierte: „Von der großen Mehrzahl der deutschen sozialdemokratischen Arbeiter kann man ... etc." MEW 18, S. 531, Anmerkung.

[61] Ebd. S. 531 f. Cf. hierzu auch oben S. 31, Anmerkung 55.

[62] Zu den Ursachen des Säkularisierungsprozesses cf. auch Klügl III, S. 10 ff. und Lewada I, S. 245 f.

[63] Cf. hierzu die Stelle im „Kommunistischen Manifest", wo Marx und Engels die Auswirkungen der fortgesetzten Revolutionierung der Produktivkräfte im Kapitalismus beschrieben: „Die fortwährende Umwälzung der Produktion, die ununterbrochene Erschütterung aller gesellschaftlichen Zustände, die ewige Unsicherheit und Bewegung zeichnet die Bourgeoisepoche vor allen anderen aus. Alle festen eingerosteten Verhältnisse mit ihrem Gefolge von altehrwürdigen Vorstellungen und Anschauungen werden aufgelöst, alle neugebildeten veralten, ehe sie verknöchern können. Alles Ständische und Stehende verdampft, alles Heilige wird entweiht, und die Menschen sind endlich gezwungen, ihre Lebensstellung, ihre gegenseitigen Beziehungen mit nüchternen Augen anzusehen." MEW 4, S. 465.

2.2 *Die heutige Situation und die Grenze der Säkularisierung im Kapitalismus*

Je weiter die Industrialisierung und damit die Umwälzung der Produktivkräfte voranschritt und je mehr auf seiten der anwachsenden revolutionären Arbeiterbewegung die Einsicht in die gesellschaftlichen Herrschaftszusammenhänge an Boden gewann, um so stärker büßte die Religion ihren Einfluß ein.[64] Der Prozeß der Säkularisierung schritt im 20. Jahrhundert rapide voran. Er hat heute ein solches Ausmaß erreicht, daß auch von bürgerlichen Soziologen die Auflösung des religiösen Bewußtseins bei der Mehrheit der Bevölkerung und die weitgehende Entkirchlichung der Massen nicht mehr ernsthaft bestritten werden kann.[65]

[64] Über den Zusammenhang zwischen der Entwicklung der Produktivkräfte und den wachsenden gesellschaftlichen Einsichten des Proletariats im Zuge seines durch den Marxismus angeleiteten sozialen Kampfes einerseits und der wachsenden Religionslosigkeit innerhalb der Arbeiterklasse andererseits schreibt Robbe III, S. 179: „In dem Maße, in dem sich . . . im Kapitalismus Elemente und Voraussetzungen einer neuen, den Klassenantagonismus überhaupt aufhebenden Gesellschaft herausbilden, verliert Religion soziale Grundlagen. Wissenschaft und Technik erzeugen einen nüchternen Wirklichkeitssinn und ein Weltbild, das zur überkommenen religiösen Phantastik im Widerspruch steht . . . Die Arbeiter und Werktätigen, die in seiner (scil. des Marxismus) Erkenntnis für den Sozialismus kämpfen, begreifen geistig und praktisch den Zusammenhang zwischen ihrem Tun und der geschichtlichen Entwicklung und beginnen damit bereits im Kapitalismus mit der Überwindung der Entfremdung. Religionslosigkeit ist deshalb unter kapitalistischen Bedingungen . . . vor allem im Proletariat verbreitet." Robbe verweist hier auf die in dem von Goldschmidt/Greiner/Schelsky herausgegebenen Band „Soziologie der Kirchengemeinde" zusammengestellten empirischen Ergebnisse.

[65] Cf. hierzu die bei Klügl I und II angeführte Literatur. – Der bürgerliche Religionssoziologe Tenbruck schreibt über den Funktionsverlust der Kirche und Religion in ihrer christlichen Form: „Die Periode der Entkirchlichung ist durch folgende grundlegende Strukturänderungen gekennzeichnet: Die Gesellschaft geht von der vorindustriellen zur industriellen Ordnung über. Als formale Organisation verliert die Kirche auf lokaler und nationaler Ebene ihre politisch-ökonomischen Positionen (Personal- und Aufsichtsbehörde, Armenpflege, politische Vertretung, wirtschaftlicher Besitz, Erziehungsaufsicht). Als informelle Organisation büßt sie Funktionen und Ansehen ein (Stellung und Funktion des Pfarrers usw.), während die Kirchengemeinde sich aus einer Ortsgemeinde in einen Pfarrbezirk verwandelt. In dieser Sicht könnte Unkirchlichkeit als Folge der Beendigung eines sozialen Drucks erscheinen: Individuen finden sich für ihre rechtlichen, beruflichen, ökonomischen, sozialen Interessen nicht mehr auf die Organisation Kirche angewiesen, sind von ihrem erzieherischen Einfluß befreit und im Pfarrbezirk nicht mehr den informellen Machtmitteln ausgesetzt, mit denen die Primärgruppe Konformität zu erzwingen weiß." Tenbruck, S. 129.

Dennoch ist der Prozeß der Säkularisierung noch nicht abgeschlossen. Auch wenn die Bedeutung der Religion immer weiter rückläufig ist, übt sie doch nach wie vor bei bestimmten Teilen der Bevölkerung eine gewisse Wirkung aus. Immer wieder gab und gibt es religiöse Wiederbelebungsversuche.[66] Vor allem aber ist hier die immer noch bedeutende gesellschaftliche Macht der Kirchen zu nennen.
Hierbei ist ein auch von bürgerlichen Religionssoziologen immer wieder registriertes, erstaunliches Phänomen hervorzuheben: Der durch zahlreiche empirische Untersuchungen bestätigten wachsenden Entkirchlichung der überwältigenden Mehrheit der Bevölkerung – das gilt für Westeuropa insgesamt –, die nur noch zu einem Bruchteil (im Durchschnitt um die 10 %) am kirchlichen Leben teilnimmt und deren Religiosität (im Sinne der persönlichen Bindung an kirchliche Glaubensinhalte) nach Umfragen[67] noch weitaus geringer ist, steht die formale Zugehörigkeit zur Kirche (um die 90 %) gegenüber. Die Gründe für diesen widersprüchlichen Tatbestand von faktischer Religionslosigkeit bzw. Entkirchlichung und formaler Kirchenmitgliedschaft können hier nicht näher untersucht werden.[68] Erhebungen zeigen, daß sich eine diffuse, hintergründige Unsicherheit gegenüber der Religion mit weitgehender religiös-kirchlicher Indifferenz verbindet.
Die Anzeichen für die Fortexistenz religionsartiger Bewußtseins- und Verhaltensformen[69] vor dem Hintergrund einer gleichzeitig zu-

[66] Aus neuester Zeit wäre hier z. B. die Bewegung der Jesus-People, der Guru-Anhänger u. a. zu nennen.
[67] Cf. z. B. Harenberg oder Kehrer I. – Auf den zunehmend areligiösen Charakter der scheinbar blühenden ‚Religiosität' in den USA verweist J. Maier (I, S. 54) in der Auswertung einer Umfrage unter 440 amerikanischen Studenten in den fünfziger Jahren. Cf. auch J. Maier II.
[68] Cf. hierzu unten S. 141.
[69] Neben die fortexistierenden oder sich vermehrenden Formen von Aberglauben und Obskurantismus aller Art (cf. dazu Berger II) gehören in diesen Zusammenhang auch die verschiedenen, ihrer Funktion nach religionsartigen Surrogate, z. B. das besonders bei Jugendlichen zu beobachtende Umsichgreifen der Rauschgiftsucht (Religion als Opium bzw. Opium als ‚Religion'!). Über die religiöse Komponente des Drogengenusses schreibt Höllinger S. 364: „Beim Studium von Jugendzeitschriften und in Gesprächen mit Jugendlichen, die zum Drogenkonsum neigen oder Drogenerlebnisse wünschen, ist eine religiöse Haltung zu erkennen, die mit dem Bedürfnis zu kennzeichnen ist, eine Beziehung mit einer übermächtigen und heiligen Wirklichkeit herzustellen." Höllinger stellt überhaupt eine wachsende Tendenz zu nichtrationalen Denk- und Ver-

nehmenden Loslösung von Religion und Kirche erweisen den *widersprüchlichen* Charakter des Säkularisierungsprozesses in der antagonistischen Gesellschaft.[70] Einerseits führt die Entwicklung der *Produktivkräfte* und die damit verbundene wachsende Einsicht und Beherrschung der Naturprozesse unaufhaltsam zu einem zunehmenden Autoritätsverlust der Religion. Andererseits reproduzieren die kapitalistischen *Produktionsverhältnisse* mit ihren Bedingungen der Ausbeutung, der Ohnmacht des Individuums gegenüber wirtschaftlichen Krisen, der Undurchsichtigkeit und scheinbaren Schicksalhaftigkeit der sozialökonomischen Prozesse immer erneut religiöse bzw. in ihrer Struktur und Funktion religionsartige Bedürfnisse und Bewußtseinsformen.[71]

Die Widersprüchlichkeit und Grenze der Säkularisierung im Kapitalismus faßt Klügl folgendermaßen zusammen:

„Der Mensch tritt mit der Entwicklung von Naturwissenschaft und Technik, mit der zunehmenden Erkenntnis gesellschaftlicher Zusammenhänge, durch die Vorherrschaft der lebendigen Erfahrung über die religiöse Tradition und nicht zuletzt durch die Existenz des Sozialismus bedingt auch im Kapitalismus den ihn knechtenden sozialen und politischen Verhältnissen immer bewußter und kritischer gegenüber, er lernt sie immer besser zu durchschauen und nach Wegen zu ihrer Überwindung zu suchen. Damit schwindet auch das Gefühl der Ohnmacht und Hilflosigkeit, weil der Kapitalismus kein universales System mehr ist und sich seine Überwindung immer mehr voraussehen läßt . . ." Unter den „Bedingungen des Privateigentums an den Produktionsmitteln existiert jedoch noch eine tiefe Kluft zwischen der immer größer werdenden Macht über die Naturkräfte und der Ohnmacht gegenüber der Beherrschung der gesell-

haltensweisen unter Jugendlichen fest, ein „Bedürfnis nach Metaphysik, nach neuen Bewußtseinsformen und Inhalten, die Suche nach Ekstasen, die Übernahme vielfältiger, auch außerchristlicher Formen religiöser Übung" (S. 365). Er dürfte aber am Oberflächenschein dieser Phänomene haften bleiben, wenn er sie als „Zeichen der Zurückweisung des totalen Machtanspruchs der Verwissenschaftlichung aller Lebensbereiche und der Suche nach außerwissenschaftlichen Erklärungsversuchen und Formen der Lebensbewältigung", als Reaktion auf die Herausforderung der „Industriegesellschaft" interpretiert (ebd.), anstatt die Erklärung im Charakter einer Gesellschaft zu suchen, deren äußere Scheinrationalität nur die – zunehmend brüchiger werdende – Hülle ihrer „übermächtigen", irrationalen Grundstruktur abgibt.

[70] Cf. hierzu Klügl III, S. 28 ff. und Robbe III, S. 179 f.

[71] Über die Fetischismen und Mystifikationen der kapitalistischen Warenproduktion als ökonomische Ursachen der Undurchsichtigkeit gesellschaftlicher Zusammenhänge cf. oben S. 18 f.

schaftlichen und zwischenmenschlichen Beziehungen. Der Machbarkeit der Dinge steht die sachliche Abhängigkeit, die Übermacht der den Menschen beherrschenden, sich aus den Privateigentumsverhältnissen ergebenden gesellschaftlichen Gesetzmäßigkeiten gegenüber." Schließlich: „Die Klerikalisierung des öffentlichen Lebens, der ökonomische und außerökonomische Zwang im Imperialismus verdecken nur notdürftig das ganze Ausmaß der religiösen Krise. Macht und Geld erzwingen im Imperialismus zugleich mit der Heuchelei noch eine gewisse geistige Konformität und Scheinreligiosität und setzen damit dem Säkularisierungsprozeß äußere Grenzen."[72]

Der von Klügl herausgestellte widersprüchliche Charakter der Säkularisierung in der kapitalistischen[73] Gesellschaft, der sich auch in der Diskrepanz zwischen der weitgehenden religiösen Indifferenz der Massen einerseits und der immer noch enormen gesellschaftlichen Machtstellung der Kirchen andererseits offenbart, ist eine Erscheinungsform des fundamentalen Widerspruchs zwischen den vorwärtsdrängenden Produktivkräften und den diesen Fortschritt zunehmend hemmenden Produktionsverhältnissen. An der Dialektik der Säkularisierung in der antagonistischen Gesellschaft zeigt sich der gesellschaftliche Grundkonflikt, dessen Wirkung auch in den von der ökonomischen Basis am weitesten entfernten Phänomenen, wie es die religiösen Bewußtseinsformen und Verhaltensweisen sind, aufweisbar ist.

2.3 *Zum Problem der Ungleichzeitigkeit des Säkularisierungsprozesses*

Mit der Unabgeschlossenheit des Säkularisierungsprozesses ist seine Ungleichmäßigkeit und Ungleichzeitigkeit verbunden. Empirische Untersuchungen[74] haben gezeigt, daß das Ausmaß der Religionslo-

[72] Klügl III, S. 698 f.
[73] Dem Problem der Fortexistenz der Religion in den sozialistischen Ländern kann hier nicht näher nachgegangen werden. (Cf. dazu Robbe III, S. 168 ff. und 180) Empirische Untersuchungen zeigen aber, daß dort der Säkularisierungsprozeß weiter fortgeschritten ist als in den kapitalistischen Ländern. Cf. Klohr III, S. 79 ff. Dies gilt besonders für die DDR (cf. Masula und Lutter).
[74] Cf. die Belege bei Klügl III, S. 165 ff. oder auch Masula und Lutter, passim!

sigkeit unter denjenigen sozialen Klassen und Schichten am größten ist, die am stärksten in die fortgeschrittensten Bereiche der gesellschaftlichen Produktion einbezogen sind; das trifft vor allem auf Arbeiter und auf Teile der Intelligenz zu. Umgekehrt hat die Religion noch die größte Wirksamkeit unter denjenigen Teilen der Bevölkerung, die in ihrer Lebensweise am weitesten hinter dem erreichten Stand der Produktivkraftentwicklung zurückliegen;[75] das sind die kleinbürgerlichen und bäuerlichen Schichten. Innerhalb der Arbeiterschaft differenziert sich das Problem der Religionslosigkeit insofern, als diese bei der Industriearbeiterschaft der Großstädte und Großbetriebe weiter fortgeschritten ist als beim kleinstädtisch-ländlichen Proletariat, das noch stärker in religiösen Traditionen befangen ist.

Aus den zuletzt genannten Teilen der Arbeiterklasse rekrutierte sich auch das Gros der christlichen Arbeiterbewegung im 19. und 20. Jahrhundert.[76] Hier lag auch, wie Balzer[77] nachwies, die soziale Basis z. B. der religiösen Sozialisten in der Weimarer Republik. Längerfristig gesehen dürfte es sich zwar bei dem noch bestehenden religiösen Einfluß auf Teile der Arbeiterschaft um ein Übergangsphänomen handeln, wie der ständige Rückgang der christlichen Arbeiterbewegung beweist. Dennoch war – z. T. gilt das bis heute, wenn man an die Sozialausschüsse der CDU/CSU denkt – die Wirkung christlicher Traditionen auf diese Schichten ein gesellschaftlich sehr relevanter Faktor.[78] Aus diesem Grund ist es notwendig, die verschiedenartigen, z. T. gegeneinander laufenden Tendenzen innerhalb des Christentums und der Kirche im 19. und auch noch im 20. Jahrhundert unter dem Gesichtspunkt zu betrachten, inwiefern sich darin – neben ‚rein' innertheologischen Streitereien – Klassengegensätze spiegelten.

[75] „Wir können als Ergebnis festhalten, daß das Milieu, das die höchste kirchliche Bindung aufweist, nicht das unserer modernen industriellen Zivilisation ist." So Kehrer I, S. 38, cf. auch S. 47.

[76] Cf. hierzu das Kapitel „Arbeitersekten" bei Hobsbawm S. 171 ff.

[77] Balzer I, S. 39 ff.

[78] Cf. hierzu den Abschnitt über den politischen Klerikalismus unten S. 133 ff.

3 Marxistische und bürgerliche Religionssoziologie

Als Ergebnis der bisherigen Untersuchung der Religionsauffassung des Marxismus soll im folgenden die Aufgabe einer marxistischen Religionssoziologie bestimmt werden, soweit dies für die vorliegende Arbeit im Blick auf den Teil II von Belang ist. Auf einen umfassenden Grundriß einer marxistischen Religionssoziologie und auf die ausführliche Darlegung ihrer Gegenstände und Methoden muß hier verzichtet werden.[79] Im Anschluß daran wird, um das Spezifische einer marxistischen Religionssoziologie deutlicher herauszuarbeiten, als Kontrast dazu die bürgerliche Religionssoziologie einer kritischen Untersuchung unterzogen.

3.1 *Die Aufgabe einer marxistischen Religionssoziologie*

Der methodologische Ausgangspunkt einer marxistischen Soziologie der Religion ist gemäß den Voraussetzungen der materialistischen Geschichtsauffassung und in Fortführung der Theorie von Marx und Engels[80] die These, daß die Religion wesentlich ein soziales und historisches Phänomen ist, das dem Bereich der Ideologie[81]

[79] Zu verweisen ist auf die folgenden Arbeiten marxistischer Religionssoziologen: Klohr III, Klügl I–III, Lewada I und II, Robbe III, Ugrinowitsch sowie auf die bibliographische Zusammenstellung von Balzer/Sorg.

[80] Einige Thesen von Marx und Engels werden im folgenden in der Darstellung neuerer marxistischer Religionssoziologen rekapituliert, um sowohl Kontinuität wie Weiterentwicklung der marxistischen Religionstheorie zu veranschaulichen.

[81] Während in der Terminologie von Marx und Engels der Begriff der Ideologie gewöhnlich auf die idealistische Geschichtsauffassung bezogen war, die von ihnen als verzerrte oder ideologisch-verkehrte Widerspiegelung der tatsächlichen historisch-sozialen Sachverhalte bestimmt wurde, erhielt der Ideologiebegriff durch Lenin eine allgemeinere Fassung. Auf den Streit um die Berechtigung der Leninschen Weiterentwicklung des Begriffs kann hier nicht eingegangen werden. Verwiesen sei z. B. auf Hahn II, Rauh II, auf die Artikel „Ideologie" und „Ideologielehre" im Philosophischen Wörterbuch I, S. 504–508; zur Geschichte des Begriffs ferner auf Maus III. – Hier soll unter Ideologie verstanden werden ein „System von Anschauungen, Ideen und Theorien über die soziale Wirklichkeit als Ganzes bzw. über einzelne ihrer Seiten, Prozesse und Probleme, in denen die jeweiligen Klasseninteressen konzentrierten Ausdruck finden und

zuzuordnen ist. Als Form des gesellschaftlichen Bewußtseins spiegelt die Religion das gesellschaftliche Sein wider, und zwar eine bestimmte Seite desselben (Gegenstand der Widerspiegelung) und auf eine bestimmte Weise (Form der Widerspiegelung).

„Sie widerspiegelt jene Seite des gesellschaftlichen Seins, die als die Verhältnisse des Beherrschtwerdens, der Unfreiheit und der Abhängigkeit der Menschen von ihren Lebensverhältnissen bezeichnet werden kann."[82]

Diesen ihren Gegenstand spiegelt die Religion – und darin liegt die Spezifik der religiösen Bewußtseinsform – verzerrt, verkehrt wider und vermittelt damit ein illusorisches Bild der sozialen Wirklichkeit. Die Ursache für diese Verkehrung liegt in der gesellschaftlichen Realität, in der „verkehrten Welt".

„Das Zerrbild von der Welt entsteht im Bewußtsein der Menschen gerade deshalb, weil über sie äußere Kräfte walten, deren wirkliche Natur sie nicht verstehen. Die verkehrte Widerspiegelung dieser Kräfte im religiösen Bewußtsein ist das Ergebnis der praktischen Ohnmacht des Menschen, seiner Unterwerfung, seiner Unfähigkeit, die Natur und die eigenen gesellschaftlichen Beziehungen zu beherrschen."[83]

Wenn die Religion in erster Linie als eine spezifische Form des gesellschaftlichen Bewußtseins verstanden wird, so gehören zum gesamten religiösen Komplex doch auch die den religiösen Einstellungen entsprechenden praktischen Verhaltensweisen, die wiederum in Institutionen und Organisationen eine dauerhafte soziale Gestalt erhalten. Aus der Gesamtheit dieser Elemente setzt sich das Phänomen der Religion zusammen.[84]

von denen entsprechende Stellungnahmen, Entscheidungen, Bewertungen sowie Regeln und Normen für soziale Verhaltensweisen abgeleitet werden." (Wörterbuch der marxistisch-leninistischen Soziologie, S. 202).

[82] Ugrinowitsch, S. 42 f.

[83] Ebd. S. 44.

[84] Die Grundstruktur der Religion faßt Robbe III, S. 177 folgendermaßen zusammen: „1. In der Religion erlebt der Mensch die im Entfremdungszusammenhang praktisch und geistig unbewältigten weltlichen Gegebenheiten als transzendente, das Primat beanspruchende Mächte. 2. Im Kult praktiziert, akkumuliert und institutionalisiert der Gläubige das transzendierte Ohnmachtsverhältnis zur Erlangung von Heil. 3. Die religiöse Praxis vollzieht sich in Gemeinschaften und Ersatzgemeinschaften, in denen sich in der Klassengesellschaft deren Widersprüche reproduzieren." – Auf die Soziologie der religiösen Institutionen – wie z. B. die Kirche – kann hier nicht eingegangen werden. Cf. dazu die umfangreiche Literatur bei Matthes II.

Weil die Religion nach marxistischer Auffassung ein Überbauphänomen darstellt, hat sie

„keine eigene, rein immanente Entwicklung, ihre historische Entwicklung wird letzten Endes durch die Veränderung des gesellschaftlichen Seins der Menschen und ihrer objektiven Lebensverhältnisse bestimmt. Darum können die inneren Zusammenhänge und gegenseitigen Beziehungen im religiösen Komplex nur auf Grund einer Analyse der Auswirkungen des determinierenden Faktors, also des gesellschaftlichen Seins, richtig verstanden werden."[85]

Die Vermittlungsinstanz, durch die hindurch die Auswirkungen der ökonomischen Basis auf Phänomene des Überbaus, also auch auf die Religion, erfolgen, ist das Bewußtsein. Es ist

„immer das Bewußtsein der Menschen, das ihre Tätigkeit und ihre Organisation in der Sphäre des Überbaus vermittelt. Die objektiven (ökonomischen) Lebensbedingungen der Menschen sind bestimmend in bezug auf die Beziehungen und Einrichtungen des Überbaus und die Tätigkeit durch das Bewußtsein."[86]

Die marxistische Religionssoziologie geht davon aus, daß alle religiösen Erscheinungen „in letzter Instanz" – wenn auch in noch so komplizierten Vermittlungen[87] – einen materiellen, sozialökonomischen Kern haben, ohne dessen Erkenntnis die jeweilige Erscheinung nicht zureichend begriffen werden kann. Dieses „in letzter Instanz", das Engels wiederholt in seinen späten Briefen gegenüber vulgärmarxistischen Fehldeutungen und Einseitigkeiten hervorhob,[88] darf selbstverständlich nicht dahin mißverstanden werden,

[85] Ugrinowitsch, S. 46. – Cf. hierzu auch Uledow, passim.

[86] Ebd. S. 47.

[87] Cf. hierzu Engels: „Noch höhere, d. h. noch mehr von der materiellen, ökonomischen Grundlage sich entfernende Ideologien nehmen die Form der Philosophie und der Religion an. Hier wird der Zusammenhang der Vorstellungen mit ihren materiellen Daseinsbedingungen immer verwickelter, immer mehr durch Zwischenglieder verdunkelt. Aber er existiert." MEW 21, S. 302.

[88] Cf. Engels' Brief an Josef Bloch vom 21./22. 9. 1890, MEW 37, S. 463: „Nach materialistischer Geschichtsauffassung ist das *in letzter Instanz* bestimmende Moment in der Geschichte die Produktion und Reproduktion des wirklichen Lebens. Mehr hat weder Marx noch ich je behauptet. Wenn nun jemand das dahin verdreht, das ökonomische Moment sei das *einzig* bestimmende, so verwandelt er jenen Satz in eine nichtssagende, abstrakte, absurde Phrase. Die ökonomische Lage ist die Basis, aber die verschiedenen Momente des Überbaus – politische Formen des Klassenkampfes und seine Resultate – Verfassungen, nach gewonnener Schlacht durch die siegende Klasse festgestellt usw. – Rechtsformen, und nun gar die Reflexe aller dieser wirklichen Kämpfe im Gehirn der

daß jeder Einzelzug einer religiösen Erscheinung um jeden Preis und mit Notwendigkeit aus der ökonomischen Basis ‚abgeleitet' werden könnte. Wie alle Bestandteile des Überbaus hat auch die Religion – unter der Voraussetzung einer primären Abhängigkeit von den Produktionsverhältnissen – einen engeren oder weiteren Spielraum an eigenständiger, relativ autonomer Entwicklung. So sehr der *Kern* eines religiösen Phänomens, einer religiösen Bewegung oder Gruppierung gesellschaftlicher Natur ist, so sehr kann die *Oberflächenstruktur* dieses Phänomens etc. durch mannigfache, ‚außerökonomische' Faktoren bestimmt sein: Traditionen, ‚geistesgeschichtliche' Einflüsse, persönliche Zufälligkeiten etc.

Gerade weil das Erscheinungsbild religiöser Phänomene oft durch eine verwirrende Mannigfaltigkeit von Faktoren bestimmt ist und keineswegs ohne Rest ausschließlich mit ökonomisch-soziologischen Kategorien zu erklären ist, bedarf es der Unterscheidung zwischen *Wesen* und *Erscheinung*. Die Frage nach der ‚Erscheinung' hat es in der Regel mit der Untersuchung der *Form* zu tun, während die Frage nach dem ‚Wesen' die Untersuchung des *Inhalts*, des sozialen Kerns (z. B. bestimmte Klasseninteressen) eines religiösen Phänomens erfordert.

Auch diese Unterscheidung darf nicht mechanistisch vorgenommen werden. So können z. B. auch in den Formen und scheinbaren Äußerlichkeiten religiöser Phänomene soziale Determinanten nachweisbar sein. Ebenso können bestimmte Formen den sozialen Inhalt beeinflussen und verändern, indem z. B. religiöse Motivationen einen hemmenden oder auch fördernden Einfluß auf soziale Auseinandersetzungen ausüben.

Die grundlegende Aufgabe einer marxistischen Religionssoziologie

Beteiligten, politische, juristische, philosophische Theorien, religiöse Anschauungen und deren Weiterentwicklung zu Dogmensystemen, üben auch ihre Einwirkung auf den Verlauf der geschichtlichen Kämpfe aus und bestimmen in vielen Fällen vorwiegend deren *Form*. Es ist eine Wechselwirkung aller dieser Momente, worin schließlich durch alle die unendliche Menge von Zufälligkeiten (d. h. von Dingen und Ereignissen, deren innerer Zusammenhang untereinander so entfernt oder so unnachweisbar ist, daß wir ihn als nicht vorhanden betrachten, vernachlässigen können) als Notwendiges die ökonomische Bewegung sich durchsetzt. Sonst wäre die Anwendung der Theorie auf eine beliebige Geschichtsperiode ja leichter als die Lösung einer einfachen Gleichung ersten Grades." Cf. auch seinen Brief an Conrad Schmidt vom 27. 10. 1890, ebd. S. 489 und 492, sowie an Franz Mehring vom 14. 7. 1893, MEW 39, S. 96 ff.

wäre so zu bestimmen: Wenn Religion eine verkehrte Widerspiegelung von gesellschaftlichen Verhältnissen darstellt, aus deren spezifischer Beschaffenheit die religiöse Verkehrung notwendigerweise entsteht, dann gilt es, die jeweils konkreten sozialen Grundlagen religiöser Phänomene aufzudecken und diese in ihrer Genesis aus jenen zu begreifen. Da in religiösen Erscheinungen sozusagen Religiöses mit Nichtreligiösem (z. B. Sozialem) sich vermischt, ist ein dialektisches Herangehen an die Phänomene erforderlich, um die Unterscheidung und die Aussonderung des soziologisch Wesentlichen vom Unwesentlichen zu bewerkstelligen. Ebenso ist zu untersuchen, ob und wie sich z. B. in religiösen Bewegungen progressive und reaktionäre Klasseninteressen manifestieren bzw. in widersprüchlicher Einheit vermengt sind. In eine ihrem Gegenstand angemessene Aufgabenbestimmung der Religionssoziologie werden die Erörterungen über den Doppelcharakter der Religion sowie über die in der Ökonomie wurzelnden Mechanismen der Erzeugung von Mystifikationen und verdinglichtem Bewußtsein als wesentliche theoretische Orientierungen einzugehen haben.

Die so gestellte Aufgabe vermag eine marxistisch verstandene Religionssoziologie nur zu erfüllen, wenn sie als eine Integration verschiedener gesellschaftswissenschaftlicher Disziplinen betrieben wird. Eine Bestimmung des sozialen Inhalts religiöser Phänomene kann nur auf der Grundlage einer Untersuchung der sozialen Zusammenhänge im allgemeinen und der Struktur des gesellschaftlichen Bewußtseins im besonderen erfolgen. Es besteht also ein enger Zusammenhang zwischen Religionssoziologie und allgemeiner Gesellschaftswissenschaft. Das entspricht auch der Bedeutung und dem Stellenwert, den die Religionstheorie bei Marx und Engels im Rahmen ihrer Gesellschafts- und Geschichtstheorie besaß, nämlich „Prüfstein des neuen Verständnisses des gesellschaftlichen Lebens als ganzem“[89] zu sein.

[89] Lewada II, S. 39.

3.2 *Entwicklungen und Konzeptionen der bürgerlichen Religionssoziologie*[90]

Beim Übergang des Kapitalismus in sein imperialistisches Stadium begann um die Jahrhundertwende auf bürgerlicher Seite im Zusammenhang mit dem fortschreitenden Prozeß der Säkularisierung, der neben dem zunehmenden Abfall des Proletariats von Religion und Kirche begleitet war von einem wachsenden Einfluß des Marxismus auf die Arbeiterschaft, in Deutschland unter Führung von MAX WEBER und dem protestantischen Theologen und Kirchenhistoriker ERNST TROELTSCH, in Frankreich mit ÉMILE DURKHEIM, eine intensive soziologische Beschäftigung mit der Religion[91]. Es ist bezeichnend, daß in den Lehrbüchern und Abhandlungen über die Entstehung der Religionssoziologie stets nur die genannten Namen auftauchen, obwohl bereits Mitte des vorigen Jahrhunderts Marx und Engels entscheidende Grundlagen für eine Religionssoziologie gelegt hatten.

Die marxistische Religionstheorie wird meist nur negativ angeführt als eine einseitige, monokausale und vorwissenschaftliche Theorie, die es zu widerlegen gelte. Das belegt z. B. ein Diskussionsbeitrag Max Webers auf dem Soziologentag von 1911:

„Es darf nicht . . . nachgegeben werden, der Ansicht, . . . als ob man die religiöse Entwicklung als Reflex von irgend etwas anderem, von irgendwelchen ökonomischen Situationen betrachten könnte."[92]

[90] Cf. dazu die problemgeschichtliche Einleitung von Fürstenberg I, S. 13–31 sowie die einschlägigen Darstellungen von Kehrer II, Matthes II und III und Savramis I.

[91] Über die historisch-soziale Funktion der beginnenden soziologischen Beschäftigung mit der Religion schreibt Klügl III, S. 38: „Die bürgerliche Religionssoziologie ist deshalb nicht zuletzt dem Bestreben der Bourgeoisie zuzuschreiben, die marxistische Religionsanalyse zu widerlegen und Religion und Kirche als institutionalisierte Machtmittel der herrschenden Klasse wieder zu stabilisieren bzw. vor dem Verfall zu bewahren." – Über den unmittelbaren Einfluß des Marxismus auf die Aktualisierung religionssoziologischer Fragestellungen innerhalb der bürgerlichen Soziologie spricht auch Fürstenberg I, S. 18.

[92] Weber III, S. 168. – Klügl III, S. 62 schreibt dazu: „Das Hauptanliegen der spätbürgerlichen religionssoziologischen Forschung besteht also darin, die vom historischen Materialismus nachgewiesene wesenhafte Abhängigkeit der Religion von der Gesellschaft zu leugnen. Zu diesem Zweck wurde die marxistische Auffassung mit einer oberflächlichen mechanisch monokausalen Abhängigkeit der Religion von der Gesellschaft identifiziert." – Auch wenn Max Weber keineswegs gewisse Abhängigkeiten der Reli-

In ähnlicher Weise äußerte sich Troeltsch, der im Schlußkapitel seiner „Soziallehren" von 1912 zur Anwendung der marxistischen Methode auf das Christentum Stellung nahm:

„Die Gelehrten des Klassenkampfes haben es unternommen, das ganze Christentum als ideologisches Spiegelbild ökonomischer Entwicklungen darzustellen . . . Gegenüber jeder ausschließlichen und doktrinären Durchführung dieser (scil. marxistischen) Methode hat nun aber die bisherige Darstellung gezeigt, daß alles spezifisch Religiöse und vor allem die großen Knotenpunkte religiöser Entwicklungen eine selbständige Äußerung des religiösen Lebens sind. Jesus, Paulus, Origenes, Augustin, der hl. Thomas, der hl. Franz, der hl. Bonaventura, Luther, Calvin, sie können in ihrem Fühlen und Denken nicht aus Klassenkämpfen und ökonomischen Interessen hergeleitet werden."[93]

Troeltsch fuhr dann fort:

„Aber auf der andern Seite ist doch klar, daß in dem Kausalzusammenhang, aus dem heraus ihr eigentümlich religiöses Denken Anstoß, Form, Bewegung und Ziel konkret gewinnt, immer in größerer oder geringerer Stärke, in mittelbarer oder unmittelbarer Weise soziale und durch diese vermittelt schließlich auch ökonomische Kräfte wirken."[94]

Zwar wird von bürgerlichen Soziologen eine soziale Seite der Religion und die Notwendigkeit der Untersuchung von Wechselbeziehungen zwischen Religion und Gesellschaft zugestanden, eine soziale Determiniertheit der Religion durch die historisch-materiellen Lebensbedingungen der Menschen aber, d. h. der wesentlich gesellschaftliche Charakter der Religion wird bestritten. Die Religion

gion von der Gesellschaft leugnet, sondern in seinen historischen Forschungen immer wieder bestätigt, ist Klügls Kritik doch insofern berechtigt, als Webers Polemik gegen materialistische Erklärungsversuche religiöser Phänomene eher den Vulgärmaterialismus Kautskys – der freilich das Bild des Marxismus um die Jahrhundertwende in starkem Maße prägte – als den historisch-dialektischen Materialismus von Marx und Engels trifft. Den Nachweis, daß Weber ebenso wie Troeltsch unter Marxismus nur den Vulgärmarxismus Kautskys verstanden, führt Bosse S. 90 ff.

[93] Troeltsch II, S. 975.

[94] Ebd. – Bei aller hier deutlich werdenden Verkennung der Dialektik der marxistischen Methode darf doch die vergleichsweise progressive Position nicht übersehen werden, die solche partiellen Zugeständnisse an die kritisierte Methode darstellten – vor dem Hintergrund der damaligen evangelischen Theologie, der, von geringfügigen Ausnahmen abgesehen, eine sozialgeschichtliche Betrachtung religiöser Phänomene vollständig fern lag.

wird als ein autonomes Phänomen sui generis angesehen, wobei der soziologischen Analyse nur die äußeren, akzidentellen, gleichsam in den sozialen Bereich hereinragenden Züge unterworfen werden, während man auf die Analyse der wesentlichen Inhalte der Religion entweder in positivistischer Selbstbeschränkung verzichtet (Max Weber)[95] oder sie ausdrücklich einer theologischen bzw. irrationalistischen Deutung vorbehält (Joachim Wach).[96]
Zwischen Wesen und Erscheinung wird hier – im Gegensatz zur marxistischen Konzeption – in der Weise unterschieden, daß angeblich nur die religiösen Erscheinungsformen sozialen Einflüssen unterworfen seien, während das Wesen der Religion keiner gesellschaftlichen Determination unterliege.[97]
Ein Beispiel dafür, wie im Grunde nicht die religiösen Phänomene soziologisch erklärt, sondern soziale Sachverhalte religiös interpretiert werden, stellt Max Webers berühmte Arbeit „Die protestantische Ethik und der Geist des Kapitalismus"[98] (1904) dar. Hier wird die Entstehung des Kapitalismus wesentlich auf die Wirkung des „kapitalistischen Geistes" und dieser auf die durch den calvinistischen Glauben bestimmte puritanische Lebensweise zurückgeführt. Die Entstehungsgeschichte des Kapitalismus, die nach der eindrücklichen Darstellung von Marx im 24. Kapitel des „Kapital" „in die Annalen der Menschheit eingeschrieben (ist) mit Zügen von Blut und Feuer"[99], erscheint bei Max Weber bis zu einem gewissen Grade idealisiert als das Produkt einer spezifischen Form der Religion, des Protestantismus, wodurch die einzigartige Entwicklung der abendländischen Zivilisation bestimmt worden sei. Statt den Kapitalismus

[95] Cf. Weber II, S. 317.
[96] Cf. die Belege bei Matthes III, S. 21–24.
[97] Cf. die folgenden Zitate von neueren Religionssoziologen: „Die wesentlichen Aspekte der Religion sind für die Religionssoziologie ungreifbar. Sie kann sich nur mit den Auswirkungen der Religion als sozialer Erscheinung befassen." Vrijhof, S. 24. – Ähnlich Savramis, der, unter Berufung auf das Wertfreiheitspostulat Max Webers, überzeugt ist, „daß die Religionssoziologie als Wissenschaft keine *Wahrheitsfragen* hinsichtlich des Inhalts bzw. der Lehre einer Religion stellen kann, daß sie alle *Fragen*, die nur der *Glaube* lösen kann, ohne Antwort lassen muß und daß sie keine Aussage über das Wahre oder Unwahre einer religiösen Überzeugung machen darf." Savramis I, S. 110.
[98] Weber I. – Zur Auseinandersetzung mit Webers These cf. Weber IV und die dort S. 395–400 angefügte Literaturzusammenstellung.
[99] MEW 23, S. 743.

als das Resultat einer durch die Entwicklung der Produktivkräfte hervorgerufenen ökonomischen Umwälzung zu begreifen, welcher auf der Bewußtseinsebene die – durchaus widersprüchlichen – Anpassungsversuche des Christentums vor allem in seiner calvinistischen Gestalt an die neuen sozialökonomischen Erfordernisse entsprachen, wird dieser materiell-gesellschaftliche Prozeß weithin aus religiösen Wertvorstellungen hergeleitet.[100]

Der Verzicht auf eine rationale, wissenschaftliche Erkenntnis der Grundlagen der Religion hatte in den dreißiger[101] und vierziger Jahren dieses Jahrhunderts dazu geführt, daß die Religionssoziologie sich in empiristischer Selbstbeschränkung auf Kirchensoziologie praktisch zu einer Hilfswissenschaft der Theologie degradierte, indem sie als kirchliche Auftragsforschung ausschließlich dem Zweck diente, den Prozeß der zunehmenden Entkirchlichung faktenmäßig zu erfassen, um der kirchlichen Administration Mittel an die Hand zu geben, diesem Prozeß mit geeigneten Maßnahmen entgegenzuwirken.[102]

[100] Cf. zur Kritik Max Webers auch Klügl III, S. 63 und Kofler, S. 285–332, der im Gegensatz zu Max Weber nicht den Kapitalismus aus dem Calvinismus, sondern dessen Entstehung materialistisch aus den ökonomischen Veränderungen im Zusammenhang mit der Manufakturperiode erklärt. – Das Verdienst Max Webers besteht darin, daß er erstmals den Beitrag des Protestantismus an der Verinnerlichung der neuen, kapitalistischen Arbeitsmoral herausgearbeitet hat, die freilich als solche nicht durch den Calvinismus, sondern durch die kapitalistische Produktionsweise hervorgebracht und durch jenen lediglich, wenn auch sehr nachhaltig, gefördert wurde. Desgleichen zeigt Webers Arbeit – wenn man ihre Resultate vom Kopf auf die Füße stellt – die Rolle der Reformatoren bei der ideologischen Sanktionierung ungehemmten, durch die kapitalistischen Akkumulationserfordernisse diktierten Profitstrebens, indem sie z. B. das für die scholastische Theologie verbindliche Wucherverbot außer Kraft setzten. – Max Webers Ansatz, der vor allem durch die strukturell-funktionale Schule Parsons fortgeführt wurde, findet auch in neuester Zeit wieder Aufnahme. Ein Beispiel dafür bietet Fürstenberg: „Wenn im Frühkapitalismus religiöse Grundeinstellungen die Mentalität des wirtschaftenden Menschen geprägt haben, dann ist die Frage durchaus sinnvoll, wodurch denn im Spätkapitalismus – um bei dieser Nomenklatur zu bleiben – die Mentalität des Wirtschaftssubjekts geprägt werde und inwiefern hierbei wertrationale Vorstellungen eine Rolle spielen.“ (In: Stammer, S. 245) – Cf. auch die Arbeit von Bellah, der die Webersche These am japanischen Kapitalismus zu verifizieren versucht.

[101] Der Beginn der Kirchensoziologie in den dreißiger Jahren ist verbunden mit den Namen des Holländers Jakob P. Kruits und des Franzosen Gabriel Le Bras. Cf. hierzu z. B. Fürstenberg I, S. 20 ff. und Matthes II, S. 9 ff.

[102] Savramis I, S. 90 zitiert den General des Jesuitenordens, Pedro Arrupe, nach dessen Worten die Religionssoziologie zur bloßen „kirchlichen Marktforschung“ geworden sei, die den Möglichkeiten des Absatzes der „Ware Religion“ nachspürte.

Seit den sechziger Jahren begann eine Absetzbewegung von der empiristischen Kirchensoziologie, deren Einseitigkeit und Theorielosigkeit zunehmend beklagt wurde. Vor allem von der amerikanischen strukturell-funktionalen Schule (z. B. von Luckmann, Lenski u. a.) gingen Bemühungen um eine ‚theoretische Erneuerung' unter Rückbesinnung auf die sogenannten Klassiker der Religionssoziologie, Weber und Durkheim, aus. In der BRD wurden diese Versuche von Wissenschaftlern getragen wie Dietrich Goldschmidt oder – in etwas andererer Weise – Joachim Matthes und Trutz Rendtorff. Diese Versuche, der Religionssoziologie eine theoretische Grundlage zu geben und sie aus der Beschränkung auf Kirchensoziographie herauszuführen, leisteten entgegen ihrem Anspruch aber keineswegs eine eingehendere soziologische Erklärung der religiösen Sachverhalte. Das ‚Neue' an diesen Bestrebungen bestand vielmehr in folgendem: Nachdem die empirischen Ergebnisse der Kirchensoziologie das ganze Ausmaß einer wachsenden Religionslosigkeit bzw. religiösen Indifferenz unübersehbar vor Augen geführt hatten, wurde jetzt der Versuch gemacht, die Rückläufigkeit der Religion und damit die Säkularisierungsthese dadurch zu bestreiten, daß alle nur denkbaren sozialen Sachverhalte religiös gedeutet wurden. Der Mechanismus war einfach: Man weitete die Definition von Religion uferlos aus, so daß man imstande war, überall Religiöses am Werk zu sehen. Dieser Mechanismus erlaubte es, trotz des unübersehbaren Säkularisierungsprozesses einerseits die Ewigkeit der Religion und ihre Unabhängigkeit von sozialen Bedingungen zu behaupten, andererseits nach Belieben profanen Sachverhalten das Etikett ‚religiös' anzuheften.

Die Ausweitung des Religionsbegriffs demonstriert z. B. Savramis:

„Ich frage nun, ob nicht auch Arbeit, Vergnügen usw. religiöses Leben sein können. Ich würde sagen, solange Liebe und Gerechtigkeit in der Welt wirksam sind und solange es Menschen gibt, die sich für diese Werte einsetzen, solange ist das Heilige mitten unter uns."[103]

[103] Savramis II, S. 392. – In seiner Religionssoziologie sorgt Savramis (I, S. 149) für eine neue Sparte der Anthropologie, indem er einen „homo religiosociologicus" konstruiert: „So ist der homo religiosociologicus der empirisch sozial handelnde Mensch, der seine Seinswelt auf Grund von Überzeugungen prägt, die sich unmittelbar oder mittelbar aus seiner Grundeinstellung zur Transzendenz ergeben." Charakteristisch ist die Weigerung, das Halbdunkel des religiösen Glaubens wissenschaftlich zu durchleuch-

Auch Goldschmidt geht von einem ausufernden Begriff der Religion sowie von deren Ewigkeit und Unabhängigkeit von konkreten Gesellschaftsformationen aus:

,,Wird so die Religion als eine Institution, das heißt als ein normatives System interpretiert, das den Einzelnen befähigt, existentielle Fragen zu bewältigen und das den Zusammenhalt der Gesellschaft ermöglicht und sichert, so haben wir in jeder Gesellschaft und zu jeder Zeit ‚Religion' zu erwarten – sei sie heidnisch oder christlich, nationalistisch oder kommunistisch, oder sei sie auch nur jenes Bündel säkularer Stereotype und Vorurteile einschließlich des Antisemitismus, mit denen die ‚einsame Masse' heute ihrer Situation Herr zu werden sucht."[104]

Der Parsons-Schüler Schreuder bezeichnet alle Bewußtseinsinhalte, die zur Festigung und Integration einer Gesellschaftsordnung beitragen können, als religiös:

,,Alle Systeme, die diese Legitimationsfunktion erfüllen, können als Religionen bezeichnet werden, ob sie nun einen mehr überweltlichen Charakter tragen wie die traditionellen Weltreligionen – ‚sacred religions' – oder mehr innerweltlicher Art sind wie demokratischer Humanismus, Marxismus, Faschismus usw. – ‚secular religions' –. Funktional betrachtet können sie dieselben sozialen Funktionen erfüllen, und strukturell haben sie zumindest gemeinsam, daß in ihnen eine Weltanschauung, Anthropologie und Sozialphilosophie enthalten sind, welche die Empirie übersteigen und nicht mit den Methoden der ‚sciences' gerechtfertigt werden können."[105]

Diese pauschale Subsumtion aller möglichen, auch einander entgegengesetzten Theorien, Weltanschauungen und sozialen Bewegungen unter den Begriff der Religion mit besonderer Spitze gegen den Marxismus wird von Klügl mit Recht kritisiert:

,,Die formale Übereinstimmung von Ideologie, Religion und Weltanschauung – Bestandteil des jeweiligen gesellschaftlichen Überbaus zu sein und bestimmten Klassen und gesellschaftlichen Verhältnissen dienen zu können – wird zunächst ungeachtet der in ihnen vorhandenen entgegengesetzten Inhalte ausschließlich von ihren äuße-

ten! Savramis setzt vielmehr voraus, daß ,,das auf das Heilige Hingeordnetsein ein Bestandteil des *Menschseins*" (ebd.) und die Religion mithin unabdingbar für das soziale Leben wie für das Leben jedes einzelnen sei. (ebd. S. 152).

[104] Goldschmidt (S. 142 f.) formuliert das im Anschluß an eine Religionsdefinition von Paul Tillich.

[105] Schreuder II, S. 21 f.; zit. nach Klügl II, S. 684.

ren Funktionen betrachtet. Von diesem Formalismus her werden alle gesellschaftlichen funktional wirksamen Denksysteme, ungeachtet ihrer entgegengesetzten Inhalte und sozialen Funktionen, als religiös gekennzeichnet. Als Kriterium für diese Identifizierung weltlicher und religiöser Ideologien genügt bereits der Umstand, daß sie gesellschaftlich integrierend wirken, also bestimmten Sozialstrukturen Stabilität verleihen. Unter dieser Voraussetzung können weltlich begründete ethische Systeme und selbst der Atheismus als Religion angesehen werden.“[106]

Um von der Klassenfunktion von Religion und Kirche nicht sprechen zu müssen, wird von den bürgerlichen Religionssoziologen der scheinbar neutrale Begriff der Integration eingeführt.[107] Dieser Begriff erlaubt es, alle positiven, die Gesellschaft integrierenden Momente mit Religion, alle negativen, dysfunktionalen dagegen mit dem Atheismus zu verbinden. Die Koppelung von Religion und Integration prätendiert zudem, nur die Religion vermöge Gesellschaft

[106] Klügl II, S. 684. – Auf Seite 683 schreibt Klügl über die Ausweitung des Religionsbegriffs: „Dementsprechend sollen politische Weltanschauungen, Gefühle, Stimmungen, auf das Diesseits gerichtete Hoffnungen, insbesondere aber gesellschaftlich-revolutionäre Bewegungen als Diesseits- oder Ersatzreligionen in die religionssoziologischen Untersuchungen einbezogen werden. Politische oder andere gesellschaftliche Institutionen würden damit praktisch in den Rang von Pseudokirchen erhoben. Denn jedes die Gesellschaft integrierende Wertsystem mit seinen Institutionen wird dem Strukturfunktionalismus zufolge als Religion oder Religionsersatz bezeichnet. Man will einfach nicht wahrhaben, daß auch weltlich-humanistisch begründete Wertsysteme, die frei von jeglicher Religion sind, eine Gesellschaftsordnung integrieren können.“ – Die Konstruktion „säkularer Religionen“ seitens funktionalistischer Soziologen wird auch von bürgerlicher Seite kritisiert. Kehrer I, S. 162 schreibt dazu: „Diese Tendenz ist ein gefährlicher logischer Fehler. Übernehmen säkularisierte Instanzen Funktionen der Religion, so ist es dennoch nicht gerechtfertigt, diese Instanzen als säkulare Religionen zu interpretieren.“ Cf. auch ebd. S. 193: „Unsere Gesellschaft ist ohne Religion durchaus verständlich, es sei denn, man interpretierte jeden die unmittelbare Erfahrung transzendierenden Gedanken als Religion.“

[107] Zur angeblich klassenneutralen Integration der Massen durch die Religion cf. die Zielsetzung, welche Schreuder I, S. 16 formuliert: „Die Pfarrmitglieder hingegen sollen wirklich eine gemeinsame Kultur haben, an gemeinsame Wahrheiten glauben, nach gemeinsamen Werten streben, sich durch gemeinsame Riten ausdrücken und sich im täglichen Leben nach gemeinsamen Spielregeln verhalten.“ Dies wurde formuliert, als in der BRD das Konzept der ‚formierten Gesellschaft‘ entwickelt wurde. – Über die Rolle der religiösen Integration als sozialer Kontrolle cf. weiter Schreuder ebd. S. 21: „Die wichtigsten Kontrollmechanismen sind informaler Art und wirken durch die normalen sozialen Beziehungen im Alltagsleben. Durch die Mißbilligung seiner Pfarrgenossen, die sich ausdrückt in Verlust des sozialen Ansehens, sozialer Isolierung, expliziter Zurechtweisung und u. U. materiellen Sanktionen, wird der Deviant dazu bewegt, seine devianten Tendenzen zu unterdrücken und sich wieder normgerecht zu verhalten.“

zu konstituieren, womit indirekt der Primat der Religion in der Gesellschaft bewiesen werden soll.[108]
Gepaart ist diese religionssoziologische Konzeption mit einem neopositivistisch verkürzten Wissenschaftsbegriff. Einzig der Neopositivismus wäre demnach keine Religion, während hingegen alles, was über seine eng empiristische Wissenschaftsdefinition hinausgeht, unter das Prädikat, respektive Verdikt, der Religion fällt.
Da Mensch und Gesellschaft nach dieser Theorie ohne Religion nicht existenzfähig sind, ist Schreuders Schlußfolgerung nur konsequent,

„daß die Religion rein soziologisch gesehen ein absolut notwendiges Erfordernis des sozialen Lebens darstellt. Die Zukunft der Religion kann somit von diesem Gesichtspunkt aus überhaupt nicht in Frage gestellt werden."[109]

Dieser Auffassung entsprechen auch die Versuche von Matthes[110] und Rendtorff[111], Säkularisierung nicht als Rückgang der Religion, sondern als bloße Entkirchlichung zu interpretieren. Die Entkirchlichung sei möglich und auch notwendig geworden, weil die Gesellschaft inzwischen weithin verchristlicht sei. Da das Christentum auf Grund seiner eigenen, erfolgreichen Dynamik in die profanen gesellschaftlichen Beziehungen eingedrungen sei, können diese nun religiös gedeutet werden, wobei die Religion nur eine neue Form angenommen habe. Menschliches, Gesellschaftliches und Religiöses erscheinen so als letztlich Identisches.
Die im protestantischen Bereich weit verbreitete Auffassung, nach der die Säkularisierung nicht als das tendenzielle Ende, sondern als die Vollendung des christlichen Glaubens gilt, und nach der nur das Christentum die moderne, technisch fortgeschrittene Gesellschaft hervorbringen konnte, trägt deutlich idealistischen Charakter, indem sie die gesellschaftliche Entwicklung primär nicht der Wirkung materieller Faktoren zuschreibt, sondern auf dem Konto der Religion verbucht.
Für die Tendenz zur Ausweitung des Religionsbegriffs lassen sich

[108] Cf. dazu Klügl II, S. 684 f.
[109] Schreuder II, S. 22; zit. nach Klügl II, S. 686.
[110] Cf. Matthes I und III.
[111] Cf. Rendtorff I.

gesellschaftliche Gründe aufzeigen. Bezugnehmend auf J. Maier, der auf Grund von Umfragen die wachsende Bedeutung einer neuen ‚Religiosität' in areligiöser Form als „psychologischem Behelf" und „sozialem ‚Kitt" diagnostizierte,[112] schreibt Klügl:

„Sozialer Kitt kann die Religion jedoch nur sein, wenn die irdischen Interessen der Monopolbourgeoisie religiös interpretiert werden (sogenannte christliche Parteien in Westeuropa), wenn gesellschaftliche Werte religiös erhöht (bürgerliche Moral und kapitalistische Eigentumsverhältnisse) und die Einhaltung bestimmter Normen und Verhaltensweisen (Klassenharmonie) als religiöses Anliegen ausgegeben werden."[113]

Die Ausdehnung des Religionsbegriffs erfüllt nach Klügl zudem

„eine offen antikommunistische Funktion, indem der Marxismus zur Religion,[114] zum Glauben oder zur Illusion degradiert und die These aufgestellt wird, eine wissenschaftliche Durchdringung des gesellschaftlichen Seins und der zwischenmenschlichen Beziehungen sei unmöglich".

Die antimaterialistische und antisozialistische Stoßrichtung ist bei den neuen religionssoziologischen Theorien, welche die gesellschaftliche Grundlage der Religion leugnen, fast durchweg charak-

[112] J. Maier I, S. 50 und 54.

[113] Klügl II, S. 686. – Klügl (III, S. 121) weist darauf hin, daß die nach dem 2. Weltkrieg überall in Westeuropa und den USA einsetzende Reklerikalisierung – sichtbar etwa in der Bildung christlicher Parteien – dem Ziel diente, durch die Erzeugung einer massenhaften Konformität des Denkens den Kapitalismus zu stabilisieren und den „Antikommunismus auf eine religiöse Grundlage zu stellen". Darin hatte die Religion in der Tat die Funktion eines Integrationsfaktors zum Zwecke der Sicherung der Bourgeoisieherrschaft. Cf. in diesem Zusammenhang auch J. Maier, S. 55: „Strikter Konformismus gegenüber den ‚heiligsten Werten' und strikte Ächtung alles abweichenden Verhaltens gehören zu den Charakteren der bedrohten Gesellschaft. Es versteht sich, daß in einer Atmosphäre, die so sehr im Zeichen der Auseinandersetzung mit dem ‚gottlosen Kommunismus' steht, die Frage, ob man ja oder nein zur Religion sagt, zu einem Test der politischen und gesellschaftlichen Legitimität des Bürgers wird . . . Religiösität und Zugehörigkeit zu einer Religionsgemeinschaft erscheinen um so mehr als Ausweise bürgerlicher Zuverlässigkeit, als sie bei jeder passenden und unpassenden Gelegenheit von den anerkannten Kommandohöhen der Gesellschaft als solche verkündet werden."

[114] Cf. dazu auch Klügl II, S. 687: „Hatte man den philosophischen Materialismus und den Kommunismus in der Vergangenheit als gottlose Lehren verunglimpft, so bekämpft man sie heute mit dem Hinweis, sie seien nur eine Religion unter anderen bzw. Religionsersatz." – Zum Vorwurf, der Marxismus sei nur eine Form der Religion, cf. auch Klohr IV, S. 20 f. sowie Robbe III, S. 175.

teristisch. Für die erstaunliche Ausweitung der Religionssoziologie zu einer der umfangreichsten Sparten der bürgerlichen Soziologie überhaupt dürfte neben den mit dem fortschreitenden Säkularisierungsprozeß verbundenen Problemen, vor allem dem der wachsenden ideologischen Instabilität des gegenwärtigen Kapitalismus, nicht zuletzt eben ihre antikommunistische Funktion von Belang sein.

3.3 *Exkurs: Zur religionssoziologischen Konzeption von Thomas Luckmann*

Als Beispiel für neuere Versuche, die Religionssoziologie aus dem Banne der Kirchensoziologie zu lösen und sie wieder auf eine theoretische Grundlage zu stellen, soll hier die Arbeit von THOMAS LUCKMANN, „Das Problem der Religion in der modernen Gesellschaft", 1963, etwas ausführlicher untersucht werden.
Luckmann bemängelt, daß bislang das wichtigste Problem der Religionssoziologie, das zugleich zentral für die Gesellschaftstheorie insgesamt sei, nicht angefaßt wurde, „nämlich das Problem der Bedingungen, unter denen übergeordnete und transzendente Sinnzusammenhänge gesellschaftlich verfestigt werden" (S. 20). Gemeint ist damit die Frage nach den

„symbolischen Wirklichkeiten . . ., die dem täglichen Leben des einzelnen einen übergeordneten Sinn geben und die den Krisen des persönlichen Daseins eine transzendente Legitimierung verleihen. Die wichtigsten, im Wesen religiösen Momente der Einordnung des einzelnen in die Gesellschaftsordnung und in das Sinngefüge, das von ihr getragen wird, sind der Aufmerksamkeit der heutigen Religionssoziologie entgangen." (ebd.)

In der Problemformulierung wird sogleich seine eigene These genannt: Die Frage nach der Integration des Individuums in eine beliebige Gesellschaft sei „im Wesen" religiöser Natur. Die sozialen „Sinnzusammenhänge" werden als transzendente behauptet.
Es zeigt sich hier bereits der Gegensatz zum marxistischen Ansatz: Gefragt wird nicht, in welcher spezifischen Weise das gesellschaftliche Sein die Formen des Bewußtseins, die Ideologien, das „Sinngefüge" etc. bestimmt, vielmehr wird die Transzendenz dieses „Sinn-

gefüges", seine Unabhängigkeit von den materiellen gesellschaftlichen Bedingungen vorausgesetzt und die Sozialisation des Individuums – im Sinne der Einfügung in die Gesellschaftsordnung – als religiöser Akt deklariert.

Für die Bereitstellung der für die soziale Integration notwendigen transzendenten Sinnzusammenhänge sorgten früher die christlichen Kirchen. Daß die von diesen vertretene Religionsauffassung aber inzwischen gesellschaftlich dysfunktional geworden ist, komme im Prozeß der Säkularisierung – verstanden freilich als bloße Entkirchlichung – zum Ausdruck. Luckmann konstatiert, daß in Europa heute die Kirchlichkeit zu einer marginalen Erscheinung geworden sei. Zu den Kirchenanhängern zählen im wesentlichen nur noch diejenigen Teile der Bevölkerung, die am Rande der modernen gesellschaftlichen Entwicklung stehen bzw. an der Vergangenheit orientiert sind: Bauern, Kleinbürger, ständische Überbleibsel der Mittelschichten sowie die noch nicht oder nicht mehr in den Arbeitsprozeß eingeschalteten Gruppen, wozu man wohl die Kinder, Alten und Kranken zählen darf. (S. 29)

Über die Dysfunktionalität der traditionellen Kirchlichkeit schreibt Luckmann:

„Die Werte, die von den Kirchen institutionalisiert wurden, sind ursprünglich totale Lebenswerte gewesen, nämlich Sinnzusammenhänge, die mit allen Gesellschaftsinstitutionen verschränkt waren und folglich die Gesamtbiographie des einzelnen umspannten. Sie können sich nicht als partielle Sinnzusammenhänge behaupten, sozusagen als Halbtags- und Sonntagswerte . . . Das Schrumpfen der Kirchlichkeit ist in der wachsenden Bedeutungslosigkeit der kirchlichen Werte für die sinnvolle Integrierung des Alltagslebens der typisch modernen Person verankert. Kirchlichkeit beruht zunehmend auf besonderen statt auf allgemeinen sozialen Bedingungen." (S. 30)

Weil die kirchlich-christliche Religion die erforderliche gesellschaftliche Integration der Individuen nicht mehr zu leisten vermag, wird die Frage eines Ersatzes aktuell. Hier sieht Luckmann nun eine neue nichtchristliche Religion im Entstehen begriffen.

Wie bereits angedeutet, ist für Luckmann Vergesellschaftung vor allem anderen „ein Prozeß der religiösen Individuation" (S. 34). Damit ist eine als religiöser Vorgang beschriebene „Bindung" („Verantwortlichkeit") des Individuums an die jeweilige Gesellschaftsordnung im Sinne eines überindividuellen, transzendenten Sinnzusammenhangs gemeint. In der gesellschaftlichen Ordnung liegt nach Luckmann eine symbolische Transzendenz beschlossen, die hinweist auf eine geistige Ordnung, verstehbar als ,,universale Sinnhaftigkeit menschlich-gesellschaftlichen Daseins" (S. 35). Hierin sieht er die ,,universale gesellschaftliche Grundform der Religion" (S. 36).[115] Er bestimmt die ,,religiöse Urfunktion" so:

,,Als Bindung und Transzendenz ist sie das schlechthin Sinngebende des menschlich-gesellschaftlichen Daseins. Als das Sinngefüge der Gesellschaftsordnung ist sie etwas ,Objektives', nämlich ein versprachlichtes, verstehbares und mitteilbares Formwerk, vermöge dessen der einzelne zur Person wird, an dem er sich als Handelnder, als politisches Wesen orientiert und an dem er den Sinn seines Einzeldaseins ablesen kann." (S. 36) Die allgemeine gesellschaftliche Grundform der Religion ist ursprünglich nichts anderes als ,,das Sinngefüge der Gesellschaftsordnung, nämlich die innere Form der Weltanschauung einer Gesellschaft." (ebd.)

Die soziale Funktion der Religion bestehe in ihrer sinnstiftenden Wirkung auf die sich dadurch transzendierende Daseinsführung. Damit sei die primäre, grundlegende und universelle Sozialform der Religion bezeichnet.

Die anthropologische Voraussetzung für die ,,bindende" Funktion der Religion sei die Sozialität des Menschen. Der religiöse Mechanismus funktioniert nach Luckmann so:

In der symbolischen Wirklichkeit ,,werden die im gesellschaftlichen Alltag wirksamen Vorstellungs- und Verhaltensformen individueller Daseinsauffassung überhöht. Als überindividuelle und potentiell übergesellschaftliche Sinnhaftigkeit wirken diese religiösen Manifestationen auf die Führung des Gesamtdaseins integrierend . . . Institution ist nur eine unter den Sozialformen der Religion." (S. 43)

Die Säkularisierung kann somit als eine Veränderung lediglich in der Sozialform der Religion interpretiert werden; sie bedeutet nicht das Verschwinden der Religion als solcher. Luckmann, der von der ,,Annahme eines Potentials religiöser Bindungsfähigkeit des einzelnen Menschen" (S. 45) ausgeht, wehrt sich gegen das vermeintliche Mißverständnis, daß Religion sich im Sozialen erschöpfe. Im Ge-

[115] Die Nähe zu Auffassungen Durkheims, der in gewisser Weise Gesellschaftliches und Religiöses identifizierte, ist nicht zu übersehen.

genteil: die Vergesellschaftung des einzelnen gilt ihm als religiöser Vorgang, der dadurch charakterisiert ist,

„daß das gesellschaftlich bestimmte Transzendieren der biologischen Natur die Grundlage für die subjektiven Formen der Religiosität ist", wobei „die religiöse Qualität dieser Transzendenz nicht aus einer sozialen Übereinkunft oder kultursoziologisch erklärbaren Geschichtlichkeit abzuleiten ist, vielmehr aus einem Erfahrungsakt, der den anderen und die Gesellschaft als unmittelbare Wirklichkeiten transzendiert." (S. 46) „Die subjektive Ausprägung der jeweils gesellschaftlich und geschichtlich vorgeformten Weltsicht und Wertordnung bezeichnet die metahistorische und universale Form der Religiosität." (S. 47)

Der Ursprung der religiösen Transzendenz bleibt dabei mysteriös.

Bei der Skizzierung der gesellschaftlichen Bedingungen, unter denen heute die Religion sich vollzieht, konstatiert Luckmann als wichtigstes Strukturmerkmal der „modernen Gesellschaft" die zunehmende Segmentierung der verschiedenen institutionellen Bereiche sowie eine Tendenz zur internen Autonomie dieser Bereiche.[116] Der einzelne erfahre die institutionelle Segmentierung als zunehmende Anonymität der Rollenhandlungen. Während der einzelne unter den Zwang der Institutionsnormen gestellt sei, können jedoch die Institutionen darauf verzichten, den einzelnen als solchen intensiv in Anspruch zu nehmen; sie werden unabhängig von den einzelnen Mitgliedern. So erkläre sich das Paradox zwischen Konformismus und Individualismus. Die neue gesellschaftliche Situation führe nicht zur Stärkung der individuellen Freiheit, sondern zur Ausbreitung der Privatsphäre.
Im Zuge dieser Veränderungen sei die institutionell spezialisierte Religion – als ein Angebot unter vielen – ebenfalls zur Privatsache geworden, eine „gefühlsmäßig vertraute Ästhetisierung der Privatsphäre" (S. 59). Der Konflikt nun zwischen den religiösen Normen und den autonomen Normen der übrigen institutionellen Bereiche löse den institutionellen religiösen Sinnzusammenhang auf. Vermeidbar sei der Konflikt nur durch eine relativierende Isolierung der Normen auf den jeweiligen Bereich. Diese Relativierung widerspreche aber dem Anspruch der Religion.

[116] Luckmann beruft sich hier auf Arnold Gehlen, Sozialpsychologische Probleme in der industriellen Gesellschaft, Tübingen 1949.

Angesichts der von ihm skizzierten gesellschaftlichen Situation ist für Luckmann das Problem der Autonomie des Individuums das religiöse Hauptthema der Gegenwart. Er veranschaulicht mit seinen Analysen, die freilich allenfalls den sozialen Oberflächenschein beschreiben, daß in der spätkapitalistischen Gesellschaft nach wie vor die Bedingungen für die Entstehung von Religion bestehen und bestätigt damit ungewollt die marxistische Religionstheorie:

„Der einzelne lebt ‚sinnvoll' in der Privatsphäre, zurückgezogen von der bewußtseinsmäßig so gut wie unbewältigten Wirklichkeit, einer Wirklichkeit, die die wichtigsten Gegebenheiten seiner Existenz objektiv bestimmt." (S. 68)

Eben die „unbewältigte Wirklichkeit" ist es, die das religiöse Bewußtsein, wenn auch in veränderten Formen, produziert, – ein Bewußtsein, das sich, wie Luckmann gut beschreibt, in dem Bestreben der Individuen ausdrückt nach

„privaten ‚Lösungen' des Konflikts zwischen dem subjektiv autonomen Individuum und seiner objektiven Machtlosigkeit gegenüber den Grundtatsachen, die seine Lebensführung bestimmen." (ebd.)

Unter den Bedingungen des Monopolkapitalismus ist das Feld der „Selbstverwirklichung" auch für den kleinkapitalistischen Privateigentümer – im Unterschied vielleicht zur frühbürgerlichen Epoche[117] – zunehmend auf die Privatsphäre beschränkt. Luckmann stellt fest, daß auf Grund der unter diesen gesellschaftlichen Bedingungen gegebenen „objektiven Machtlosigkeit" des Individuums das Problem der Selbstverwirklichung zum Problem der Anpassung wird. (S. 69) Die Suche nach Selbstverwirklichung konkretisiere sich im „Statusdrang". Subjektiv sei das als Versuch zur Ausdehnung der Privatsphäre zu bestimmen, objektiv oder institutionell

„als manipulierte ‚Vermenschlichung' des zweckrationalen Wirkungszusammenhanges und seiner anonymisierten Rollenhandlungen". (ebd.) „Die strukturellen Bedingungen, die zur Erweiterung der Privatsphäre führen, sind die Voraussetzung für die subjektive ‚Autonomie' des einzelnen und definieren sie zugleich als sozial irrelevante Meinungsfreiheit." (S. 73)

Die moderne Religiosität oder Weltanschauung trägt nach Luckmann illusorischen Charakter, weil dem subjektiven Autonomie-

[117] Cf. Luckmann S. 68, der in diesem Zusammenhang von der Entstehung des Autonomie-Gedankens in der Romantik spricht.

streben des (bürgerlich verstandenen) einzelnen die objektive Autonomie der sozialen Wirklichkeitszusammenhänge entgegenstehe. Luckmann spricht vom „Mythos des modernen Individualismus" (S. 70), der die objektiven Zwänge übersehe oder verneine, wobei diese von Luckmann im Sinne Schelskys als unabänderliche, technokratische Sachzwänge verstanden werden.

Auch wenn diese Darstellung der sozialen Situation sich an der Erscheinung orientiert und insofern unzureichend bleibt, drückt sie doch die Erfahrung der Ohnmacht gegenüber den in ihrer Undurchdringlichkeit übermächtig erscheinenden Verhältnissen aus, eine Erfahrung, die nach Marx die religiöse Ideologie – Religion als Ausdruck der sozialen Ohnmacht – erzeugt. Luckmann stellt selbst den faktisch ideologischen Charakter des religiösen Bewußtseins in einer solchen gesellschaftlichen Situation fest, wobei sein Gebrauch des Ideologiebegriffs freilich problematisch ist.

„Die moderne Weltanschauung trägt also zum Funktionieren des Gesellschaftssystems bei, ohne dessen Realität bewußtseinsmäßig zu erfassen, indem sie Wunscherfüllungen innerhalb der Privatsphäre zu einer religiösen Daseinsauffassung erhebt . . . Sie ist ‚Religion' eher als ‚Ideologie', insofern als sie in der Gesamtgesellschaft verankert ist. Sie ist ‚Ideologie' eher als ‚Religion', insofern sie radikal diesseitig ist und im ‚Interesse' faktischer Wirkungszusammenhänge fungiert." (S. 71)

Angesichts des Dilemmas, in dem sich das bürgerliche Individuum in den übermächtigen strukturellen Zwängen der spätkapitalistischen Gesellschaft befindet, ist für Luckmann die Frage nach dem Wesen der Religion in der modernen Gesellschaft letztlich die Frage nach der Struktur der Person. (S. 75) Um diese ist es aber schlecht bestellt: der einzelne werde in der modernen Gesellschaft nur in minimaler Weise zur Person, während er von der Gesellschaftsstruktur zum hochanonymen Funktionär in institutionellen Wirkungszusammenhängen ausgebildet werde. Der Rationalisierung der Institutionennormen entspreche keine Rationalisierung des Einzeldaseins;

„die sozialen Rollen werden hochspezialisiert und immer mehr anonym, und die Wirkungszusammenhänge, in die sie eingespannt sind, werden subjektiv sinnloser . . . Das Individuum in der modernen Gesellschaft hat viel (irrelevante) Freiheit und wenig beständige innere Form." (S. 75 f.)

Was Luckmann mit unzulänglichen Kategorien beschreibt, ist die Fortdauer von Bedingungen der ‚Entfremdung', unter denen die Menschen im Kapitalismus leben, und damit die Fortdauer der Bedingungen, welche Religion oder religionsartige Bewußtseinsformen hervorbringen. Er sieht diese Zustände freilich mit den Augen eines Konservativen,[118] der zum einen die verlorengegangene Autonomie des bürgerlichen Individuums beklagt und der zum anderen die gegenwärtigen Zwangsverhältnisse für unabänderlich und darum auch die Religion für ein ewiges, von konkreten historisch-gesellschaftlichen Bedingungen unabhängiges Phänomen hält, das zwar seine Form ändern, nicht jedoch als solches aus der Menschheitsgeschichte verschwinden kann. Die objektive Funktion der These von der Ewigkeit der Religion ist die postulierte Ewigkeit der antagonistischen Gesellschaft. Die scheinbar neue Fragestellung Luckmanns entpuppt sich als die Verkleidung der altbekannten Antwort der bürgerlichen Religionssoziologie.

Der Blick auf die bürgerliche Religionssoziologie zeigte, daß ihre Auffassung von der Religion im wesentlichen – bei aller Vielfalt im einzelnen und bei aller Anpassung an gesellschaftliche Veränderungen – dieselbe geblieben ist, die in den Grundzügen bereits von den sogenannten Klassikern zu Beginn dieses Jahrhunderts geprägt wurde. Charakteristisch ist auch für die neuere Religionssoziologie ihre Blindheit gegenüber den konkreten sozialen Zuständen, welche Religiosität konservieren bzw. immer neu beleben.[119] Ihr Versuch, die Definition der Religion auszuweiten, hat in den gesellschaftlichen Verhältnissen selbst seine Wurzel. Die fortdauernden alten und neuen Mystifikationen der kapitalistischen Gesellschaft bilden einen „gegenständlichen Schein", den die bürgerliche Religionssoziologie bis zu einem gewissen Grade ‚richtig' widerspiegelt. Aber es ist eben der Oberflächenschein, den sie reflektiert. Die verschleiernden For-

[118] Seine wissenschaftlichen Gewährsleute sind vor allem A. Bergsträsser, Freyer, Gehlen, Riesman und Schelsky.

[119] Die neuere Religionssoziologie setzt – so Klügl II, S. 690 – „an die Stelle der spezifischen und historisch begrenzten gesellschaftlichen Verhältnisse, die die Religion reflektiert, wie z. B. die Ausbeutung und die soziale Ohnmacht, ewig notwendige funktionale religiöse Erfordernisse der Gesellschaft."

men dieses Scheins, die mannigfachen „Verkehrungen" zu durchdringen und die zugrunde liegenden wirklichen Sachverhalte zu begreifen – nämlich die Tatsache eines sich vollziehenden Formwandels des gesellschaftlichen Bewußtseins, wobei an die Stelle des vormals dominierenden religiösen Bewußtseins andere, freilich aus objektiven Gründen gleichfalls verdinglichte, mystifizierende Bewußtseinsformen treten bzw. getreten sind – verwehrt der bürgerlichen Soziologie ihr verengter Wissenschaftsbegriff, dessen Selbstbeschränkung jedoch dem Interesse an der Fortexistenz der herrschenden gesellschaftlichen Verhältnisse entspricht.

4 Ausarbeitung der Fragestellung für Teil II

Das in den vorausgegangenen Kapiteln vorgelegte theoretische und methodische Instrumentarium für eine marxistische Untersuchung religiöser Phänomene soll im Teil II dieser Arbeit an einem begrenzten Problem der Geschichte des Protestantismus erprobt werden, und zwar an folgender Frage: Auf welche Weise vollzog sich die Auseinandersetzung mit dem Marxismus innerhalb des deutschen Protestantismus, und welche gesellschaftliche Funktion hatte diese Auseinandersetzung?

In religiös orientierten sozialen Gruppierungen wie dem Protestantismus wird beim Stichwort Marxismus zunächst die Erinnerung an dessen radikale Religionskritik und damit an die fundamentale Infragestellung einer jeden religiösen Orientierung im Vordergrund stehen.

Das Verharren auf dieser Ebene der Konfrontation verfehlt jedoch das Wesentliche und richtet leicht falsche Fronten auf. Dem Marxismus geht es in erster Linie darum, „Verhältnisse umzuwerfen, in denen der Mensch ein erniedrigtes . . . Wesen ist". Weil er also primär eine praktisch orientierte Gesellschaftstheorie darstellt, der seine Religionskritik eindeutig untergeordnet ist, kommt erst in der Konfrontation auf dieser Ebene der entscheidende Gesichtspunkt im Verhältnis des Protestantismus zum Marxismus in den Blick. Die

beiden Aspekte, die Stellung zur marxistischen Gesellschaftstheorie im allgemeinen und die zur Religionstheorie im besonderen, verschränken sich freilich insofern, als die protestantische Auseinandersetzung einer Theorie gilt, welche jene gesellschaftlichen Verhältnisse in Frage stellt, deren Produkt – neben anderen religiösen Erscheinungen und Bewegungen – auch der Protestantismus ist.
Ausgehend von der skizzierten Problemstellung, geht es zunächst um eine Bestandsaufnahme mit folgenden Fragen an das Material: Wie sah die protestantische Auseinandersetzung mit dem Marxismus im einzelnen aus? Von wem wurde sie geführt? Welches waren die dabei benutzten zentralen Argumentationsfiguren, Thesen, Kritikpunkte etc.?
Eine zweite Ebene betrifft die soziologische Interpretation des Materials: Welche Funktion hatten die protestantischen Stellungnahmen zum Marxismus für die bestehende Gesellschaftsordnung? Dienten sie objektiv der Herrschaftssicherung im Sinne z. B. einer ideologischen Stabilisierung? Spielten sie eine ambivalente oder gesellschaftskritische Rolle? Wie läßt sich an der Art der Marxismusauseinandersetzung die konkrete gesellschaftliche Funktion religiöser Ideologien und Organisationen demonstrieren?
Ausgangspunkt für die Formulierung von Hypothesen ist das Ergebnis der Vorüberlegungen zu einer marxistischen Religionstheorie und -soziologie, wonach religiöse Phänomene in letzter Instanz einen gesellschaftlichen Kern haben, den herauszuschälen die Aufgabe einer marxistischen Religionssoziologie ist. Übertragen auf unser Problem bedeutet das: Die protestantische Auseinandersetzung mit dem Marxismus ist unter dem entscheidenden Gesichtspunkt der Widerspiegelung und Austragung sozialer Konflikte im religiösen Bereich bzw. in religiösem Gewand zu betrachten; sie ist auf ihren Klassencharakter hin zu befragen.
Im einzelnen lassen sich folgende Hypothesen formulieren: Es kann erwartet werden, daß der Protestantismus sich nicht als ein einheitliches soziales Gebilde darstellt, sondern daß sich in ihm soziale Gegensätze und Kämpfe in religiös vermittelter Form widerspiegeln. Darum dürfte die Art der Marxismusauseinandersetzung von der Frage abhängen, auf welcher Seite die entsprechenden Gruppen und einzelnen im Feld der sozialen Auseinandersetzung stehen.

Für die angemessene Einschätzung des jeweiligen Verhältnisses zum Marxismus dient als Unterscheidungskriterium die Frage: Wird der Marxismus abgelehnt als Theorie des sozialen Befreiungskampfes der unterdrückten Klassen, also als *praktisch-politischer Materialismus bzw. Atheismus,* oder wird er abgelehnt lediglich als eine Religionstheorie, welche die religiösen Gefühle der Gläubigen verletzt oder ihnen nicht gerecht zu werden scheint, also als *theoretisch-weltanschaulicher Materialismus bzw. Atheismus?*

Entscheidend ist, ob der Marxismus als praxisorientierte Theorie des Klassenkampfes bejaht wird, zweitrangig demgegenüber ist es, ob er auch als Religionskritik akzeptiert wird. Diese Bewertung wird nicht willkürlich an das Material herangetragen. Sie ist dem marxistischen Ansatz immanent, der dem Beurteilungskriterium der Praxis den ersten Platz einräumt.[120]

Die jeweilige Auffassung vom Marxismus enthüllt dort ihren relevanten Kern, wo sie sich in der konkreten politischen Praxis niederschlägt. Die Stellung zur ‚sozialen Frage' in der Politik, nicht nur in theoretischen Verlautbarungen, ist der Schnittpunkt, wo sich Theorie und Praxis vermitteln, wo die Marxismusauffassung zur praktischen Frage wird.

Der begrenzte Rahmen dieser Arbeit erlaubt es freilich nicht, die politische und soziale Praxis des Protestantismus bzw. der evangelischen Kirche als solche nachzuzeichnen. Dazu müßte eine ausführliche Geschichte des Protestantismus seit 1848 geschrieben werden. Der Frage, wie und wo die theoretische Auseinandersetzung mit dem Marxismus in Praxis umschlug, kann hier nur in eingeschränkter Weise nachgegangen werden. Das Schwergewicht liegt auf der Analyse der theoretischen Marxismusbeschäftigung als einem Teil einer umfassenden sozialgeschichtlichen Darstellung des deutschen Protestantismus.

Eine weitere Eingrenzung ist dadurch gegeben, daß hier die Marxismus*rezeption* im Sinne der bewußten Auf- oder Übernahme marxistischer Theorien, Positionen etc. untersucht wird. Die Rezeption ist zwar vor dem allgemeinen Hintergrund der protestantischen *Auseinandersetzung* mit dem Marxismus zu sehen. Dieser allgemei-

[120] Cf. hierzu z. B. die oben S. 32 zitierten Bemerkungen Lenins.

nere Hintergrund aber, der seinerseits im Zusammenhang mit der bürgerlichen Marxismusauseinandersetzung insgesamt zu sehen ist, kann nur angedeutet, nicht jedoch ausführlich dargestellt werden. Von dem Prinzip der Eingrenzung auf die Marxismusrezeption im engeren Sinne wird nur am Anfang und am Ende des untersuchten Zeitabschnitts abgewichen. Am Beginn wird Wichern, bei dem man nicht von einer Rezeption sprechen kann, deshalb ausführlicher dargestellt, weil hier von einem repräsentativen Vertreter der evangelischen Kirche im 19. Jahrhundert die Themen für die Marxismusauseinandersetzung intoniert worden sind, die dann in den folgenden Jahrzehnten lediglich – wenn auch unterschiedlich stark – variiert, aber nicht grundlegend verändert wurden. Am Ende, also nach 1945, wird die protestantische Auseinandersetzung mit dem Marxismus in ihrer ganzen Breite skizziert, um Kontinuität und Wandlungen im Verhältnis des Protestantismus zum Marxismus deutlicher sichtbar zu machen.
Auch bei der Beschränkung auf die Marxismus*rezeption* im deutschen Protestantismus wird keine Vollständigkeit beansprucht. Die Untersuchung verfährt *exemplarisch,* indem sie eine, wie angenommen wird, repräsentative Auswahl unter denjenigen Vertretern der evangelischen Kirche und Theologie vornimmt – protestantische ‚Laien' bleiben im wesentlichen unberücksichtigt –, bei denen man – wie eingeschränkt auch immer – von einer Rezeption marxistischer Theorien oder Theorieelementen sprechen kann.

II ZUR MARXISMUSREZEPTION IM DEUTSCHEN PROTESTANTISMUS VON 1848 BIS 1948

Der Untersuchungszeitraum beginnt mit 1848, dem Jahr, in dem man mit dem Erscheinen des „Kommunistischen Manifests" den Beginn der Wirkungsgeschichte des Marxismus ansetzen kann – wenn auch das „Kommunistische Manifest" erst Jahrzehnte später eine breitere Öffentlichkeit erreichte,[121] – und endet mit dem Jahr 1948.

Die zeitliche Beschränkung auf die ersten hundert Jahre im Verhältnis des Protestantismus zum Marxismus hat neben der praktischen Notwendigkeit, den Umfang der Arbeit zu begrenzen, auch wichtige sachliche Gründe. Spätestens von 1949 an, dem Gründungsjahr der BRD und der DDR, – im Grunde schon ab 1945 – verläuft die Geschichte der protestantischen Marxismusauseinandersetzung in zwei Strängen. Ihre Untersuchung würde zwei getrennte Studien erfordern, eine über die Entwicklung in der durch die Restauration des Kapitalismus geprägten BRD, die andere über die in der DDR, d. h. innerhalb einer sozialistischen Gesellschaftsordnung.

Ein weiterer Grund für die zeitliche Beschränkung bis 1948 ist der Umstand, daß die westdeutsche protestantische Marxismusbeschäftigung in den fünfziger und sechziger Jahren nach Umfang und Charakter eine gegenüber früheren Jahrzehnten neue Stufe repräsentiert, die einer eigenen Darstellung bedürfte. Vor allem in den sechziger Jahren erreicht die Marxismusdiskussion im Protestantismus eine Dimension, deren zureichende Erfassung kaum mehr in einer konfessionell und national eingegrenzten Untersuchung möglich sein dürfte.

[121] Die von Marx und Engels bereits vor 1848 gemeinsam verfaßte „Deutsche Ideologie" ist bekanntlich nicht mehr zu ihren Lebzeiten herausgegeben worden. Das gleiche gilt für die Ökonomisch-philosophischen Manuskripte.

Unter Beschränkung auf die Zeit von 1848 bis 1948 legt sich eine Untergliederung in vier Perioden nahe: 1. die Periode von der März-Revolution bis zum Ausgang des 19. Jahrhunderts, 2. die Periode des beginnenden Imperialismus bis zum 1. Weltkrieg, 3. die Periode der Weimarer Republik, 4. die Periode der Restauration in Westdeutschland von 1945 bis 1948. Hieran wird sich noch ein kurzer Ausblick auf die Zeit seit 1949 anschließen.

1 Die Periode von der März-Revolution bis zum Ausgang des 19. Jahrhunderts

Die Ausbreitung der großen Industrie beschleunigte auch in Deutschland den Prozeß der Säkularisierung. Erfolgte der anfangs von Handwerksburschen getragene Protest gegen die sozialen Folgen der in kapitalistischen Formen durchgeführten Industrialisierung zunächst noch teilweise unter „religiösen Schibboleths", wie das Beispiel Wilhelm Weitlings[122] veranschaulichte, so begann die entstehende Arbeiterbewegung ihre Forderungen zunehmend in rein ‚weltlicher' Gestalt zu artikulieren. Das Christentum erwies sich – nach einem bereits zitierten Wort von Engels – immer mehr als unfähig, der „progressiven Klasse fernerhin als ideologische Verkleidung ihrer Strebungen zu dienen".
Da die sozialistische Arbeiterbewegung diesen „Strebungen" der ausgebeuteten proletarischen Klasse mit offensichtlich wachsendem Erfolg Ausdruck verlieh, während die christliche Religion in ebenso wachsendem Maße ihren Einfluß auf diese Klasse einbüßte,[123] geriet auf seiten der Kirche der Sozialismus zunächst als Gefährdung ihres eigenen Masseneinflusses durch ‚Untergrabung' des religiösen Glaubens in den Blick, in dieser Vermittlung dann freilich auch als

[122] Cf. seine Schrift „Das Evangelium des armen Sünders", in der er die kommunistischen Forderungen von der Bibel her begründet.
[123] Cf. die Bemerkung des amerikanischen Jesuiten Shanahan, S. 42: „Viele Arbeiter hatten gute Gründe, an dem Vorhandensein christlicher Tugenden bei ihren Arbeitgebern zu zweifeln, ja sogar zu dem Schluß zu gelangen, Gott sei tot."

Bedrohung der gesellschaftlichen Grundlagen, auf denen auch der Bau der Kirche ruhte. Vor allem aus dieser Konstellation heraus dürfte das Entstehen der „christlich-sozialen Bewegung" im 19. Jahrhundert zu erklären sein.
Diese von der Kirchengeschichtsschreibung als „christlich-soziale *Bewegung*" bezeichnete kirchliche Reaktion auf die beginnende Arbeiterbewegung setzte in Deutschland, seinem industriell relativ zurückgebliebenen Entwicklungsstand entsprechend, erst um die Mitte des 19. Jahrhunderts ein und fand – anders als beispielsweise in England – nur sehr geringe Resonanz in christlichen Kreisen. Aufgeschreckt wurden breitere Kreise des deutschen Protestantismus erst durch die März-Revolution von 1848, welche die noch überwiegend feudale Struktur der deutschen Gesellschaft, mit der vor allem die evangelische Staatskirche so eng verbunden war, in Frage stellte.

1.1 *Die beginnende Auseinandersetzung der evangelischen Kirche mit dem Sozialismus (Wichern)*[124]

Die spärlichen[125] Stellungnahmen im deutschen Protestantismus vor 1848 zur Arbeiterbewegung zeichnen sich durch pauschale und undifferenzierte Urteile aus. Der Ausdruck ‚Kommunismus' wird dabei verwandt als ein „Sammelname für alle Theorien, die in irgendeiner Weise die auf dem Privateigentum beruhende bürgerlich-agrarische Gesellschaft antasteten."[126]
Von den bedeutenderen Repräsentanten der evangelischen Kirche war JOHANN HINRICH WICHERN (1808–1881) der erste,[127] der sich öffentlich mit der ‚Bedrohung' der Kirche – und nicht nur

[124] Einen Literaturüberblick über das Verhältnis der Theologen des 19. Jahrhunderts zur ‚sozialen Frage' und zum Sozialismus bietet Schrey I und II.
[125] Cf. hierzu Mahling.
[126] Brakelmann I, S. 113.
[127] Auf Wicherns Zeitgenossen V. A. HUBER (1800–1869) wird hier nicht eingegangen, da sich eine explizite Auseinandersetzung mit dem Sozialismus oder Kommunismus bei ihm nicht findet, wenn auch seine Schriften für die Entwicklung der evangelischen Sozialethik insofern Bedeutung haben, als er beispielsweise zum erstenmal die Forderung nach Gewinnbeteiligung der Arbeiter und nach betrieblicher Mitbestimmung erhob auf dem Boden einer sozialpartnerschaftlichen ‚Gleichberechtigung von Kapital und Arbeit'. Cf. zu Hubers Vorstellungen Brakelmann I, S. 141–150.

der Kirche – durch den Sozialismus und Kommunismus auseinandersetzte. In einer Rede auf dem Wittenberger Kirchentag von 1848 legte er sein Programm der Inneren Mission dar. Aus der Erfahrung des Elends der pauperisierten Massen und unter dem Eindruck der März-Revolution rief er auf zu Taten christlicher Barmherzigkeit, um der drohenden Gefahr für den Bestand der christlich-bürgerlichen Gesellschaft zu begegnen. Von der Inneren Mission erhoffte er sich eine „christliche Wiedergeburt des deutschen Volkes" und sah in ihr zugleich ein geeignetes Mittel zur Bekämpfung der Revolution.

„Es gilt die Rettung der bürgerlichen Welt, um deswillen wir uns treu zu unserm Vaterlande halten . . . die innere Mission ist ebenso wahrhaft patriotisch, als sie das Schwert führt gegen die, welche sich gegen die Kirche erheben. Vaterland und Kirche – sie können in diesen Stürmen untergehen, aber nur, um herrlicher wieder aufzustehen."[128]

Eine systematische Zusammenfassung von Wicherns Ansichten über den Kommunismus findet sich in seiner Denkschrift von 1849.[129] Hier wird deutlich, wie zumindest bei konservativen Kirchenvertretern die Furcht vor dem drohenden Verlust des Einflusses der Religion auf die Massen eine Einheit bildete mit der Furcht vor gesellschaftlicher Umwälzung, wobei freilich der Theologe in idealistischer Vertauschung von Ursache und Wirkung die gesellschaftlichen ‚Gefahren' entscheidend in der Krise der Religion begründet sah.

An der Spitze der Mächte, die Wichern in der Denkschrift von 1849 für die allgemeinen Niedergangserscheinungen der bestehenden Gesellschaft namhaft machte und hier vor allem für die Zerstörung des sozialen Friedens zwischen den Klassen, steht der „Geist des Antichristentums", verkörpert im Kommunismus:

„Diese *antichristliche Bewegung* hat sich scharf und klar zugespitzt und ihre praktischen letzten Ausläufer in dem *Kommunismus* gefunden . . . Der Kommunismus, der, sei es mit der Kälte des Hohns oder mit der Wut des Fanatikers oder der Glätte des Heuchlers, nicht bloß das Christentum von sich wirft, sondern auch den Rest des Glaubens im Heidentum für den noch zu vertilgenden Rest der

[128] Wichern I, S. 132.
[129] Wichern I, S. 175–366.

menschenverderbenden ‚Unsittlichkeit' erklärt, hat den durch jene Sünden im Volke bereiteten Boden erst instinktmäßig und dann planmäßig genutzt, um die Macht der sich widerstrebendsten Leidenschaften zum *Kriege gegeneinander aus* dem Abgrunde der von Gott verlassenen *Selbstsucht* heraufzubeschwören und so das *Gesamtleben des Volkes* zu *zerklüften.* Er ist die *Systematisierung der sündlichen Gelüste,* der diese mit all ihren dem Fleisch schmeichelnden Folgen der *Gott- und Sittenlosigkeit* den Ruin der alten Menschheit versucht, um eine angeblich neue bessere Welt zu schaffen. Die faktische innere Auflösung des Familienlebens ist ihm schon der Anfang der Verwirklichung seiner Hoffnung, die darin besteht, daß alle und jede Ehe werde vernichtet werden, da sie ihm für etwas ‚Unsittliches' für die Vernichtung der ‚Freiheit' gilt. Die *Aufhebung des Unterschiedes der göttlichen Ordnungen von Oben und Unten,* von Regierenden und Regierten, Eltern und Kindern, Herren und Knechten, Obrigkeiten und Untertanen, folgt aus der Auflösung der Familien von selbst und erscheint mit Kommunismus als ein um so gewisser erreichbares Ziel, als die Sünde, welche an diese Ordnung rüttelt, in unserm Jahrhundert schon längst gar mächtig geworden ist. Zur Verwirklichung dieser *anarchischen* Zukunft führt am sichersten die mit soviel Glück versuchte und weitergeführte *Zerspaltung der Stände,* soweit ihr Unterschied durch das verschiedene Maß des Besitzes begründet ist. Erbarmung den Armen und Besitzlosen verkündend, ist der *Kommunismus* der erbarmungslose *Geist des Argen* geworden, der sich in die Gestalt eines Engels der Barmherzigkeit gekleidet und so die *Geringen im Volk* tausendfach *betört* hat . . ."[130]

Diese Auffassungen sind für das Verhältnis des Protestantismus zum Kommunismus im 19. Jahrhundert in hohem Grade typisch. Viele der hier enthaltenen, in dem Zitat hervorgehobenen antikommunistischen Argumentationsmuster finden sich auch noch bis weit ins 20. Jahrhundert hinein.

In der Denkschrift setzte sich Wichern explizit nur mit Weitling, Marr und Proudhon auseinander, nicht aber mit Marx.[131] Gleich der

[130] Ebd. S. 255 f. Hervorhebungen vom Verf.; grammatische Fehler oder Archaismen wurden nicht korrigiert.

[131] In seiner Zusammenstellung der Quellen, die Wichern für seine Beurteilung des Kommunismus bzw. Sozialismus vorgelegen haben, führt Brakelmann II, S. 103 f. folgende Schriften an:

1. Lorenz von Stein (1842).
2. Der Bluntschli-Bericht von 1843, ein Kommissionsbericht des Staatsrechtlers Bluntschli über die sozialrevolutionäre Bewegung in der Schweiz, worin auch über Weitling berichtet wird.

übrigen bürgerlichen Öffentlichkeit, die damals Marx so gut wie nicht kannte, war Wicherns Auseinandersetzung mit dem Kommunismus zu dieser Zeit (1848/49) also nicht am Marxismus orientiert, sondern an den Frühsozialisten. Erst in seiner Rede auf der Kirchlichen Oktoberversammlung von 1871 findet sich eine explizite Erwähnung von Marx.
Die durch die Niederwerfung der März-Revolution erzwungene gesellschaftliche ‚Ruhe' der Reaktionsperiode spiegelte sich bei Wichern und der Inneren Mission wider im immer stärkeren Zurücktreten der Frage nach der Lösung der sozialen Probleme. Nennenswerte kirchliche Äußerungen zur Arbeiterbewegung sucht man in den zwei Jahrzehnten nach 1848 vergebens.[132] Erst im letzten Drittel des Jahrhunderts, nachdem inzwischen die sozialistische Bewegung unter dem Einfluß von Marx und Engels organisatorische Gestalt gewonnen hatte und zu einem nicht mehr zu übersehenden politischen Faktor geworden war, sah sich auch die evangelische Kirche zur Stellungnahme herausgefordert. Die Kirchliche Oktoberversammlung von 1871 gibt Aufschluß darüber, wie Wichern und die Verantwortlichen der Inneren Mission über den „radikalen Parteisozialismus", über die 1864 gegründete 1. Internationale Arbeiterassoziation und ihre Führer dachten.

„Die Internationale ist eine Gesellschaft des Krieges und des Hasses, sie hat zur Grundlage den Atheismus und den Kommunismus, zum

3. Feuerbach, ‚Religion der Zukunft', 1844; für Wicherns Beurteilung des Kommunismus eine wichtige Quelle, die ihm in der Populärausgabe von Marr vorgelegen hat.
4. Marr, ‚Das junge Deutschland in der Schweiz', 1846.
5. Eine 1847 erschienene Dokumentensammlung von Heinrich Gelzer: ‚Die geheimen deutschen Verbindungen in der Schweiz seit 1833. Ein Beitrag zur Geschichte des modernen Radikalismus und Kommunismus. Aus gedruckten und ungedruckten Quellen.' Diese Schrift hatte die Aufgabe, den staatlichen Organen zu helfen beim Ergreifen der richtigen Gegenmaßnahmen. Große Teile der Situationsberichte Wicherns sind dieser Quelle entnommen.
6. Das von Stephan Born 1848 in Berlin herausgegebene Zentralorgan der neuen sozialistischen Arbeitervereine mit dem Titel ‚Verbrüderung'. – Unbekannt scheint Wichern Engels' 1845 erschienene „Lage der arbeitenden Klassen in England" geblieben zu sein. Ebenso deutet nichts darauf hin, daß er das „Kommunistische Manifest" gekannt hat – jedenfalls kaum schon 1848.

[132] Ein Beispiel für die moralisierende Auseinandersetzung mit dem Kommunismus auf niedrigstem Niveau ist der Aufsatz des konservativen Theologen AUGUST VILMAR aus dem Jahr 1850 ‚Der Communismus in seinem Rechte', in : Zur neuesten Culturgeschichte Deutschlands I, 1858, S. 362 ff.

Ziel die Vernichtung des Kapitals und derjenigen, welche es besitzen, als Mittel die brutale Gewalt des großen Haufens, die alles zerdrücken soll, was zu widerstehen sucht. Ihre Verhaltensregeln sind die Negation aller Prinzipien, auf welchen die Zivilisation ruht."[133]

Die Internationale erschien Wichern als die politische Repräsentation des „Pseudosozialismus". Lassalle, Marx und Marr wurden als die Männer gezeigt, die den Geist dieser Bewegung bestimmten. Einen nennenswerten Unterschied zwischen den Genannten, zwischen den einzelnen sozialistischen, kommunistischen und radikaldemokratischen Gruppen vermochte Wichern wie schon 1848 nicht zu sehen.

Gegenüber dem „Pseudosozialismus" erblickte er nur im „Reich Gottes", d. h. in der Gestaltung der Welt nach christlichen Prinzipien, den „wahren" oder „christlichen Sozialismus".[134] Daß die Mitstreiter des Reiches Gottes bei Wichern durchaus irdisch konkretisierbar waren, zeigte sein Appell an das neue deutsche Kaiserreich: nach dem Sieg über Frankreich müsse nun der nächste Schritt in der Entwicklung des Reiches Gottes der Sieg über den „Pseudosozialismus" der Internationale sein, und zwar müßten Kirche und Staat in christlicher Aktionseinheit diesen Sieg erringen.[135] – Mit einem solchen Appell trug die evangelische Kirche in einem ihrer damals bedeutendsten Repräsentanten ihr – sit venia verbo – Scherflein bei zur Vorbereitung der Bismarckschen Sozialistengesetze.

1848 hatte Wichern der sozialen Bewegung noch eine relative Berechtigung als Protest gegen unbestreitbare Notstände zugestanden. Im Zuge der Reaktionszeit brachte er immer weniger Verständnis dafür auf. Der Kampf gegen die Revolution, gegen den Kommunismus wurde nun zum Kampf des Lichts gegen die Finsternis, des Reiches Gottes gegen das Reich des Satans. Protestantische Theologen urteilen heute über die damalige soziale Funktion der Inneren Mission, deren Schöpfer Wichern war, recht eindeutig. Nach Kupisch war jeder Verein der Inneren Mission eine „antisozialistische Wi-

[133] Wichern III/2, S. 193 f. – Nach Wichern sah Karl Marx „in der entfesselten Sinnlichkeit von Paris während der Zeit der Kommune, welche sich mit allen Kräften der Prostitution annahm, den Sieg der Sittlichkeit" (ebd. S. 194).

[134] Ebd. S. 201.

[135] Ebd. S. 220 f.

derstandszelle".[136] Die Innere Mission war, so Brakelmann, „zum konterrevolutionären Instrument der bürgerlich-christlichen Gesellschaft" geworden.[137]
Von einer Auseinandersetzung Wicherns mit dem Marxismus kann man strenggenommen nicht sprechen. Er scheint seine spärlichen Kenntnisse über Marx und Engels ausschließlich durch sekundäre Quellen bezogen zu haben. Seinen Begriff des Kommunismus und Sozialismus gewann er im wesentlichen an den Frühsozialisten. Die soziale Bewegung hatte sich für die Kirche, wie überhaupt für das Gros des Bürgertums, damals noch nicht differenziert. Alles Mögliche wurde unterschiedslos nebeneinandergestellt und unter Kommunismus subsumiert, so z. B. auch Theorien, welche – wie etwa die von Marx und Proudhon – in scharfem Gegensatz zueinander standen.
In Wicherns Reden und Schriften liegt uns die erste Auseinandersetzung von maßgeblicher Seite der evangelischen Kirche mit dem Kommunismus vor. Weil hier bereits eine ganze Reihe typischer Figuren der Polemik zu finden sind, die in der Folgezeit zum Arsenal kirchlicher Waffen gegen den Sozialismus gehören und z. T. bis heute Anwendung finden, zum anderen auch die Wandlungen in der Art der kirchlichen Auseinandersetzung mit Sozialismus und Marxismus vor dem Hintergrund dieses ersten repräsentativen Zeugnisses klarer erkannt werden können, sollen einige dieser Argumentationsfiguren zusammengestellt werden, zumal sie zugleich einen Einblick gewähren in die gesellschaftliche Funktion bzw. den Klassencharakter einer solchen kirchlichen Kommunismuskritik.
Die wichtigsten dieser Argumentationsmuster sind die folgenden:

[136] Kupisch I, S. 21. – In den ‚Fliegenden Blättern', dem Kampfblatt der Inneren Mission (nicht zu verwechseln mit politischen Blättern gleichen Namens aus jener Zeit), wurden laufend Attacken gegen die Sozialdemokraten geritten.
[137] Brakelmann II, S. 97. – Auf S. 91 schreibt er über Wichern: „Ist der atheistische Sozialismus als staatsfeindlich charakterisiert, so wird er automatisch der Feind der gesellschaftlichen Ordnungsmacht Kirche . . . (Für Wichern ist) der Geist Christi, vertreten durch Kirche und Staat in Aktionseinheit, das Mittel gegen die sozialistische Emanzipationsbewegung . . . Oder noch kürzer: Christus gegen Marx, Christusethik gegen marxistisch-sozialistische Ethik." – Etwas grotesk mutet es allerdings an, wenn Brakelmann II, S. 48 in der Nachfolge anderer evangelischer Kirchenhistoriker wie Benz S. 25 oder Thier I, S. 16 Wichern als „Gegenspieler" von Marx bezeichnet.

1) ‚Wahrer Kern in falscher Hülle':
Der Kommunismus ist eine „Verzerrung und Verunstaltung ursprünglicher Wahrheiten, die aus der Umklammerung durch Atheismus und Radikalismus befreit werden müssen."[138]

2) ‚Klassenversöhnung gegen sozialen Unfrieden':
Der Kommunismus betreibt die „Zerspaltung der Stände".[139] Demgegenüber geht es um „Aussöhnung der Klassen",[140] um eine „befriedigende Ausgleichung zwischen den verschiedenen Besitzständen", die „im Innern, in den Gemütern beginnen muß".[141]

3) ‚Individualität gegen Gleichmacherei':
Gegenüber der kommunistischen Egalisierung „ist die Tendenz des Christlichen die Anerkennung durch Durchbildung des menschlichen Individuellen, der Persönlichkeit, und deren Vollendung und Verklärung durch die Gnade der Erlösung".[142] Wahre Individualität und wahres Personsein sind nur mit Hilfe und innerhalb der gegebenen Ordnungen zu gewinnen, darum:

4) ‚Ordnung gegen Anarchie':
Während der Kommunismus alle zivilisatorischen Prinzipien negiert,[143] bietet die Kirche im Evangelium die wahre Ordnungsmacht für die Welt; sie anerkennt die bestehende Gesellschaft als göttliche Ordnung.[144] – Aus all dem folgt:

5) ‚Christlicher Sozialismus gegen kommunistischen Pseudosozialismus':
Die Caritas wird zum christlichen Sozialismus deklariert.[145] Da Be-

[138] So formuliert Brakelmann II, S. 57 Wicherns Auffassung. Cf. dazu als Beleg z. B. Wichern I, S. 273: Wichern gesteht zu, „daß das, was der Sozialismus und Kommunismus im tiefsten Grunde seines Strebens und Bewegens verbirgt, die entstellten, aber doch wahrheittragenden Züge des Angesichts einer tiefgebeugten, schmerzerfüllten Menschheit sind, die sich in sozialer Beziehung nach Erlösung und Wiedergeburt sehnt; sie weiß und versteht es aber noch nicht, . . . daß ihre Hoffnung nur durch das Evangelium Erfüllung zu erwarten hat. So ist aus dem verzerrten Gegenbilde die noch rätselhaft verborgene Wahrheit der Zukunft . . . zu erkennen". Cf. auch ebd. S. 275.
[139] Wichern I, S. 256.
[140] Ebd. S. 275.
[141] Ebd. S. 255.
[142] Ebd. S. 276.
[143] Wichern III/2, S. 193 f.
[144] Wichern I, S. 309.
[145] Ebd. S. 271.

griff und Sache des Sozialismus sich bei den Massen zunehmender Sympathien erfreuten, konnte dieser nicht mehr ohne weiteres frontal bekämpft werden. Der Begriff wird darum usurpiert und umgedeutet, während der wirkliche Sozialismus zum Pseudosozialismus erklärt wird.[146]

6) ‚Kommunismus als Produkt der Ursünde':
Die letzte Wurzel des „Pseudosozialismus" ist die Sünde, d. h. das hybride Streben des Menschen, selbst der Schöpfer seiner Welt sein zu wollen. Demgegenüber zeichnet sich das Christentum durch wahren Realismus aus.[147]

Zusammenfassend kann man die protestantische Auseinandersetzung mit dem Kommunismus, wie sie in einer ersten typischen Form bei Wichern vorliegt, folgendermaßen skizzieren: Dem Kommunismus wird als Ausdruck des Protests gegen soziale Mißstände eine gewisse historische Berechtigung zugestanden. Die Kirche erkennt durch ihn ihre Mitschuld an diesen Zuständen, wofür sie zur Buße gerufen wird. In seiner atheistischen Übersteigerung aber erweist sich der Kommunismus als Produkt der Sünde, indem er den Menschen an Gottes Stelle setzt. Hier setzt nun jenseits aller ökonomischen und politischen die theologische Kritik am Kommunismus ein als die letztlich allein zureichende. Als allgemeine Schlußfolgerung

[146] Als konkrete Gegenrezepte gegen den Kommunismus werden Selbsthilfe-Organisationen, Assoziationen, angeboten. Z. B. in den karitativen Frauenvereinen, in denen nach Wichern I, S. 271 „einer der Anfänge des wirksamen christlichen Sozialismus" liegt, kann durch die tätige Frauenliebe „auch die Innere Mission dem Volke beweisen, daß die, welche Christo dienen, ein Herz für es haben, und darum erstirbt vor ihrem Wirken, aber auch vor diesem allein, das sozialistische und kommunistische Gelüsten" (ebd. S. 272). – Über die Funktion der Inneren Mission und über den „christlichen Sozialismus" als eine Spielart des „feudalen Sozialismus" cf. Mehring I, S. 236. – Den „christlichen" in seinem Verhältnis zum „feudalen Sozialismus" charakterisierten bereits Marx und Engels im „Kommunistischen Manifest": „Wie der Pfaffe immer Hand in Hand ging mit dem Feudalen, so der pfäffische Sozialismus mit dem feudalistischen. Nichts leichter, als dem christlichen Asketismus einen sozialistischen Anstrich zu geben. Hat das Christentum nicht auch gegen das Privateigentum, gegen die Ehe, gegen den Staat geeifert? Hat es nicht die Wohltätigkeit und den Bettel, das Zölibat und die Fleischesertötung, das Zellenleben und die Kirche an ihrer Stelle gepredigt? Der christliche Sozialismus ist nur das Weihwasser, womit der Pfaffe den Ärger des Aristokraten einsegnet." MEW 4, S. 483 f.
[147] Z. B. Wichern I, S. 256.

ergibt sich dann zwangsläufig, daß nur die allgemeine Rückkehr zum christlichen Glauben den Kommunismus überwinden kann.
Vergleicht man die hier skizzierte Beurteilung des Kommunismus durch Wichern mit späteren Stellungnahmen aus der evangelischen Kirche, so ist man überrascht, wie wenig sich die Grundstruktur theologischer Kommunismus-Kritik seit Wicherns Zeiten, jedenfalls bei einem immer noch erheblichen Teil der protestantischen Theologen bis in die fünfziger Jahre unseres Jahrhunderts hinein, geändert hat.[148]
Es ist im Zusammenhang dieser theologischen Kommunismuskritik nochmal festzuhalten, daß bei Kirchenmännern wie Wichern der Begriff des Kommunismus an den utopischen Sozialisten gewonnen wurde, nicht an Marx und Engels, daß aber die Schemata der Auseinandersetzung später auf den Marxismus übertragen wurden, was sicher nicht ohne Einfluß auf die schon früh bei bürgerlichen Marxismuskritikern üblich gewordene Rubrizierung des Marxismus unter die Religionen bzw. Pseudoreligionen gewesen sein dürfte.

1.2 *Ein erster Annäherungsversuch an den wissenschaftlichen Sozialismus (Todt)*

Die in den Jahren nach 1848 in Deutschland erfolgte stürmische Industrialisierung hatte zu einem starken Anwachsen der Arbeiterbewegung geführt und im Zusammenhang damit zu einer weiteren Loslösung des Proletariats von der Religion, so daß sich nun auch die Kirche in verstärktem Maße mit der neuen Situation zu beschäftigen genötigt sah. Wie diese Beschäftigung auf seiten des maßgeblichen Teils im deutschen Protestantismus aussah, wurde an Wichern, z. B. an seiner Rede auf der Kirchlichen Oktoberversammlung von 1871, andeutungsweise demonstriert.
Waren Wicherns Stellungnahmen zum Sozialismus, die sich durch theoretische Unkenntnis, fehlende Differenzierung und durch Verteufelung auszeichneten, für die evangelische Kirche des 19. Jahrhunderts in hohem Grade typisch, so gilt für den Landpfarrer RU-

[148] Cf. etwa die Äußerungen von Asmussen (unten S. 170) oder Wendland (unten S. 185).

DOLF TODT (1839–1887) das Gegenteil. Er war der erste protestantische Theologe, der sich mit Sachkenntnis und auf einem erstaunlich hohen Niveau mit dem „radikalen Sozialismus" beschäftigte und in einer Reihe von Punkten zu einer partiellen Rezeption gelangte.[149] Hierin blieb er vorerst allein.
Seit 1872 nahm Todt in Zeitschriften und teilweise in pseudonymen Flugschriften zum Sozialismus Stellung.[150] Das Fazit seiner Analysen legte er in der 1877 erschienenen umfangreichen Abhandlung „Der radikale deutsche Socialismus und die christliche Gesellschaft" vor, die damals großes Aufsehen erregte und gleich im darauffolgenden Jahr eine zweite Auflage erlebte.[151]
Während seine kirchlichen Zeitgenossen im Sozialismus nur die Inkarnation der Sünde bzw. das demagogische Produkt einiger sittenloser Volksverführer sehen konnten,[152] gab Todt im Gegensatz zu dieser moralisierenden Betrachtungsweise eine historisch-soziologische Erklärung der Entstehung der sozialen Bewegung. Nach einer Definition des „radikalen Socialismus"[153], als dessen Kernstück er den Communismus („Gesammtheitseigenthum") ansah, stellte er ausführlich dessen ökonomische Analysen der kapitalistischen Produktionsweise dar sowie die daraus abgeleiteten praktischen Forderungen. Nach jedem Abschnitt konfrontierte er die sozialistischen Lehren und Forderungen mit den Aussagen des Neuen Testaments

[149] Der protestantische Kirchenhistoriker Bredendiek (I, S. 288) urteilt: „Todt war der erste gläubige Christ, der die marxistische Arbeiterbewegung vorurteilslos würdigte und der ihre Ziele und Bestrebungen von allen bis dahin üblichen Verzerrungen darstellte."

[150] Cf. Brakelmann II, S. 111, der – soweit zu sehen ist – als erster über den Außenseiter Rudolf Todt eine größere Arbeit angefertigt hat.

[151] Über die Rezensionen dieses Buches in kirchlichen Zeitschriften der Jahre 1878/79 orientiert Seils S. 234 Anm. 40. – Mehring hielt Todts Buch für eine „sehr respektable Leistung . . . Es bekundete ein weitreichendes Verständnis der sozialdemokratischen Weltanschauung und zeichnete sich dadurch sehr vorteilhaft vor den kleinlichen Kniffen aus, womit sich die liberalen Federhelden um die entscheidenden Gesichtspunkte herumzureden versuchten." (Mehring II, S. 489) – Vor der zweiten Auflage seines Buches publizierte Todt eine für die damalige Theologie bemerkenswerte Broschüre unter dem Titel „Der innere Zusammenhang und die nothwendige Verbindung zwischen dem Studium der Theologie und dem Studium der Socialwissenschaften", die als Antwort auf die Kritiker seines Buches gedacht war.

[152] Cf. z. B. den Hinweis bei Brakelmann II, S. 300 Anm. 107.

[153] Todt I, S. 51 ff.

und kam in nahezu allen Punkten zu dem Ergebnis, daß sie mit diesem in Einklang stehen.[154]
In seiner Darstellung des ,,radikalen Socialismus" orientierte er sich an der zeitgenössischen Sozialdemokratie, vor allem an dem auf dem Einigungsparteitag von 1875 in Gotha verabschiedeten Programm. Er setzte sich mit Liebknecht, Bebel und Lassalle auseinander. Bei der Darstellung der ökonomischen Vorstellungen ging er ausführlich auf Marx ein und gab, belegt durch lange Zitate aus dem ersten Band des ,,Kapital", die Marxschen Lehren von der Arbeitskraft als Ware[155], vom Wert der Ware[156], vom Mehrwert[157], von der Ausbeutung[158], vom Unterschied zwischen Wert und Preis[159] von der wachsenden Vergesellschaftung der Produktionsmittel durch die große Industrie[160] etc. im großen und ganzen zutreffend wieder.[161] Gleichwertig neben die Marxschen ökonomischen Analysen stellte Todt diejenigen von Lassalle, z. B. dessen Lehre vom ,,ehernen Lohngesetz"[162], vom ,,vollen Arbeitsertrag"[163] etc. In ihren ökonomischen Analysen sah Todt keinen Gegensatz zwischen Lassalle und Marx, lediglich in ihren politischen Auffassungen.[164] Daß im Gothaer Programm beider Lehren kombiniert sind, zeugt nach Todt davon, daß die sozialdemokratischen Führer fernab von dogmatischer Prinzipienreiterei ,,im Interesse der Sache" das ,,Richtige und Wahre" der jeweils anderen Seite anzuerkennen bereit seien.[165] – Es ist festzuhalten, daß das Bild, welches Todt vom ,,radikalen Socialismus" gewann, entscheidend bestimmt war durch das Gothaer Programm, bei dessen Kombination von Marx und Lassalle letzterer dominierte.

[154] Ebd. S. 408.
[155] Ebd. S. 274 ff.
[156] Ebd. S. 297 ff.
[157] Ebd. S. 280.
[158] Ebd. S. 279 ff.
[159] Ebd. S. 299.
[160] Ebd. S. 228 f.
[161] Bei seinen eigenen eingeflochtenen Sozialreportagen bezog sich Todt auf Engels' ,,Die Lage der arbeitenden Klassen in England".
[162] Todt I, S. 252 ff.
[163] Ebd. S. 255 ff.
[164] Ebd. S. 210.
[165] Ebd. S. 213.

Hinsichtlich der ökonomischen Analysen dieses Sozialismus kam Todt zu dem Resultat:

„Wir behaupten also, daß sich der Socialismus vom nationalökonomischen Standpunkte aus *nie* mit Erfolg wird bekämpfen lassen, weil die Socialisten eben gründlichere Nationalökonomen sind als die meisten derer, welche sich auf dem Gebiet der Volkswirthschaft orientirt glauben.“[166]

Die Achillesferse des Sozialismus entdeckte er, wie er meinte, in dessen politischen Auffassungen, in dem Glauben, daß der „Volksstaat“ die allgemeine Glückseligkeit bringen werde. Hier erst setzte Todt mit seiner Kritik ein. Der Sozialist, so argumentierte er von einer theologischen Anthropologie her, verkenne die Realität der Sünde; die Leugnung der christlichen Wahrheit sei der entscheidende Grund dafür, daß er mit seinen gesellschaftlichen Zielen letztlich scheitern müsse.
Nach Todt ist aber der Atheismus für den Sozialismus keineswegs konstitutiv, darum appellierte er indirekt an die Sozialdemokratie, ihre atheistische[167] Grundeinstellung fahren zu lassen. Sobald der Sozialismus seine Prinzipien auf das Evangelium gründe, werde seine Anziehungskraft bei den Massen unwiderstehlich sein. Auch er, Todt, wolle ebenso wie die Sozialisten ein menschenwürdiges Dasein für alle, „aber nicht mit vollständiger Drangabe des jetzt Bestehenden, sondern auf anderem, natürlicherem Wege, nicht auf dem Wege der Revolution, sondern der ernsten, durchdringenden Reform“.[168]
Betrachtet man nun seine praktischen Reformvorschläge, wie er sie im letzten Teil des Buches entwickelte, dann springt zunächst der krasse Gegensatz zwischen dem analytischen Teil seines Buches und

[166] Ebd. S. 305. – Die vorbehaltlose Bejahung der ökonomischen Lehren von Marx ist für die meisten späteren kirchlichen Todt-Interpreten ein Dorn im Auge. Cf. z. B. den protestantischen Nationalökonomen Karrenberg I, S. 620. – Über die Kritiker der Marxschen Theorie schrieb Todt damals (I, S. 301): „Es ist als ob die Furcht vor den Consequenzen dieser Theorie die Liebe zur Wahrheit erstickte.“
[167] Todt hatte dabei Äußerungen z. B. von August Bebel vor Augen, wonach Sozialismus und Religion in einem Verhältnis zueinander stünden wie Feuer und Wasser.
[168] Todt I, S. 338. – Die abstrakte Entgegensetzung von Reform und Revolution ist bis heute ein sich hartnäckig durchhaltender Topos der Marxismus-Kritik, während die Begründer des wissenschaftlichen Sozialismus das Verhältnis von Reform und Revolution stets als ein dialektisches begriffen hatten. Cf. dazu z. B. Kramer.

dem praktischen ins Auge. Seine exakten ökonomischen Analysen der kapitalistischen Strukturgesetzmäßigkeiten scheinen vollkommen vergessen zu sein, wenn er an die Besitzenden appelliert, ihr Eigentum christlich zu verwalten und die Arbeitskraft nicht mehr als Ware zu „betrachten", sondern der Arbeit die Ehre wiederzugeben.

„Von einer Gesinnungsänderung der einzelnen Kapitalisten", schreibt Brakelmann dazu, „soll nun eine Veränderung des Verhältnisses von Kapital und Arbeit abhängen. Die soziologische Komponente ist fast ganz zugunsten der psychologisch-moralischen verdrängt . . . Damit macht Todt die Lösung der sozialen Frage in erster Linie zu einer Aufgabe der Sittlichkeit und Religion. . . . Gelingt die Evangelisation der Besitzenden und Kapitalisten nicht, so gibt es auch keine Lösung der sozialen Frage."[169]

Den Besitzlosen riet Todt, ihr Glück nicht allein in irdischem Besitz und Genuß zu sehen. Ihre „vornehmste Aufgabe" sei es vielmehr, „sich den Glauben an die himmlischen Güter, welche den inneren Menschen befriedigen und das Herz auch mit Wenigem zufrieden machen, nicht rauben zu lassen".[170]

Den Hauptträger der sozialen Reform sah er im bestehenden Staat. Von dessen Intervention erhoffte er sich die notwendigen gesetzgeberischen Maßnahmen für eine durchgreifende Gesellschaftsreform.

„Auf der hohenzollern'schen Interventionspolitik ruhte der Segen Gottes von jeher, und dadurch wurden sie das für unser deutsches Vaterland, was sie jetzt sind. Wir meinen: Das Heil kommt von Oben!"[171]

Von ‚oben', nämlich von der Obrigkeit und den oberen Klassen, versprach sich Todt die Änderung der sozialen Zustände. Der konkrete Inhalt seiner Reform von oben war „eine bloße Kopie der sozialkonservativen Parteiprogrammatik"[172], wie sie z. B. bei dem christlichen Staatssozialisten Rudolph Meyer vorgebildet war.

[169] Brakelmann II, S. 254.

[170] Todt I, S. 437. – Todt sah freilich die Problematik einer solchen Betonung der „himmlischen Güter" und fügte darum realistisch hinzu: „Wer das Nothwendige entbehren muß, der ist schwer auf das Unsichtbare zu vertrösten. Er würde mit Recht allem geistlichen Zuspruch spöttisch entgegenhalten: Ganz wohl; die himmlischen Güter verachte ich nicht, aber zunächst mahnt mich mein leibliches Dasein mit seinen Bedürfnissen, daß ich Fleisch und Blut habe. Gib mir ausreichende Nahrung, . . . dann wird mein Geist und Herz die nöthige Sammlung finden, um von unsichtbaren Dingen zu hören."

[171] Ebd. S. 483.

[172] Brakelmann II, S. 252.

Dieser Widerspruch von sozialistischer Gesellschaftsdiagnose und konservativen Therapievorschlägen ist freilich nicht so unverständlich, wie die Todt-Interpreten meinen. Zwischen Todts ethisierendem, sozial-konservativem Reformprogramm und seiner Sozialismusauffassung bestehen deshalb gewisse Verbindungslinien, weil sein Verständnis des Sozialismus am Gothaer Programm orientiert ist, in dem die sich widersprechenden Auffassungen von Lassalle und Marx vermengt sind und diejenigen von Lassalle dominieren.[173] Einerseits leisten Lassalles ökonomische Theorien („ehernes Lohngesetz") einer moralisierenden Interpretation Vorschub, andererseits ist Lassalles Hauptgegner allein die Kapitalistenklasse, nicht aber auch die Klasse der Grundeigentümer, mit denen er vielmehr ein Bündnis anstrebte.[174] Hier konnte Todt infolge seiner konservativen Bindung an die feudalen Klassen anknüpfen mit seiner darin folgerichtigen, wenn auch illusionären Erwartung, daß die soziale Reform – im Sinne einer Restitution vorkapitalistisch-ständischer Verhältnisse – vor allem durch den Hohenzollernstaat verwirklicht würde, dessen sozialer Hauptträger damals (1877) zwar noch die Klasse der Großgrundbesitzer war,[175] die aber bereits mit der Großbourgeoisie eine enge Interessengemeinschaft bildete,[176] so daß von diesem, auf junkerlich-großbürgerlicher Klassenbasis beruhenden Staat keine antikapitalistischen Reformen zu erwarten waren.
Gleich dem „Staatssozialismus" eines Karl Rodbertus und Rudolph Meyer,[177] deren Vorstellungen Todt übernahm, verkannte er so-

[173] Cf. Marxens Kritik des Gothaer Programms, MEW 19, S. 11–32, z. B. S. 31: Das ganze Programm „ist durch und durch vom Untertanenglauben der Lasalleschen Sekte an den Staat verpestet . . ." – Daß Todt wesentlich durch Lassalle bestimmt ist, sieht zwar Brakelmann, erkennt aber nicht, daß dadurch für Todts konservative Programmatik die Anknüpfungsmöglichkeiten gegeben sind.
[174] Cf. Marx ebd. S. 17 f. und 23.
[175] Cf. z. B. H. Rosenberg S. 8.
[176] „Die Junker blieben zwar nach 1871 im Besitz der wichtigsten politischen Machtpositionen und konnten sie sogar noch weiter ausbauen, jedoch diente der Staat unter dem Druck der kapitalistischen Entwicklung immer stärker den Interessen der Bourgeoisie, der ökonomisch mächtigsten Klasse." (Geschichte der Arbeiterbewegung III, S. 23 f.) – Für Marx war der Hohenzollernstaat „nichts anderes als ein mit parlamentarischen Formen verbrämter, mit feudalem Beisatz vermischter, schon von der Bourgeoisie beeinflußter, bürokratisch gezimmerter, polizeilich gehüteter Militärdespotismus". MEW 19, S. 29.
[177] Zu Rodbertus und Meyer cf. Mehring I, S. 252–264; II, S. 397–401.

wohl den Klassencharakter des preußischen Staates wie die Gesetzmäßigkeiten der kapitalistischen Produktionsweise, die nicht durch Einführung eines ‚ethischen Moments' in die Ökonomie außer Kraft zu setzen sind.

Zusammenfassend kann man sagen: Eine Auseinandersetzung mit marxistischen Lehren auf einem beachtlichen theoretischen Niveau begegnet in der evangelischen Kirche erstmals bei Rudolf Todt. Allerdings ist der Marxismus noch nicht als solcher sein Untersuchungsgegenstand, sondern der „radikale Socialismus", wie er sich in der stark durch Lassalle bestimmten sozialdemokratischen Programmatik von 1875 darbot. Todt rezipierte die ökonomische Analyse und die humane Motivation des Sozialismus. Seine Ablehnung erstreckte sich auf den Atheismus, auf die vermeintlich utopischen Glückserwartungen von der sozialistischen Gesellschaft und auf die gewaltsamen Mittel bei der Durchsetzung des Sozialismus.[178] Gerade weil Todt in seinem Verhältnis zum Sozialismus ein Außenseiter im Protestantismus war, d. h. die damals fortgeschrittenste Position einnahm, offenbaren sich in seiner Ablehnung der genannten sozialistischen Punkte und in seinen moralisierenden Reformvorstellungen, die bestimmt sind durch ein ständisch-konservatives, vorindustrielles Denken und durch eine Verkennung des Klassencharakters des preußischen Staates, die Grenzen damaliger kirchlicher Marxismusrezeption. Die radikale Marxsche Kritik des Kapitalismus mit ökonomischen, nicht moralischen Kategorien, die Todt z. T. rezipierte, blieb dennoch folgenlos für ihn, der, wollte er sie praktisch rezipieren, nicht einen Reformappell an die herrschenden Klassen und ihren Staat richten könnte, sondern die revolutionäre Veränderung der Eigentumsverhältnisse fordern müßte, was aber, will man ihm historisch gerecht werden, billigerweise nicht von ihm zu erwarten war. Eine solche Konsequenz verhinderte schon seine

[178] „Mit Ausnahme des Atheismus, der eventuell in Aussicht genommenen Zwangsmaßregeln bei Einführung des Volksstaates und der Verheißungen auf Herstellung wahrer Glückseligkeit unter den Menschen läßt sich vom Standpunkt des Evangeliums gegen die socialistische Theorie nichts einwenden. Ihre Grundprincipien bestehen nicht nur vor der Kritik des Neuen Testaments, sondern enthalten geradezu evangelische, göttliche Wahrheiten; ihre Anklagen gegen die heutige Gesellschaftsordnung sind größtenteils begründet, ihre Forderungen berechtigt." (Todt I, S. 408).

Bindung an die feudalen Klassen innerhalb einer noch überwiegend[179] agrarisch bestimmten Gesellschaft, deren herrschende Ideologie das Christentum war.
Wenn Brakelmann bei Todt die erste Form eines ,,christlich-marxistischen Dialoges" vorgebildet sieht,[180] so zeigen sich bei Todt auch bereits einige charakteristische Züge dieses ‚Dialogs': Sein Bestreben war es, die sozialistische Bewegung oder Teile von ihr theoretisch zum Revisionismus und praktisch zu einer reformistischen Politik zu ermuntern. Dem Sozialismus sollte die revolutionäre Spitze abgebrochen werden. Es ging, wie Todt ausdrücklich sagte,[181] um die Bekämpfung des revolutionären Sozialismus, darum, ,,die von der socialistischen Propaganda bedrohten, jetzt noch intact gebliebenen Massen der Besitzlosen, vor den radikal-socialistischen Theorien zu bewahren".[182]
Mochte Todts Auseinandersetzung mit dem Sozialismus sich noch so wohltuend von seinen kirchlichen Zeitgenossen abheben, in dieser grundlegenden Zielsetzung traf er sich auch mit einem Wichern, in dem Ziel der Bekämpfung des revolutionären Sozialismus – wenn auch mit feineren Mitteln.

1.3 *Fazit*

Soweit es im 19. Jahrhundert vor Beginn der imperialistischen Periode auf protestantisch-kirchlicher Seite überhaupt eine Auseinandersetzung mit dem Sozialismus, gar mit seiner marxistischen Gestalt gab, handelte es sich im wesentlichen um eine Reaktion kirchlicher Vertreter (z. B. Wicherns) auf den im Zuge der Industrialisierung wachsenden Autoritätsverlust der christlichen Religion unter den proletarischen Massen, dem ein ebenso wachsender Einfluß der organisierten Arbeiterbewegung auf diese sich dem Einflußbereich der Kirche entziehenden Massen korrespondierte.

[179] Noch 1870 war die Mehrzahl der Erwerbstätigen in Deutschland in der Landwirtschaft beschäftigt. Cf. Engelberg I, S. 371.
[180] Brakelmann II, S. 161 f.
[181] Z. B. Todt I, S. 10.
[182] Ebd. S. 455.

Mit dem weiteren Anwachsen der sozialistischen Bewegung von den sechziger Jahren an konzentrierte sich die kirchliche Auseinandersetzung mit dem Sozialismus immer mehr darauf, die Sozialdemokratie als die damalige politisch-organisatorische Manifestation des marxistischen Sozialismus zu bekämpfen, weil in ihr der Exponent nicht nur einer ‚Verführung des einfachen Volkes' im Sinne der Herauslösung der Arbeiterschaft aus dem Bannkreis der Religion, sondern auch einer revolutionären Bedrohung der feudal-bürgerlichen Gesellschaft gesehen wurde. In dieser Zielsetzung, der Bekämpfung der Sozialdemokratie, unterschied sich auch der Außenseiter Todt, der als erster evangelischer Theologe Teile des wissenschaftlichen Sozialismus theoretisch rezipierte, nicht von seinen übrigen kirchlichen Zeitgenossen.

Mit der feudal-bürgerlichen Gesellschaft und ihrer politischen Form, dem obrigkeitlich-absolutistischen Staat, waren die evangelischen Landeskirchen sozialökonomisch und rechtlich aufs engste verbunden, und darum wurde jeder Angriff auf die bestehenden Zustände auch als Angriff auf die Kirche selbst empfunden.[183] Es wäre naiv und unhistorisch, von einer Kirche, deren Verwaltung ganz in staatlichen Händen lag (landesherrliches Kirchenregiment mit dem jeweiligen Fürsten als summus episcopus an der Spitze) und deren ökonomische Abhängigkeit von den herrschenden Klassen (z. B. durch das Patronatswesen)[184] gesellschaftskritischen Bestrebungen enge Grenzen zog, eine Parteinahme für die proletarische Revolution zu erwarten.[185] Das Äußerste, wozu es innerhalb dieser sozialen Grenzen kommen konnte, war angesichts des offenbaren Elends der Arbeitermassen das Zugeständnis einer gewissen Berechtigung sozialistischer Forderungen, soweit sie im Rahmen des Bestehenden erfüllt werden konnten. Stellungnahmen, die bewußt von der Marxschen Gesellschaftstheorie als einem Konzept für die praktische Veränderung der Verhältnisse ausgingen, hat es in dieser Periode innerhalb des deutschen Protestantismus nicht gegeben.

183 Cf. dazu z. B. Fischer.

184 Zum feudalen Rechtsinstitut des Patronats cf. Reicke, S. 156–159.

185 Diese Einschätzung des engen Spielraums kirchlicher Gesellschaftskritik im 19. Jahrhundert wird heute auch von protestantischen Theologen auf die enge Interessensymbiose der Kirche mit den feudalen Klassen zurückgeführt. Cf. z. B. Brakelmann I, S. 111.

2 Die Periode des beginnenden Imperialismus bis zum 1. Weltkrieg

Die Phase des Übergangs vom Kapitalismus der freien Konkurrenz zum Monopolkapitalismus,[185a] die bereits in den Jahren nach der Reichsgründung von 1871 sich abzuzeichnen begann, war verbunden mit einer zunehmenden Unterdrückung der stark angewachsenen organisierten Arbeiterbewegung, deren weiteres Vordringen durch die 1878 verabschiedeten Sozialistengesetze verhindert oder zumindest erschwert werden sollte.
Auch in der evangelischen Kirche waren die Erfolge der Arbeiterbewegung als bedrohliche Herausforderung verstanden worden, und man suchte auch hier nach neuen Wegen, um der veränderten Lage besser gerecht zu werden.[186]

2.1 *Kirchliche Reaktionen auf das Anwachsen der Sozialdemokratie*

Innerhalb des deutschen Protestantismus reifte bei einigen Vertretern allmählich die Erkenntnis, daß zwischen dem anhaltenden Autoritätsverlust der Kirche bei den Arbeitern und deren katastrophalen sozialen Lebensbedingungen, die auch durch die Versuche der Wichernschen Inneren Mission nicht ernsthaft verändert werden konnten, ein Zusammenhang bestand, auf den man mit anderen als bloß karitativen Mitteln reagieren müsse. Bereits Todt hatte in dem von ihm mitbegründeten ,,Zentralverein für Sozialreform auf religiöser und konstitutioneller Grundlage“ die ‚soziale Frage‘ nicht bloß karitativ, sondern politisch angehen wollen, indem er sich um ein Vertrauensverhältnis zwischen Monarchie und Arbeiterschaft bemühte, um revolutionären Tendenzen entgegenzuwirken.

[185a] Zur Bestimmung des Imperialismus als monopolistischen Kapitalismus cf. Lenins Schrift ,,Der Imperialismus als höchstes Stadium des Kapitalismus“; LW 22, S. 189–309.
[186] Für die Zeit nach 1890 cf. z. B. die Arbeit von Pollmann.

Diesen politischen Weg beschritt konsequent der frühere Divisionspfarrer und spätere Hofprediger ADOLF STOECKER (1835–1909). Seine Bemühungen bestanden darin, gegen die Sozialdemokratie, die unter dem Vorwand sozialistischer Parolen die Arbeiter nur vom christlichen Glauben und von der Vaterlandsliebe abzubringen trachte, mit einem „christlichen Sozialismus" zu Felde zu ziehen. Im gleichen Jahr, als die sozialdemokratische Partei durch die Sozialistengesetze ausgeschaltet werden sollte, gründete er eine „christlich-soziale Arbeiterpartei", die jedoch bei der Reichstagswahl eine vollständige Niederlage erlitt. Stoecker hatte nur Forderungen aufgestellt, die „praktisch durchführbar sind, auch von seiten der Regierung und der übrigen Faktoren im Staatsleben".[187] Sein Ziel war eine sozial-konservative Reform, um die Arbeiter wieder für Obrigkeit und Kirche zurückzugewinnen. Die von der Sozialdemokratie bedrohte gottgewollte Rangordnung der sozialen Beziehungen wollte er sichern, denn es war seine Überzeugung, daß „unser ganzes soziales Gebäude danach ruft, daß die Nichtbesitzenden und Ungebildeten von Respekt und Ehrfurcht erfüllt sein müssen gegen die oberen Klassen".[188]

Stoeckers Versuch[189] scheiterte nicht nur an der fehlenden Resonanz in der Arbeiterschaft. Er fand auch bei dem gerade tonangebenden Teil der herrschenden Klassen keine Anerkennung. Seine Arbeiteragitation schien das im Jahr des Sozialistengesetzes mit der Politik der Schutzzölle[190] für Getreide und Eisen geschlossene neue Klassenbündnis zwischen Großgrundbesitz und Schwerindustrie zu stören.[191]

[187] Zit. nach Kupisch III, S. 14. – Zu Stoeckers Partei cf. Fricke.

[188] Zit. ebd. S. 14 f.

[189] Nach der Mißbilligung seiner politischen Aktivitäten durch den Evangelischen Oberkirchenrat und nach dem Scheitern seiner Partei wandelte Stoecker diese in eine mittelständische Bewegung um. „Von dem kleinbürgerlichen Mittelstand aus, der durch die moderne Wirtschaftsentwicklung überrannt zu werden drohte . . ., hoffte Stoecker das soziale Problem erfolgreicher anpacken zu können." (ebd. S. 15) Der Hauptfeind wurde jetzt der Liberalismus und das Judentum.

[190] Cf. dazu z. B. Engelberg II, S. 540–542.

[191] Über Stoeckers Versuche cf. Mehring II, S. 490 f. „Die christlich-soziale Agitation, die Stoecker im Januar 1878 eröffnete, war auf die Interessen der herrschenden Klassen zugeschnitten, und nur auf sie . . . er begann seinen Feldzug gegen die Sozialdemokratie als ein angebliches Kind des Liberalismus zur selben Zeit, wo Bismarck mit Bennigsen über national-liberale Ministerkandidaturen verhandelte. Stoecker wollte auf die Herr-

Nach dem Scheitern der Bismarckschen Repressionspolitik, die das weitere Anwachsen der Sozialdemokratie nicht hatte verhindern können, war selbst der Evangelische Oberkirchenrat im April 1890 zu einem Erlaß bewogen worden, der die Pfarrer zur Beschäftigung mit der Arbeiterfrage aufforderte. In dieser Situation gründete der evangelische Pfarrer FRIEDRICH NAUMANN (1860–1919) zusammen mit Stoecker, L. Weber, A. Wagner, A. von Harnack u. a. den ,,Evangelisch-Sozialen Kongreß"[192], ein akademisches Forum von protestantischen Theologen und Laien, auf dem die ,soziale Frage' debattiert werden sollte mit der Zielrichtung, die Sozialdemokratie mit den Ideen des Christlich-Sozialen zu ,überwinden'. Naumann, der sich eingehend mit den marxistischen Theorien befaßt hatte, hoffte, nicht zuletzt über die Tätigkeit des Evangelisch-Sozialen Kongresses die sozialdemokratische Partei vom Marxismus weg in eine revisionistische[193] bzw. ,nationale' Richtung zu bringen. Mit dem Eintritt des deutschen Kapitalismus in seine imperialistische Phase wandte sich Naumann unter dem Einfluß Max Webers von 1895/96 an zunehmend von christlichen Maximen in der Politik ab und bejahte die wilhelminische Machtpolitik, die er als Voraussetzung für die Schaffung eines ,,deutschnationalen Sozialismus" ansah, zu dessen Propagierung er den ,,nationalsozialen Verein" gründete.[194] Vor dem Hintergrund einer neuen Welle der Reaktion, die 1895 – in getreuer Entsprechung zu den sich wieder ver-

schaft der Orthodoxie in der Kirche hinaus, die mit der Herrschaft des absoluten Königund des feudalen Junkertums im Staate eng zusammenhing; diesen Mächten die Arbeiterklasse dienstbar zu machen, war das Ziel seiner christlich-sozialen Agitation." (ebd. S. 490). Mehring kritisierte in diesem Zusammenhang den Sozialdemokraten Most, der sich mit Stoecker öffentlich auseinandergesetzt und – im Widerspruch zur sozialdemokratischen Parteitaktik – für einen Massenaustritt aus der Landeskirche agitiert hatte. Diese Kirchenaustrittskampagne, schreibt Mehring, ,,verlief ziemlich im Sande, nicht aus Anhänglichkeit der Arbeiter an die Kirche, sondern aus dem entgegengesetzten Grunde, weil den Arbeitern die Kirche viel zu gleichgültig geworden war, als daß ihnen der formelle Austritt noch die mancherlei Scherereien gelohnt hätte, die damit verbunden waren." (ebd. S. 491).

[192] Zur Gründung und weiteren Entwicklung des Evangelisch-Sozialen Kongresses cf. Herz sowie Wolf I.

[193] Cf. Karrenberg I, S. 610.

[194] Cf. Kupisch III, S. 16 f. – Über Naumann als Ideologen des beginnenden Imperialismus cf. die Arbeit von Gertrud Theodor mit einer ausführlichen Bibliographie. – Über sein Verhältnis zum Sozialismus cf. auch Nürnberger.

schärfenden staatlichen Repressionsmaßnahmen gegen die sozialdemokratische Arbeiterbewegung – zur Einschränkung des Oberkirchenratserlasses von 1890 geführt hatte, ist es zu sehen, daß zur gleichen Zeit (1896) Stoecker aus dem Evangelisch-Sozialen Kongreß ausschied und die konservativer ausgerichtete ,,Kirchlich-Soziale Konferenz"[195] (1919 in ,,Kirchlich-Sozialen Bund" umbenannt) gründete.

Daß beide, Naumann und Stoecker, ungeachtet ihrer unterschiedlichen Auffassungen – Naumann vertrat eine nationalliberale, Stoekker eine ultrakonservative Position –, die ihrerseits zwei Gruppen innerhalb der damaligen Konstellation der herrschenden Klassen repräsentierten, von protestantischer Seite die Wendung Deutschlands zum Imperialismus unterstützten, bestätigt der katholische Theologe Shanahan:

Stoecker ,,war in Deutschland der Erste, der Imperialismus und evangelisch-soziales Anliegen zu verbinden wußte. Zum ersten Mal innerhalb der Sozialliteratur des deutschen Protestantismus erschien eine Befürwortung einer Kolonialpolitik in seiner Wochenschrift ,,Der Staats-Socialist. Wochenschrift für Socialreform", Nr. 25 vom 21. Juni 1880. In den neunziger Jahren, als in Deutschland die imperialistische Leidenschaft ihren Höhepunkt erreicht hatte, brachte Naumann sie ganz unbefangen in Zusammenhang mit der sittlichen und historischen Verantwortung der deutsch-protestantischen Nation."[196]

Den Versuchen von seiten der evangelischen Kirche, mit Varianten eines ,,christlichen Sozialismus" wieder Resonanz in der Arbeiterschaft zu finden und den Einfluß der Sozialdemokratie und des Marxismus zurückzudrängen, waren keine größeren Erfolge beschieden. Die Gründe dafür waren zum einen objektiver Natur. Mehring schrieb dazu:

,,die Tatsache, daß sich die ökonomischen Klassenkämpfe nicht mehr in religiöser Verkleidung durchsetzten, trat mit jedem Tage unzweideutiger hervor; sie war eine leicht erklärliche Folge der großen Industrie, die ohne eine weitreichende Herrschaft über die Na-

[195] Cf. dazu z. B. Kupisch IV.

[196] Shanahan S. 28, Anm. 27; dort finden sich auch die Belege für Naumanns Wendung zum Imperialismus.

tur und also auch ohne eine tiefgreifende Zerstörung aller übernatürlichen Vorstellungen nicht möglich ist."[197]

Zum andern war das Scheitern der kirchlichen Versuche im Klassencharakter jenes „christlichen Sozialismus" begründet. Mehring analysierte diesen Zusammenhang so:

„Der christliche Sozialismus des neunzehnten Jahrhunderts hat zwei historische Wurzeln. Entweder ist er die Begleiterscheinung des naturwüchsigen Arbeiterkommunismus, der seiner theoretischen Form nach an das ihm vertraute Gedankenmaterial anknüpft, ganz ähnlich wie die großen Utopisten an das ihnen vertraute Gedankenmaterial der Aufklärung angeknüpft haben. In den ersten Anfängen seines Emanzipationskampfes erinnert sich das moderne Proletariat gern des Urchristentums, und die historisch bedeutsamsten Formen des urwüchsigen Arbeiterkommunismus, die mit den Namen Cabet und Weitling verbunden sind, hatten beide die religiöse Färbung. Nur verwittert diese Tünche regelmäßig sehr schnell; je klarer sich die Massen über den *proletarischen Inhalt* ihrer Bewegung werden, um so rücksichtsloser zerbrechen sie ihre *patriarchalische Form*.
Oder der christliche Sozialismus entspringt in den besitzenden Klassen und ist eine Begleiterscheinung des feudalen Sozialismus. Deshalb braucht er nicht von vornherein bewußter Humbug zu sein. Religiöse Ideologen mögen in aller Ehrlichkeit glauben, auf religiösem Wege den Armen und Enterbten helfen zu können. In jedem Falle aber ist dieser Form des christlichen Sozialismus auch nur ein kurzer Kreislauf des Lebens beschieden; bei ihr zerbricht der *reaktionäre Inhalt* sehr bald die *proletarische Form*."[198]

2.2 *Der Übergang einzelner Theologen zur Sozialdemokratie und ihre ethisierende Rezeption der materialistischen Geschichtsauffassung*

Wurde in der Periode des beginnenden Imperialismus im deutschen Protestantismus die Auseinandersetzung mit dem Sozialismus und Marxismus – sofern es eine solche mit letzterem überhaupt gab – nahezu ausschließlich unter dem Gesichtspunkt der Bekämpfung oder Abwehr geführt, so beginnen sich in dieser Zeit doch bereits erste,

[197] Mehring II, S. 487.
[198] Ebd. S. 486. – Hervorhebungen vom Verf.

freilich noch verschwindende Anzeichen einer Änderung anzubahnen. Der Eintritt des deutschen Kapitalismus in seine monopolistische Phase war mit tiefgreifenden sozialen Veränderungen verbunden. Schon die Schutzzollpolitik konnte nur zu Lasten der unteren Klassen durchgeführt werden. Die Monopolisierungstendenzen verstärkten nicht nur den Druck auf die lohnabhängigen Massen, sondern führten auch zu einer wachsenden Proletarisierung von Teilen des Kleinbürgertums.

Die damit gegebene Situation einer allgemeinen Verschärfung der Klassenwidersprüche schuf in wachsendem Maße die Möglichkeit, daß auch bei Pfarrern, besonders wo sie – wie in den Städten – mit den Folgen kapitalistischer Ausbeutung unmittelbar konfrontiert wurden, die Einsicht in die Ursachen der sozialen Misere Platz greifen und die Identifikation mit dem System der bestehenden Gesellschaft erschüttert werden konnte. Dies dürfte der soziale Hintergrund dafür gewesen sein, daß um die Jahrhundertwende erstmals einige Theologen den Weg zur Sozialdemokratie fanden.

Hatte noch Todt bei allem Verständnis für den Sozialismus es für undenkbar gehalten, daß ein Christ und gar ein Pfarrer sich in den Reihen der Sozialdemokratie politisch betätigte, so wurde diese Barriere nun durchbrochen. Freilich blieb die Zahl dieser ‚roten' Pfarrer auf weniger als ein Dutzend beschränkt. Karl Vorländer hat in einem Aufsatz von 1910 das ihm erreichbare Material über Theologen, die sich zur Sozialdemokratie bekannten, zusammengetragen.[199]

2.2.1 von Wächter

Als erster deutscher Theologe war bereits Anfang der neunziger Jahre der Kandidat der Theologie THEODOR VON WÄCHTER offen als sozialdemokratisches Parteimitglied aufgetreten.[200] In einer kleinen Broschüre mit dem Titel „Die Stellung der Sozialdemokratie zur Religion" (1894) verfocht er in Zustimmung zum Erfurter Programm von 1891, das die Religion zur Privatsache erklärte, ein Bündnis zwischen Christen und Atheisten, ungeachtet der weltan-

[199] Vorländers Recherchen erstreckten sich auf mehrere europäische Länder. Sein Befund für den deutschen Bereich ist auf den Seiten 456–483 skizziert.

[200] Die genauen Lebensdaten von Wächters waren nicht zu ermitteln.

schaulichen Differenzen. Da ,,die wirtschaftlichen und politischen Forderungen dieselben sind für sie (scil. die Religiösen) wie für die Atheisten", können und sollen sich beide auch zusammen in der sozialdemokratischen Partei organisieren.[201] Religiöse Auffassungen freilich, welche lehren, ,,daß die derzeitigen weltlichen Ordnungen (Eigentums- und Herrschaftsordnungen) göttliche Einrichtungen (,Thron und Altar'!) seien, auf deren Veränderung man nicht hinarbeiten dürfe"[202], seien zu bekämpfen. Am besten aber geschehe das durch die Einbeziehung der Anhänger solcher Lehren in den ,,gemeinsamen Freiheitskampf", wodurch ,,allmählich auch die letzten Eierschalen jener Knechtseligkeitsreligion vollends" abfallen werden. Rechtverstanden darf die Religion nicht zur Abstumpfung und Lähmung des Volkes führen, sondern muß seinen Widerstand wekken:

,,Die Lehrer wahren Christentums müßten darum dem christlichen Volk zeigen, wie es aus seiner Not und Knechtschaft die Gottesstimme heraushören sollte, die es zum Kampf, zum Sichzusammenscharen zum gemeinsamen Freiheitskampf, zur Herbeiführung der für die neue Zeit nötigen Ordnungen aufwecken will."[203]

Diesen Kampf verstand Wächter als Klassenkampf. Er sah hier keinen Widerspruch zur christlichen Predigt von der Versöhnung. Solange kann es keinen sozialen Frieden geben, ,,keine Versöhnung, bis im Klassenkampf jede Klassenherrschaft gebrochen ist"![204] Freilich hielt von Wächter den Klassenkampf für vereinbar mit der ,,christlichen Bruderliebe zu dem zu bekämpfenden Feinde":

,,Gerade durch die Predigt des Klassenkampfes nimmt die Sozialdemokratie dem Kampf zwischen Arbeitgeber und Arbeitnehmer alles Persönliche – zeigt, wie der einzelne Arbeitgeber nicht schuld ist, sondern wie das System der Klassenherrschaft die einzelnen Herren – auch wenn sie selbst Sozialdemokraten sind – zur Ausbeutung und Knechtung der beherrschten Klasse zwingt."[205]

Was die marxistische Theorie der Religion betrifft, so stimmte er der

[201] Von Wächter I, S. 5.
[202] Ebd. S. 15 f.
[203] Ebd. S. 21.
[204] Ebd. S. 22.
[205] Ebd. S. 23.

materialistischen Geschichtsauffassung weithin zu. Er glaubte aber, daß die Religion noch andere als gesellschaftliche Wurzeln hat,

„z. B. in rein sittlich-geistiger Hilfsbedürftigkeit – und daß deshalb auch, wenn der Mensch alle Naturerscheinungen und alle wirtschaftlichen Verhältnisse durchschaut und beherrscht, eben die falschen Wurzeln falscher Religiosität aufhören und die wahre Religiosität erst recht zum Durchbruch kommen" wird.[206]

Scharf brandmarkte er die Spalterrolle der „christlich-sozialen" Pfarrer, die „den christlichen Arbeitern sagen: ihr dürft nicht in Einem Verband gemeinsam kämpfen mit den atheistischen Arbeitern, ihr müßt eigene christliche Verbände gründen".[207] Während sie zur Gründung eines „christlichen Bergarbeiterverbandes" aufriefen, waren im „Rheinisch-Westfälischen Kohlensydikat" die Unternehmer – religiöse wie religionslose – vereint, ohne daß die Kirche hier gegen die Zusammenarbeit von Christen und Atheisten etwas einzuwenden hatte. Von Wächter schloß mit dem Appell:

„Nein, ihr christlichen und ihr atheistischen Arbeiter, so gut die christlichen, jüdischen und religionsfeindlichen Vertreter der heutigen Herrschaftsordnung gemeinsam kämpfen können für ihre geistliche und weltliche Herrschaft, so gut können auch die religiösen und religionsfeindlichen Proletarier aller Welten und Weltanschauungen . . . zusammenhalten in gemeinsamem Wettkampf für der Menschheit wirtschaftliche, politische und geistige Freiheit!"[208]

2.2.2 Göhre

Im Unterschied zu Theodor von Wächter, der es – wohl wegen seiner politischen Entscheidung – nicht zum amtierenden Pfarrer gebracht hatte,[209] ist PAUL GÖHRE[210] (1864–1928) einige Jahre Pfarrer gewesen, bevor er 1899 der sozialdemokratischen Partei beitrat. Die Kirchenleitung war jedoch nicht gewillt, einen öffentlich für die Sozialdemokratie agitierenden Pfarrer zu dulden. Ein gegen

[206] Ebd. S. 26.
[207] Ebd. S. 28.
[208] Ebd. S. 31.
[209] Cf. Vorländer, S. 456.
[210] Über Göhre cf. Neumann S. 1663 f. (mit weiterer Literatur); Vorländer S. 462–467; 475–482; Elm S. 135–139.

Göhre angestrengtes Disziplinarverfahren endete damit, daß dieser 1906 mit der Kirche brach.
Göhre, der frühere Mitarbeiter Naumanns und Generalsekretär des Evangelisch-Sozialen Kongresses, hatte bereits als Theologiestudent für drei Monate in einer Fabrik gearbeitet, um die Lage der Arbeiter kennen zu lernen. Nach seinem Austritt aus dem Evangelisch-Sozialen Kongreß hatte er mit Naumann zusammen den ‚Nationalsozialen Verein' gegründet und zu dessen linkem Flügel gezählt, bevor er sein soziales Engagement innerhalb der Sozialdemokratie fortsetzte. Unter dem Titel „Wie ein Pfarrer Sozialdemokrat wurde" begründete er in einer in 460 000 Exemplaren von der Partei verbreiteten Broschüre seinen Übertritt zur Sozialdemokratie neben allgemein politischen Motiven vor allem mit dem christlichen Gedanken der Nächstenliebe im Sinne der Solidarität mit den Unterdrückten, die ihn dazu veranlasse, sich für Verhältnisse einzusetzen, unter denen ein menschenwürdiges Dasein für alle möglich sei.[211]
In den „Sozialistischen Monatsheften" schrieb Göhre 1902 einige Aufsätze, die sich eingehender mit dem Thema Religion und Sozialismus befaßten. In dem Artikel „Das religiöse Problem im Sozialismus" bekannte er sich klar als entschiedener Gegner des traditionellen Christentums, dagegen als Anhänger der „Religion Jesu".[212] Der Sozialismus war ihm ein politisches und ökonomisches Programm, aber „keine Weltanschauung, keine Sittenlehre, keine Religion".[213] In zwei weiteren Aufsätzen über „Materialismus und Religion" sowie „Christentum und materialistische Geschichtsauffassung" betonte er, ausgehend von einem positivistischen Wissenschaftsbegriff, die Notwendigkeit der Religion: die vordringende naturwissenschaftliche Weltanschauung lasse Raum für das ihr „auch in Zukunft verschlossene ganze Gebiet des Geistigen, des Bewußtseins, des Seelischen"[214] und so auch für die Fragen nach der Entstehung und dem Zweck des Alls, nach dem Ziel und Sinn des Menschendaseins[215] – Fragen, die letztlich nur vom religiösen Ge-

[211] Cf. z. B. Göhre III, S. 6.
[212] Göhre IV, S. 277.
[213] Ebd. S. 272.
[214] Göhre V, S. 511.
[215] Ebd. S. 514.

fühl zu lösen seien.[216] Der Sozialismus solle die Religion nicht vernichten, sondern läutern helfen.
In den folgenden Jahren verschärfte sich Göhres Frontstellung gegenüber der Kirche. 1906 war er aus der Kirche ausgetreten und hatte öffentlich zum Massenaustritt aufgerufen. Seine weitere Entwicklung brachte ihn schließlich zu der Auffassung, daß die sozialdemokratische Weltanschauung nicht bloß mit dem dogmatischen Christentum und der Kirche unvereinbar sei, sondern mit der christlichen Ethik überhaupt, die er für unbrauchbar hielt für das Leben auf Erden.
Innerhalb der Sozialdemokratie stand Göhre, der 1903 als sozialdemokratischer Abgeordneter in den deutschen Reichstag gewählt worden war, auf dem rechten Flügel. Schon vor seinem Parteieintritt hatte er in Naumanns „nationalsozialem Verein" dafür plädiert, innerhalb der Sozialdemokratie den revisionistischen Flügel zu stützen und den revolutionären linken zu bekämpfen.[217] Eine intensivere theoretische Auseinandersetzung mit dem Marxismus über den Problemkreis Sozialismus-Religion hinaus scheint Göhre nicht betrieben zu haben. Seine zunehmend antichristliche Entwicklung war denn auch kein Indiz für eine intensivere Rezeption des Marxismus, sondern eher – ähnlich wie bei seinem Lehrer Naumann – ein Ausdruck für seine Entwicklung hin zu sogenannten ‚realpolitischen' Positionen, die im Falle Naumanns zur rückhaltlosen Bejahung der imperialistischen Machtpolitik des deutschen Kaiserreichs geführt hatte, für die christliche Maximen nicht mehr anwendbar schienen. Nach 1918 war Göhre zum Unterstaatssekretär im preußischen Kriegsministerium ernannt worden.[218] Er beschloß seine politische Laufbahn schließlich in der NSDAP.[219]

2.2.3 Blumhardt

Unabhängig von Göhre war 1899 der schwäbische Pfarrer CHRISTOPH BLUMHARDT[220] (1842–1919), der jüngere, durch öf-

[216] Ebd. S. 515 f.
[217] Cf. Theodor S. 57.
[218] Cf. Neumann S. 1664.
[219] Cf. Theodor S. 57 sowie Elm S. 139.
[220] Cf. Vorländer S. 467–471; 475–483; Schrey III, S. 182 f.; cf. auch die bei Kupisch

fentliche Erklärung der Sozialdemokratie beigetreten. Auch hier folgten kirchliche Sanktionen: An Blumhardt erging vom Konsistorium die Aufforderung, auf den Pfarrertitel zu verzichten, der er auch Folge leistete.[221]

Blumhardt begründete seinen Schritt theologisch. In einer Göppinger Parteiversammlung sagte er: ,,Ich bin Anhänger Christi, Christus aber war Sozialist, zwölf Proletarier hat er zu seinen Aposteln gemacht."[222] Gleich Christus wolle er den ,,Elenden und Unglücklichen" seine Kraft widmen, und zwar innerhalb der politischen Partei der Arbeiterklasse, da er erkannt habe, daß auf dem von einem Pfarrer normalerweise beschrittenen, seelsorgerlichen Weg allein es nicht möglich sei, den Menschen wirklich zu helfen.

Auch wenn er den Sozialismus religiös-ethisch verstand (,,Das sozialistische Streben ist ein Kampf gegen den falschen Egoismus") oder etwas eigenwillig als allgemein-menschliche Naturanlage (,,Der Sozialismus ruht auf dem Gesellschaftstrieb der Menschen überhaupt, also ist natürlicherweise jeder Mensch Sozialist"), erkannte er doch klar die Notwendigkeit eines klassenbewußten Kampfes, um die Verhältnisse zu ändern:

,,Ich werde zu Euch stehen als einer, der das Klassenbewußtsein stärken will, damit eine Besserung komme. Wir müssen das Ziel der sozialistischen Gesellschaft im Auge haben. Das ist recht vor Gott und den Menschen."[223]

Der Klassenkampf sei berechtigt, denn die Arbeiterklasse müsse ihren Platz in der Gesellschaft fordern, wenn sie dabei auch ,,um sich schlage".[224] Unbedingt an ein Blutvergießen zu denken, sei ungebildet: ,,Der Umsturz kommt von selbst ohne Blut, täglich ändern sich die Verhältnisse."[225]

Man kann Blumhardts Auffassung so zusammenfassen: Die kirchliche Verdammung des Sozialismus ist aus theologischen Gründen zu kritisieren. Denn die Sozialisten handeln im Grunde religiös, auch

VI, S. 389, Anm. 38 zusammengestellte Literatur. Über Blumhardts Stellung zu politischen Fragen cf. die ebd. S. 309, Anmerkung 41 angeführten Briefe.

221 Vorländer S. 471.

222 Zit. bei Vorländer S. 469.

223 Zit. ebd. S. 469.

224 Zit. ebd. S. 470.

225 Zit. ebd. S. 470.

wenn sie sich nicht so verstehen. Darum ist der Sozialismus ein Bußruf an die Kirche, denn durch den im Sozialismus lebendigen Glauben an die Menschheit und an bessere Zustände will Gott die lahmgewordene Christenheit aufrütteln.
Blumhardt wurde 1900 als Abgeordneter der sozialdemokratischen Partei in den Württembergischen Landtag gewählt. Innerhalb der Partei hat er sich zwar weithin zurückgehalten, stimmte aber z. B. bei der Bernstein-Debatte auf dem Lübecker Parteitag von 1901 für den Bernstein tadelnden Antrag von Bebel. Man kann ihn also im Gegensatz zu Göhre nicht dem rechten Flügel der Partei zuordnen. Nach 1906 hatte sich Blumhardt fast vollständig aus der aktiven Parteiarbeit zurückgezogen, blieb aber weiterhin Mitglied.

2.2.4 „Carring"

Ähnlich wie Blumhardt begründete ein unter dem Pseudonym „DR. G. CARRING"[226] schreibender Pfarrer sein Eintreten für den Sozialismus theologisch. In einem Aufsatz[227] von 1902 forderte er die Kirche auf, „abzustehen von dem Kampfe gegen den Sozialismus und die den Sozialismus vertretende Partei", denn „die sozialistische Bewegung ist da zur Förderung des Reiches Gottes". Sozialismus und Christentum, letzteres als „Leben in der Nachfolge Jesu" gedacht, schließen sich nach Carring nicht nur nicht aus, sondern fordern sich vielmehr gegenseitig.
Carring monierte aber am Sozialismus die Verkennung der Bedeutung des ‚Gewissens' und des ‚persönlichen Innenlebens' gegenüber den materiell-ökonomischen Faktoren. Er anerkannte zwar die materialistische Geschichtsauffassung und sah im Klassenkampf den notwendigen Weg zur Verwirklichung des Sozialismus, betonte aber den Zusammenhang des Sozialismus mit der persönlichen Sittlichkeit:

„Sozialismus bedeutet mehr als eine Wirtschaftsordnung, die allen einzelnen gut Essen und Trinken und Wohnen gewährleistet, – er bedeutet das ideale Gemeinschaftsleben der Menschen. Solchem

[226] Cf. Vorländer S. 471–477.
[227] Der Aufsatz stand im „Türmer" von 1902, S. 241–256; die folgenden Zitate mit den Seitenangaben aus dem „Türmer"-Aufsatz zitiert Vorländer S. 472.

Ideal nähern wir uns aber nur in dem Maße, als in den einzelnen die Fähigkeit zur Selbstbeherrschung, Gewissenhaftigkeit und Solidaritätsbewußtsein wächst."[228]

2.3 *Fazit*

Entsprechend der gewachsenen politischen Bedeutung des organisierten Sozialismus, welche die herrschenden Klassen und ihren Staat im Übergang zum Imperialismus zu einer – in den Formen variierenden – verstärkten Auseinandersetzung mit der Sozialdemokratie zwang, nahm auch innerhalb der evangelischen Kirche die Beschäftigung mit der ‚sozialen Frage' zu. Den karitativen traten als neues Element unmittelbar politische Versuche zur Seite. Die Auseinandersetzung mit dem revolutionären Sozialismus erfolgte – wo sie theoretisch überhaupt geführt wurde – unter Zuhilfenahme verschiedener Varianten eines „christlichen Sozialismus", mit dessen Propagierung man die Zurückdrängung des marxistischen Einflusses auf die sozialdemokratischen Arbeiter erhoffte.
Während von repräsentativen Vertretern des Protestantismus die Wendung Deutschlands zum Imperialismus unterstützt wurde, begann bei einer winzigen Zahl von Theologen erstmals eine partielle Übernahme marxistischer Positionen, verbunden mit praktisch-politischen Konsequenzen in Form eines Eintritts in die sozialdemokratische Partei. Die Art ihrer Marxismus-‚Rezeption' läßt sich folgendermaßen charakterisieren:

1) Den genannten Theologen, die sich zur Sozialdemokratie bekannten, war der Gegensatz zum offiziellen Kirchenchristentum gemeinsam. Sie befürworteten ein ‚geläutertes' Christentum. Von der sozialistischen Gesellschaft erwarteten sie nicht das Ende der Religion, sondern im Gegenteil den Durchbruch wahrer Religiosität.

[228] Zit. ebd. S. 473 f. – Vorländer nennt S. 460–462 vier weitere Ex-Theologen, die in der Sozialdemokratie tätig waren, sich nach ihrem Parteieintritt aber nicht mehr als Christen verstanden, ihren Schritt auch nicht religiös motivierten. Es sind dies Richard Calwer, Heinrich Pëus, Max Maurenbrecher und Georg Welcker. Auch diese vier ehemaligen Theologen gehörten zum rechten Flügel der Partei.

Christentum und Sozialismus hielten sie also für durchaus vereinbar.

2) Ihrem vor allem ethisch motivierten Bekenntnis zur Sozialdemokratie entsprach die starke Betonung der Willensseite des Sozialismus. Ähnlich den damals innerhalb der Sozialdemokratie an Bedeutung gewinnenden Vertretern des Neukantianismus hielten sie die Ergänzung des Sozialismus durch ethische Momente für erforderlich.

3) Es verwundert deshalb nicht, daß sie für eine Korrektur der materialistischen Geschichtsauffassung eintraten, die sie zwar partiell rezipierten, aber insofern in ihrer Geltung einschränken mochten, als sie die Eigenständigkeit des ‚geistigen' bzw. ‚inneren Lebens' *neben* dem ‚Wirtschaftsleben' betonten, vor allem die Selbständigkeit der Religion. Mit gewissem Recht gegenüber einem damals grassierenden Vulgärmarxismus in den Reihen der Sozialdemokratie wollten sie den historischen Materialismus von einem mechanistischen, naturphilosophischen Materialismus freimachen. Zugleich waren aber gewisse revisionistische Veränderungen des Marxismus in ihrer teilweise berechtigten Kritik unverkennbar.

4) Es war darum kein Zufall, daß man sie im allgemeinen (von dem später verschollenen von Wächter und dem in der Gesamtpartei politisch wenig hervorgetretenen Blumhardt einmal abgesehen) auf dem rechten Flügel der Sozialdemokratie fand.[229] Ihr Parteieintritt wurde bisweilen von einigen Sozialdemokraten mit Skepsis aufgenommen, da man theologisierenden Sozialisten gegenüber ein gewisses Mißtrauen beibehielt. Im großen und ganzen aber wurde angesichts der den Sozialdemokraten feindlich gegenüberstehenden Gesamtkirche, wie oben im Abschnitt 2.1 dargestellt wurde, ihr Übertritt lebhaft begrüßt.

Zusammenfassend läßt sich sagen, daß der Schritt jener Theologen kirchengeschichtlich und allgemeinpolitisch insofern von Bedeutung war, als hier erstmals die Mauer zwischen dem Protestantismus

[229] Hierbei sind auch die in der letzten Anmerkung genannten Theologen eingeschlossen.

und dem organisierten Sozialismus durchbrochen wurde. Ob davon eine Signalwirkung auf noch kirchlich gebundene Arbeiter ausgegangen ist, läßt sich schwer ausmachen.[230] Man wird hier davon auszugehen haben, daß es sich bei der Handvoll sozialdemokratischer Theologen um verschwindende Ausnahmen handelte, die angesichts der dezidiert antisozialistischen Orientierung der obrigkeitshörigen Kirchen des deutschen Kaiserreichs kaum ins Gewicht fielen.

Bei den Parteiübertritten handelte es sich offensichtlich um Angelegenheiten einzelner christlicher Intellektueller, die nicht Repräsentanten einer hinter ihnen stehenden Massenbewegung waren. Insofern wies auch ihre Sozialismusauffassung einige typische Züge ihrer Klassenlage auf: Als Akademikern brannten ihnen die materiellen Sorgen nicht so auf den Nägeln, wie das bei den proletarischen Parteigenossen der Fall war. Von dieser Klassenposition her ist darum ihre Polemik gegen eine Auffassung von Sozialismus als bloßem Wohlleben[231] sowie die starke Betonung der Eigenständigkeit des ‚Geistigen' zu begreifen.

Eine Rezeption des Marxismus haben sie nur partiell geleistet. In ihrer theoretischen Auseinandersetzung beschränkten sie sich im wesentlichen auf den Themenkomplex ‚Religion und Sozialismus', von dem her sie zu einer Revision der materialistischen Geschichtsauffassung kamen. Im ganzen gesehen stärkten sie die revisionistischen Bestrebungen innerhalb der Sozialdemokratie und waren insofern – ohne daß man die Progressivität einer Position verkennen dürfte, die sie als Theologen mit ihrer Bejahung des Klassenkampfs und des Historischen Materialismus in der damaligen kirchengeschichtlichen und allgemeinen gesellschaftlichen Situation einnahmen – in ihrer Rolle für die revolutionäre Arbeiterbewegung ambivalent.

[230] Immerhin wurde z. B. Blumhardt bei der Landtagswahl vom Dezember 1900 als Kandidat für die sozialdemokratische Partei in Göppingen mit 57 % aller Stimmen gewählt.

[231] Cf. dazu Carring nach Vorländer S. 473.

3 Die Periode der Weimarer Republik

Die durch die Übertritte einiger Theologen in die sozialdemokratische Partei hier ausgelösten Debatten über ,Christentum und Sozialismus' wurden in den „Sozialistischen Monatsheften" besonders in den Jahren 1910/11 intensiviert. Diese Diskussion zwischen Christen einerseits und vor allem revisionistischen, vom Neukantianismus bestimmten Sozialdemokraten andererseits über Sozialismus, sittliches Bewußtsein und Religion können als die erste Form eines ,christlich-marxistischen Dialogs'[232] gelten. Vorbereitet durch solche ersten, freilich sehr vereinzelten Annäherungsversuche in der Vorkriegszeit und beeinflußt durch die um 1906 in der Schweiz aufgekommenen und durch die beiden Blumhardts mit initiierten ,religiös-sozialistischen' Ideen eines KUTTER und RAGAZ, verbreiterte sich nach dem 1. Weltkrieg innerhalb der evangelischen Kirche die Basis für die Auseinandersetzung mit dem Marxismus und gewann eine neue Qualität.

Diese Auseinandersetzung wurde während der Weimarer Republik vor allem in der Bewegung der religiösen Sozialisten geführt.[233] Die religiösen Sozialisten konnten zwar an die genannten Traditionen der Vorkriegszeit anknüpfen; daß aber innerhalb der evangelischen Kirche eine breitere Bewegung entstand, hat vor allem sozialgeschichtliche Ursachen.

3.1 *Die sozialen Entstehungsbedingungen des „Religiösen Sozialismus" und seine beiden Hauptrichtungen*

Im 1. Weltkrieg hatte der Imperialismus zum erstenmal weltweit demonstriert, zu welchem Ausmaß an Barbarei er fähig ist. Gleichzei-

[232] Bei dem ,Dialog', wie er in den sechziger Jahren unsres Jahrhunderts geführt wurde, dominierten auf marxistischer Seite ebenfalls revisionistische Vertreter, bei denen nun, ein halbes Jahrhundert später, an die Stelle des Neukantianismus – den veränderten bürgerlichen philosophischen Strömungen entsprechend – der Existentialismus getreten war.

[233] Es ist hier nicht möglich, die ganze Vielfalt und Breite der Auseinandersetzung innerhalb der verschiedenen Gruppierungen der religiösen Sozialisten darzustellen. Zu verweisen ist auf die Darstellungen von Balzer I, Beyer, Breipohl, Kaiser, Soecknick, Suck u. a.

tig hatte er durch den Erfolg der sozialistischen Revolution in Rußland einen folgenschweren Schlag erhalten. Die allgemeine Krise, in die das imperialistische System durch den Weltkrieg und die russische Oktoberrevolution von 1917 geraten war, führte zu einem ungeheuren Aufschwung der revolutionären Arbeiterbewegung. Zum erstenmal stand in Europa die Beseitigung des Kapitalismus unmittelbar auf der Tagesordnung.

Die Niederlage des deutschen Imperialismus zog auch alle diejenigen gesellschaftlichen Institutionen und Gruppen in Mitleidenschaft, die mit ihm verbunden waren oder ihn unterstützt hatten. So hatte der Zusammenbruch des deutschen Kaiserreichs, mit dem die evangelischen Landeskirchen sozialökonomisch wie ideologisch aufs engste verbunden waren, bei Millionen auch das Vertrauen zur Kirche erschüttert. Unter dem Eindruck der Folgen des mörderischen Krieges, in den auch die protestantischen Kirchen auf Grund ihrer Liaison mit den herrschenden Klassen verstrickt waren,[234] und unter dem Eindruck der revolutionären Massenaktionen der Arbeiter und Soldaten traten Tausende aus der Kirche aus. Allein 1920 waren es 315 000.[235] Ein sprunghafter und die Kirchenleitungen beunruhigender Anstieg der Kirchenaustrittsbewegung war erstmals 1906 zu verzeichnen gewesen, als die Zahl der vorher unter 4000 im Jahr bleibenden Austritte plötzlich auf 17 400 hochgeschnellt war und in dieser Höhe bis zum 1. Weltkrieg anhielt, um nach einem zeitweiligen Rückgang während des Krieges 1919 in die Hunderttausende zu gehen.[236]

Berücksichtigt man diese für den Bestand der evangelischen Kirche besorgniserregende reale Entwicklung, dann läßt sich die Entstehung der religiös-sozialistischen Bewegung soziologisch als das Resultat vor allem zweier Komponenten begreifen. Einerseits fand in ihr das – wenn auch subjektiv keineswegs durchgängig im Vordergrund stehende – Bestreben theologischer Kreise seinen Ausdruck, der zunehmenden Isolierung der Kirche von den Massen entgegenzuarbeiten und wieder Einfluß auf die der Religion weithin entfrem-

[234] Cf. hierzu Mehnert, passim.
[235] Cf. Zieger, S. 1345. – Die protestantische Kirche war wegen ihrer engeren Bindung zum kaiserlichen Regime stärker betroffen als die katholische.
[236] Zur Kirchenaustrittsbewegung im Deutschen Reich cf. Ermel.

dete Arbeiterschaft zu gewinnen.[237] Andererseits hatten der Zusammenbruch des imperialistischen Deutschland, das offenbare Versagen der Kirche und die Ereignisse im Zusammenhang mit der Novemberrevolution viele christliche ‚Laien' und Pfarrer an die Arbeiterbewegung herangeführt.

Mit der politischen Annäherung kirchlicher Kreise an die sozialistischen Kräfte verband sich eine kirchliche Demokratisierungsbewegung: Der Protest breiter Kreise gegen die durch ihr Bündnis mit den reaktionären Kräften in ihrem Ansehen stark angeschlagene, obrigkeitlich verfaßte Amtskirche brach sich in der sogenannten Volkskirchenbewegung Bahn, die die Ablösung der feudalen Obrigkeitskirche durch eine parlamentarisch verfaßte bürgerliche Volkskirche mit allgemeinem Wahlrecht für die Kirchenmitglieder forderte.[238] – Diese unterschiedlichen Komponenten gingen in die religiös-sozialistische Bewegung ein.

Soziologisch gesehen waren es zum einen Teile der noch kirchlich gebundenen unteren Klassen und der Mittelschichten, die an sozialistische Positionen herangeführt wurden, zum anderen dem Kleinbürgertum entstammende bzw. dessen Lage sich annähernde intelllektuelle Vertreter der Theologie, die im Zusammenhang mit den allgemeinen sozialen Deklassierungs- und Proletarisierungsprozessen ein antikapitalistisches Bewußtsein entwickelten.[239]

In der religiös-sozialistischen Bewegung der Weimarer Republik lassen sich dementsprechend zwei Hauptgruppen deutlich voneinander unterscheiden, die Balzer folgendermaßen charakterisiert:

„Bei der Rückschau auf die Weimarer Republik ist deutlich zu unterscheiden zwischen der sozialen Bewegung von Christen einerseits, die im ‚Bund der religiösen Sozialisten Deutschlands' seit 1926 ihren organisatorischen Ausdruck fand, und jenen intellektuell-akademischen Vertretern andererseits, die sich um eine theoretische Klärung des Verhältnisses von Religion und wissenschaftlichem Sozialismus mit einer im Grunde theologisch-existentialistischen Fragestellung bemühten, also jenem Kreis um Tillich, Mennicke und

[237] So Beyer S. 1465.

[238] Eine wichtige Rolle bei der Volkskirchenbewegung spielte Martin Rade mit der Gruppe um die Zeitschrift „Christliche Welt".

[239] Cf. hierzu besonders Beyer und Balzer I.

Heimann, der die ‚Neuen Blätter für den Sozialismus'[240] herausgab. Während sich der Bund an den Klassenkämpfen der Weimarer Republik aktiv beteiligte und um so größere Wirksamkeit erzielte, je enger seine Verbundenheit mit der Arbeitsklasse war – wie etwa in der Auseinandersetzung um die entschädigungslose Enteignung der Fürsten 1925/26 – und politisch durchaus eine, wenn auch begrenzte Rolle gespielt hat, war die Wirkung jener Intellektuellenkreise auf die politische Entwicklung höchst beschränkt, wenn nicht gar bedeutungslos. Während sich der Bund der religiösen Sozialisten an Arbeiter und andere Werktätige wandte, die noch der Kirche angehörten, und dabei solche Arbeiterschichten partiell mit Erfolg in Richtung auf den Klassenkampf mobilisieren konnte, die in industriell wenig entwickelten Gebieten mit breiter kirchlicher Tradition lebten, war der Kreis Tillich–Mennicke im Grunde um eine rein intellektuelle Auseinandersetzung im theologischen Bereich und eine quasi existentialistische Kritik und Adaptation des Marxismus bemüht. Seine Version des religiösen Sozialismus war an Intellektuelle adressiert und beabsichtigte nur die Diskussion mit Professoren und dem Bildungsbürgertum. Er gewann auch nur ein intellektuelles Leserpublikum und war am politischen Kampf sozusagen nur als Nebenbestandteil seiner Tätigkeit ernstlich interessiert.
Dagegen war die Intention des Bundes und seines Kampforgans ‚Sonntagsblatt des arbeitenden Volkes' von vornherein an eben dieses ‚arbeitende Volk' gerichtet, allerdings aus unterschiedlichen Motiven. Diejenigen, die ihn gründeten, waren teilweise Taktiker des revisionistischen Flügels der SPD, die den Bund zu einer ‚Hilfsorganisation der SPD zur Erschließung des Mittelstandes'[241] für die revisionistische Taktik der SPD machen wollten. Daneben war von Anfang an innerhalb des Bundes auch eine proletarische Tendenz wirksam vorhanden, deren entschiedenster Sprecher der von 1926 bis 1931 geschäftsführende Vorsitzende des Bundes, Pfarrer Erwin Eckert in Mannheim, wurde."[242]

Von diesen beiden Hauptströmungen des „Religiösen Sozialismus", dem Kreis um Tillich und den im ‚Bund' (so wird künftig hier der „Bund der religiösen Sozialisten Deutschlands" abgekürzt) vereinigten Vertretern, ist die letztere zweifellos die bedeutendere, von den Kirchenhistorikern aber großenteils totgeschwiegene oder zu-

[240] Unter diesem Titel erschien die Zeitschrift ab 1930. Die von diesem Kreis 1920–1927 herausgegebene Zeitschrift hieß „Blätter für religiösen Sozialismus".
[241] So Eckert in seiner Austrittserklärung 1931.
[242] Balzer I, S. 16 f.

mindest heruntergespielte Gruppierung.[243] Sie soll darum hier stärker berücksichtigt werden.

Wie Balzer nachweist, war der ‚Bund' ideologisch keineswegs einheitlich. Seine Spannbreite reichte von dezidierten Antikommunisten wie HANS MÜLLER, GOTTHILF SCHENKEL, EBERHARD LEMPP, KARL THIEME u. a., die wie z. B. Müller die Widerlegung des ‚überholten' Marxismus unter der Parole „Los von Marx, hin zu Christus!" für die vorrangige Aufgabe hielten,[244] – bis hin zu ERWIN ECKERT, EMIL FUCHS, EDUARD DIETZ, KARL KLEINSCHMIDT, PAUL PIECHOWSKI oder ARTHUR RACKWITZ, die den linken Flügel und z. T. sogar, wie Eckert, kommunistische Positionen repräsentierten.

Diese inneren Gegensätze des ‚Bundes' verschärften sich im Zuge der sich zuspitzenden allgemein-historischen und kirchenpolitischen Entwicklung am Ausgang der Weimarer Republik. Balzer schreibt:

„Auf dem Scheitelpunkt der Bewegung trat die Zwiespältigkeit des Bundes der religiösen Sozialisten offen zutage. Während Eckert – in scharfer Abgrenzung von der revisionistischen, antikommunistischen SPD – durch den Bund eine *politische* Aufgabe lösen wollte, nämlich die Herstellung einer antifaschistischen Aktionseinheit zum Sturz der kapitalistischen Gesellschaft, zog sich die Mehrheit des Bundes – bei gleichzeitiger Unterwerfung unter die revisionistische SPD-Führung – auf seine angeblich *theologischen* Fundamente zurück."[245]

Eckert und einige weitere Vertreter des ‚Bundes' schlossen sich nach dessen Auflösung 1933 der Widerstandsbewegung gegen den Faschismus an, während ein anderer Teil des ‚Bundes' sich mit der NSDAP gleichschalten ließ wie z. B. GEORG WÜNSCH.[246]

[243] Die in kirchenhistorischen Arbeiten anzutreffende Zahl von 2000 Mitgliedern des ‚Bundes' dürfte zu niedrig angesetzt sein, wie Balzer I, S. 54 nachweist, der eine Mitgliederzahl von ca. 10 000 für das Jahr 1930 angibt, während Grebing S. 173 sogar die Zahl 25–30 000 nennt. Bei Kirchenwahlen in Baden konnten die religiösen Sozialisten immerhin um die 14 % aller Stimmen auf sich vereinigen, in einigen Bezirken sogar bis zu 27 %. Cf. die Tabelle bei Balzer I, S. 292.

[244] Cf. Breipohl S. 80 ff.

[245] Balzer II, S. 40.

[246] Wünsch hatte im übrigen als erster Theologieprofessor dem ‚Bund' angehört und das theoretische Organ „Zeitschrift für Religion und Sozialismus" herausgegeben.

Nach diesem Überblick über die Entstehungsbedingungen und die Hauptrichtungen innerhalb des „Religiösen Sozialismus" werden bei der Untersuchung der Marxismusrezeption dieser Bewegung stellvertretend die Wortführer und profiliertesten Vertreter der beiden genannten Hauptgruppen herausgegriffen: es sind dies PAUL TILLICH, der Kopf des Intellektuellenkreises, und ERWIN EKKERT, der langjährige Vorsitzende und aktivste Kämpfer des ‚Bundes' und bislang zu Unrecht in der Geschichtsschreibung kaum beachtete Vertreter jener sozialen Bewegung von Christen, die sich als Teil der sozialistischen Bewegung insgesamt verstand.[247]

3.2 *Ein erster Durchbruch zu marxistischen Positionen (Eckert)*

In einem populär gehaltenen Vortrag über „Materialistische Geschichtsauffassung und Religion"[248] von 1923 gab ERWIN EKKERT[249] (1893–1972), der bereits als 18jähriger der SPD beigetreten war, ein im wesentlichen zutreffendes Resümee des Historischen Materialismus. Den Klassenkampf, dessen Bedeutung er hervorhob, verstand er freilich hier – im Unterschied zu seiner späteren Auffassung – noch ausschließlich als gewaltlosen geistigen Kampf, der die „Herzen der anderen" erobern solle. Daß es einen notwendigen Gegensatz zwischen Religion und Sozialismus gebe, bestritt er. Vielmehr werde im Sozialismus erst das „reine unverfälschte Christentum" hervortreten. Sein Fazit lautete: Ein Christ kann nicht nur, er muß heute Sozialist sein.

In den folgenden Jahren erreichte Eckert eine zunehmend klarere marxistische Position. Dabei verstand er den Marxismus als eine Methode zur Gesellschaftsanalyse, nicht aber als Weltanschauung. Aus diesem Grunde lehnte er lediglich dessen Religionskritik ab, während er die ökonomischen, soziologischen und politischen Analysen

[247] Auf eine Darstellung des Verhältnisses der übrigen Vertreter des ‚Bundes' zum Marxismus muß hier verzichtet werden. Wichtige Beiträge dazu finden sich vor allem bei Eduard Dietz und Emil Fuchs. Zu berücksichtigen wäre auch Georg Wünsch, der eine Reihe von Arbeiten über das Verhältnis des Marxismus zur Religion publizierte.
[248] Eckert I, S. 1–2.
[249] Das Wirken Eckerts hat erstmals Balzer ausführlich untersucht und dargestellt.
[250] Eckert II, S. 176.

von Marx voll akzeptierte. Die folgenden, chronologisch angeordneten Zitate belegen das:

„Über Klassenkampf und Marxismus werden wir auch nach und nach klar, alles Gerede und alles Kritisieren daran machen uns nicht irre daran, daß der Klassenkampf eine Tatsache ist, die wir nicht wegschwätzen können, und daß es keine bessere Methode gibt, das Geschehen in der menschlichen Gesellschaft zu erklären und nach einer Gesetzmäßigkeit zu untersuchen, als die materialistische Geschichtsauffassung."[250] (1926)
„Für Marx und Engels war die Theorie, die man heute gemeinhin mit ‚Marxismus' bezeichnet, nicht weniger und nicht mehr als ein ‚heuristisches Prinzip', das heißt eine Erklärungs- und Arbeitsmethode für die Erkenntnis der Gesellschaftsentwicklung und deren Ziel."[251] (1927)
„Der historische Materialismus sagt über Gott, Welt, Seele, Ewigkeit, Sünde, Erlösung usw. überhaupt nichts. Der historische Materialismus ist keine Weltanschauung, sondern die beste Arbeitsmethode, um die Formen der menschlichen Gesellschaft und deren Entwicklung nachzuweisen, sie auf einen Generalnenner zu bringen.
Wenn der historische Materialismus das erste Anstoßende der jeweiligen Epoche einer neuen Ordnung menschlicher Gesellschaft in den Produktions- und Konsumtionsverhältnissen sieht, dann sagt er gar nichts über das erste Anstoßende der Weltschöpfung und Erhaltung."[252] (1927)

Die Anerkennung des Historischen Materialismus schloß für Eckert eine gleichzeitige Anerkennung des religiösen Glaubens nicht aus. Religion gehörte für Eckert (zumindest noch 1927)[253] wesensmäßig zum Menschen:

„Religion haben heißt einen triebhaften Zwang in sich haben nach Wahrheit und Erkenntnis, nach einer Verankerung des Irdischen im Absoluten und Überzeitlichen, nach einer Heiligung des Lebens, das in jeder gewesenen und jeder kommenden Ordnung der Gesellschaft unfertig und schuldbeladen ist.
Religion ist das unstillbare Verlangen nach Wahrheit, Erlösung und Ewigkeit."[254] (1927)

[251] Eckert III, S. 17.
[252] Ebd. S. 18.
[253] Wenn man Eckerts Aussagen von 1931 (cf. die Zitate am Ende dieses Abschnitts 3.2) mit den hier aufgeführten vergleicht, zeigt sich dort doch eine etwas andere Auffassung der Religion: die irdisch-humanistische Komponente tritt, konkret politisch vermittelt, stärker in den Vordergrund.
[254] Eckert III, S. 16. – Von den Vertretern der ‚Dialektischen Theologie' wurde ein sol-

Die Religion werde deshalb auch in der sozialistischen Gesellschaft noch existieren, weil es auch dort Leid, Schuld, Tod geben und weil die Frage nach dem Sinn des Lebens nie verstummen werde.[255]
Die Vorbehalte gegenüber der Marxschen Religionsauffassung hatten für Eckert jedoch einen vollständig untergeordneten Stellenwert gegenüber den zentralen Fragen der Gesellschaftsanalyse und des Klassenkampfes, in denen er sich rückhaltlos zu den Marxschen Positionen bekannte. Die Theorie war für ihn eine Orientierung und eine Waffe für die Praxis. Gegenüber dem konkreten praktischen Kampf für die Befreiung der unterdrückten Klassen waren ihm partiell differierende Auffassungen in weltanschaulichen Fragen zweitrangig.
Im Marxismus sah Eckert vor allem

„die beste Forschungsmethode zur Erklärung der Zusammenhänge in der menschlichen Gesellschaft und die beste Richtschnur im politischen und wirtschaftlichen Kampf um den Sozialismus". Die religiösen Sozialisten haben nur ein Ziel: *„sie wollen die kapitalistische Ordnung stürzen und die sozialistische Wirtschafts- und Gesellschaftsordnung erkämpfen.* Sie denken nicht daran, die ‚Sozialistische Arbeiterschaft vom Marxismus zu befreien' – das überlassen sie den immer noch nicht ausgestorbenen Marxistentötern; die religiö-

cher Religionsbegriff scharf attackiert. Karl Barth qualifizierte von der Position der christlichen Theologie her jede Religion mit Recht als ‚Menschenwerk', weigerte sich aber entschieden, hierunter auch das christliche Evangelium – da ‚Wort Gottes' – zu subsumieren. – Unbekümmert darum, ob sein Christentumsverständnis solchen dogmatisch-theologischen Ansprüchen genügte, hieß für Eckert ‚Christ sein' im Anschluß an seinen allgemeinen Religionsbegriff „Verbundensein mit einer letzten zielsetzenden Macht des Weltalls, . . . Vorwärtsgetriebensein zur Hilfe und Liebe den anderen Menschen gegenüber." Ebd. S. 11.

[255] Ebd. S. 9. – Eckert konnte sich als Theologe offensichtlich keine anderen als religiöse Antworten auf die genannten Probleme und Fragen vorstellen, und bis heute werden diese Phänomene von Theologen als Paradebeispiele für die Behauptung der Ewigkeit der Religion ins Feld geführt. Daß auf diese ‚letzten Fragen' durchaus nichtreligiöse Antworten denkbar sind, veranschaulicht z. B. die folgende Überlegung: „Indem der Sozialismus/Kommunismus die freie Entfaltung aller wirklichen Talente der Persönlichkeit ermöglicht, indem er dem Individuum hilft, aus seinem durch Privateigentum an gesellschaftlichen Lebensquellen und kapitalistische Konkurrenzbedingungen verursachten Egozentrismus herauszutreten, was, zusammen mit einem wissenschaftlichen Weltbild, Bedingung dafür ist, ein natürliches Verhältnis zu seiner eigenen Existenz, auch zum Tod, zur Krankheit zu bekommen, indem der Sozialismus/Kommunismus dem Individuum eine wirkliche diesseitige Sinnerfüllung gewährt, beseitigt er die zwar individuell vermittelten, jedoch letztlich gesellschaftlich bedingten, mystischen irratioalen Formen des Suchens nach einem Lebenssinn im Jenseits." Steigerwald II, S. 99.

sen Sozialisten erklären sich im Gegenteil durchaus solidarisch mit der marxistischen Arbeiterschaft, von der sie selbst ein Teil sind."[256] (1928)

Zur Frage, ob die religiösen Sozialisten Marxisten seien, schrieb Eckert 1930:

„Man kann sich dann mit gutem Gewissen sehr wohl ‚Marxist' nennen, wenn man nicht von einem vorher konzipierten System irgend einer zukünftigen sozialistischen Ordnung (sozialistische Utopie) aus an die Gegenwart Forderungen stellt, sondern aus der dialektischen Entwicklungsgesetzlichkeit auch der heutigen Wirtschaft den Weg zu ihrer Überwindung und zur Verwirklichung der sozialistischen Ordnung zu zeigen bestrebt ist. Das zweite wesentliche Merkmal ‚marxistischer' Einstellung sehe ich darin, daß man nicht von[257] irgend einem Wunder oder gar der sittlichen Gesinnung und Einsicht der herrschenden Schichten die Neugestaltung des wirtschaftlichen, gesellschaftlichen und kulturellen Lebens erwartet, sondern von dem entschlossenen physischen und geistigen Kampf der Arbeiterklasse, an dem man selbst beteiligt ist. ‚Die Befreiung der Arbeiterklasse kann nur das Werk der Arbeiterklasse selbst sein.' . . . Die religiösen Sozialisten aber, die bekanntlich in der kämpferischen Front des Proletariats stehen, sind in diesem letzten Sinne durchaus Marxisten, wenn sie auch als *religiöse* Sozialisten zu dem ‚historischen Materialismus' und zum ‚Klassenkampf' als dem ‚Motor' der ‚Entwicklung' manches Kritische zu sagen haben."[258]

Wenn Eckert die für einen Marxisten wesentlichen Merkmale darin sah, daß dieser erstens konkret an der Dialektik gegenwärtiger ökonomischer Entwicklungen anknüpft (*wissenschaftlicher* Sozialismus), statt, wie es z. T. die Frühsozialisten taten, utopische Entwürfe abstrakt der gegebenen Gesellschaft gegenüberzustellen, und daß er zweitens die soziale Befreiung allein vom Kampf der Arbeiterklasse erwartet, – so waren damit in der Tat zwei entscheidende Momente einer marxistischen Position erfaßt. Eckert akzeptierte also den Marxismus als praktisch-politischen Materialismus. Da er sich aber noch religiös verstand, ist es begreiflich – jedoch von unter-

[256] Eckert V, S. 10.

[257] Das „vor" im Original, bei dem es sich wohl um einen Druckfehler handelt, wurde in „von" korrigiert.

[258] Eckert X, S. 168. – Dieses „Kritische" bezog sich fast ausschließlich auf die Marxsche Religionskritik, die Eckert als frühbürgerliches Relikt bei Marx verstand, der in diesem Punkt abhängig gewesen sei vom Geist der vierziger Jahre des 19. Jahrhunderts. Cf. ebd. S. 165.

geordneter Bedeutung, daß er die weltanschaulichen Grundlagen des Marxismus, soweit sie sich in dessen Religionskritik niederschlagen, ablehnte.
Wie sehr Eckert den Marxismus als ein präzises Instrument für die konkrete Analyse gesellschaftlicher und politischer Erscheinungen zu handhaben verstand, zeigte z. B. seine scharfsichtige Erkenntnis des Charakters und der sozialen Funktion des damals heraufziehenden Faschismus,[259] seine für den politischen Tageskampf ad hoc verfaßten soziologischen Analysen von Organisationen wie z. B. dem Evangelisch-Sozialen Kongreß oder dem Kirchlich-Sozialen Bund[260] oder sein religionssoziologischer Nachweis der Klassenbindung der evangelischen Kirchen in der Weimarer Republik.[261]
Aufschlußreich für die politische Konkretion seiner Marxismusrezeption war auch Eckerts Stellung zur Sowjetunion. Als im Zusam-

[259] Cf. Eckert XVII, S. 38: Die Nazis behaupten, dem Volk helfen zu wollen ,,– und wollen im Grunde die wirtschaftlich Mächtigen, die Besitzenden um so besser rüsten für eine neue brutale Unterdrückung und Ausbeutung der wirtschaftlich abhängigen Massen.“ (1931) – Cf. auch Eckert IX und VIII.

[260] Eckert diagnostizierte, ,,daß zum *kirchlich*-sozialen Kongreß die konservativen Stützen der vergangenen Obrigkeitskirche und der Monarchie zusammenkommen, um über die ‚soziale Frage‘ zu verhandeln, im *evangelisch*-sozialen Kongreß dagegen das liberale Bürgertum, mitleidige Intellektuelle, bürgerliche Sozialreformisten, die durch das Evangelium um die Ruhe ihres Gewissens gekommen sind.“ (1927; Eckert IV, S. 251). – An anderer Stelle schrieb er: Die Orthodoxie hat sich im Kirchlich-Sozialen Bund organisiert. Dieser suche durch ‚Sozialpfarrer‘ den ,,sozialistischen Strömungen in der christlichen Arbeiterschaft entgegenzuarbeiten und den ‚christlichen‘ Arbeiter, dem durch Volksgemeinschaftsphrasen jedes Klassenbewußtsein genommen wird, zum Vorspann für die deutschnationale Interessenpolitik der feudalen und großindustriellen Kreise zu machen.“ (1928; Eckert VI, S. 282) Der Evangelisch-Soziale Kongreß hinwiederum ,,wird von kapitalistischen Wirtschaftsführern dazu benutzt, um die kirchliche Öffentlichkeit vor ‚sozialistischen Experimenten‘ zu warnen. Trotz der Versicherung seiner absoluten Neutralität, die der Kongreß immer wieder zu geben sich bemüht, ist er nichts anderes als ein kirchlich approbiertes Instrument des liberalen Bürgertums, das klüger und vorsichtiger gegen die sittliche Berechtigung des sozialistischen Kampfes eingesetzt wird als der kirchlich soziale Bund.“ (Ebd. S. 283).

[261] Eckert VII, S. 373: ,,*Die Bindung der deutschen Kirchen an die antisozialistische Kampffront ist unbestreitbar.* Handgreiflich deutlich wird es für jeden, der die Zusammensetzungen der Regierungen der evangelischen Landeskirchen Deutschlands prüft. Sie ist vorwiegend *feudalistisch*, gelegentlich gemischt mit einigen Vertretern der Spitzen des liberalen Bürgertums. Das kirchliche (korrigiert aus ,,bürgerliche“ im Original, das hier keinen rechten Sinn ergibt; der Verf.) ‚Leben‘ ist getragen vom kleinen Bürgertum, zerbrechenden Mittelstand, es fehlen die Besitzenden, die Intellektuellen, die Massen des werktätigen Volkes.“ (1929). – Cf. auch Eckert XII, S. 164.

menhang mit der Weltwirtschaftskrise das Vertrauen in die Vernünftigkeit und Ewigkeit des kapitalistischen Gesellschaftssystems bei Millionen aufs tiefste erschüttert war, begann um die Jahreswende von 1929/30 eine internationale und interkonfessionelle Gebetskampagne gegen die angeblichen Christenverfolgungen in der Sowjetunion. Die Kampagne, die sich zu einer umfassenden ideologischen Attacke gegen Sowjetrußland ausweitete und im offenen Aufruf zur militärischen Intervention gipfelte, war in Deutschland von evangelischen Kirchenmännern in Gang gebracht worden, wie der spätere brandenburgische Bischof Otto Dibelius im März 1930 mit Genugtuung feststellte.[262] „Seit Ende 1929", schreibt der evangelische Kirchenhistoriker Bredendiek,[263] „waren die Führungskräfte im deutschen Protestantismus in sehr intensiver Weise darum bemüht, auf antikommunistischer Grundlage eine kirchlich-bürgerliche Einheitsfront zu schaffen." Auf eben dieser Grundlage – nämlich unter Hinweis auf die ‚bolschewistische Gefahr' – legte sich das Bündnis großer Teile des deutschen Protestantismus mit dem Faschismus nahe, und die antisowjetische Agitation[264] in der evangelischen Kirche fügte sich auch nach 1933 bruchlos dem zur Herrschaft gekommenen ‚Zeitgeist' ein.[265]
Zu den wenigen innerhalb der evangelischen Kirche, die sich dieser großangelegten antikommunistischen Hetze entgegenstellten, zählten Mitglieder des ‚Bundes' und vor allem sein Vorsitzender. Eckert wies nach, daß der eigentliche Sinn der Aktion gegen die ‚Christenverfolgungen' der Kampf gegen den Marxismus war;[266] die kirchliche Kampagne gegen die Sowjetunion enthüllte er als Angriff gegen die russische Revolution und zugleich gegen den ‚inneren', d. h.

[262] Cf. Bredendiek II, S. 243 und zum ganzen Balzer I, S. 169 ff.
[263] Bredendiek II, S. 244.
[264] Vor allem der protestantische Eckart-Verlag verbreitete massenhaft antikommunistische Hetzschriften.
[265] Zu diesem ‚Geist' des Dritten Reiches cf. die zweibändige, von Klotz herausgegebene Sammlung von Stellungnahmen ‚Deutscher Christen', wo z. B. in den 10 Richtlinien der Glaubensbewegung ‚Deutscher Christen' gefordert wurde, die Kirche solle sich an die Spitze des Kampfes gegen den „gottfeindlichen Marxismus" stellen (Bd. 2, S. 131; zit. nach Wolf III, S. 24). – Daß sich solche Parolen keineswegs bloß bei den ‚Deutschen Christen' fanden, sondern auch bei führenden Kirchenmännern wie Otto Dibelius, belegt z. B. Wolf III, S. 14.
[266] Eckert XIII, S. 69.

marxistischen ‚Feind' in den kapitalistischen Ländern. Über die soziale Funktion der Kampagne schrieb Eckert:

„Der politische, wirtschaftliche Zentralangriff gegen die Sowjetunion durch die kapitalistische Internationale beginnt, darum darf die Kirche nicht fehlen, muß sie die nackten Interessenkämpfe des nach den russischen Rohstoffquellen hungrigen Weltkapitalismus bekleiden mit der moralisch religiösen Campagne gegen die ‚gotteslästernden Verbrechen des Bolschewismus'."[267] (1930)

Gegen diese klerikal verbrämte imperialistische Zielsetzung rief Eckert zum Widerstand auf:

„Wir müssen die internationale kirchliche Aktion, die sich als politisch bürgerliche Aktion nicht nur gegen Sowjetrußland, sondern gegen den ‚Marxismus' überhaupt, nicht nur gegen die Kommunisten, sondern im Grund auch gegen den Sozialismus und gegen die Sozialdemokraten auswirken muß, aufs energischste zu unterbinden versuchen, und gegen sie protestieren, wo immer wir können."[268] (1930)

Er erklärte, daß

„die internationale faschistische Front unter dem Schlagwort ‚*Das Christentum ist durch den Marxismus in Gefahr*' den sozialistischen Vormarsch und den Kampf gegen den Kapitalismus zu hemmen versuchen und dazu die christliche Kirche auch weiterhin mißbrauchen" werde.[269] (1930)

Auf dem Deutschen Evangelischen Kirchentag in Nürnberg 1930 stimmte Eckert als einziger Delegierter gegen die Verurteilung der Sowjetunion. Seine Rede rief Tumulte hervor, in deren Verlauf er schließlich niedergeschrien wurde und sich zum Verlassen der Versammlung genötigt sah.[270]
Eckerts Verhalten auf dem Kirchentag wurde von seinen Amtsvorgesetzten gerügt, womit sich die Konflikte zwischen ihm und der Kirchenleitung weiter verschärften. Wegen seiner antifaschistischen Agitation war er von seinen Kirchenoberen verschiedentlich gemaßregelt worden. Im Januar 1931 erhielt er Versammlungs- und Redeverbot, dem im Februar die vorläufige Amtsenthebung folgte sowie

[267] Eckert XI, S. 53.
[268] Eckert XVI, S. 70.
[269] Ebd. S. 71. Cf. auch Eckert XV, S. 363 f. und XVI, S. 381 ff.
[270] Über die Vorgänge auf diesem Kirchentag cf. Balzer I, S. 186 ff.

die Eröffnung eines Dienststrafverfahrens mit dem Ziel der Dienstentlassung. Konflikte mit der sozialdemokratischen Partei wegen seiner Opposition gegen die Tolerierungspolitik der SPD und wegen der von ihm angestrebten antifaschistischen Aktionseinheit mit der KPD führten am 2. 10. 1931 zum Ausschluß Eckerts aus der SPD. Am 3. 10. trat er in die KPD ein. Die Kirchenleitung reagierte am 10. 10. mit der vorläufigen Enthebung vom Pfarramt – die vom Februar war auf Grund massiver Proteste von Mitgliedern der badischen Landeskirche, die für Eckert annähernd hunderttausend Unterschriften gesammelt hatten, rückgängig gemacht worden. Im Dezember folgte Eckerts Entlassung aus dem kirchlichen Dienst mit der Wirkung des Verlustes der Amtsbezeichnung, des Einkommens und des Anspruchs auf Ruhegehalt und Hinterbliebenenversorgung. Im gleichen Monat trat Eckert aus der Kirche und dem ‚Bund' aus.[271]

Zum Schluß sollen noch einige Abschnitte aus einer Rede wiedergegeben werden, die Eckert am 10. 10. 1931 in Stuttgart vor 10 000 Zuhörern hielt und in der er seinen Übertritt zur KPD begründete. Ekkerts Schritt war für die gesamte damalige Öffentlichkeit eine Sensation, weil damit zum erstenmal in Deutschland ein amtierender Pfarrer in die kommunistische Partei eingetreten war.[272] Die hier zitierten Passagen seiner Rede sind unter der Fragestellung ausgewählt, in welcher Weise in seine politische Entscheidung religiöse Motive ein-

[271] Cf. die Kurzbiographie ebd. S. 277–281, wo auch Eckerts weiterer politischer Weg skizziert wird: 1933 wurde Eckert von der Gestapo verhaftet. Nach seiner vorübergehenden Freilassung arbeitete er illegal bis zur erneuten Verhaftung 1936. Über drei Jahre verbrachte er im Zuchthaus und blieb danach unter Polizeiaufsicht bis zum Ende des Dritten Reiches. Im November 1945 wurde er geschäftsführender Vorsitzender der antifaschistischen Bewegung ‚Das neue Deutschland' in Südbaden. 1946–1950 war er 1. Vorsitzender der KP Badens und bis 1956 Landtagsabgeordneter der kommunistischen Partei. (Im Juli 1949 erreichte er als Oberbürgermeisterkandidat in Mannheim 34,7 % der Stimmen!) Im April 1960 wurde er im Zusammenhang mit dem KPD-Verbot von einem westdeutschen Gericht zu 9 Monaten Gefängnis mit Bewährung verurteilt wegen ‚Rädelsführerschaft in einer verfassungsfeindlichen Organisation'. Seit 1968 war Eckert Mitglied der DKP. Er starb am 20. 12. 1972.

[272] Zur Begründung seiner Entscheidung und zu deren Wirkungen cf. Balzer I, S. 260 ff. – Hunderte von Sozialdemokraten und parteilosen Arbeitern folgten Eckerts Beispiel. Allein in Mannheim war etwa ein Drittel der Mitglieder des ‚Bundes' zur KPD gegangen.

gegangen sind und wie sich diese mit seiner kommunistischen Position vertrugen.[273]
Nach einer Darstellung der politischen und ökonomischen Situation und der Politik der SPD in dieser Lage führte Eckert aus, warum er zur KPD gegangen sei:

„Nicht um dort als Pfarrer zu wirken, sondern um dort einer von den vielen Tausenden und Millionen zu sein, die es nicht mehr tragen können, daß Ungerechtigkeit und Gemeinheit das Leben der Menschen zerstört. Ich bin zur KPD gegangen, weil ich glaube und überzeugt bin, *aus marxistischer Erkenntnis und heißem Glauben* an die Kraft des Guten, daß nur in der kommunistischen Bewegung der ganzen Welt die Kräfte sich zusammenfinden, die einmal imstande sein werden, diese ganze heutige Unmöglichkeit hinwegzufegen, die imstande sein werden, eine *gerechte Ordnung aufzurichten,* eine Ordnung, in der jene, die nicht arbeiten, nicht essen werden, eine Ordnung in der das Kriegsgeschrei verstummen, in der Friede und Gemeinschaft unter den Menschen sein wird.“[274]

Dann setzte er sich mit dem Einwand auseinander, wie man als Pfarrer zu einer Partei gehen könne, die Kirche und Religion bekämpfe:

„Glauben Sie denn, daß Religion überall da ist, wo man davon redet? Glauben Sie denn, daß wirklich überall da, wo im Namen Gottes etwas verlangt wird, Gott etwas verlangt? Ich bin überzeugt, daß der *Glaube an eine Gottheit* nie schlimmer *mißbraucht* worden ist zu menschlichen Zwecken als in unserer Zeit, in der der *Faschismus behauptet, daß er im Namen Gottes die Welt vom Bolschewismus befreien müsse.*
Ich glaube, daß da, wo kommunistisch gekämpft wird, mehr von der Aufgabe begriffen ist, die der Menschheit für die Zukunft gestellt ist, als da, wo man mit aller Macht das Vergangene halten will, auch dann, wenn Hunderttausende und Millionen dabei um des Profites willen zugrunde gehen und elend ihr Leben verlieren müssen. Darum kann mich das nicht irre machen. Gottlosenbewegung? Wer ist denn Schuld an der Gottlosenbewegung? Wer ist denn Schuld, daß das *Proletariat nichts mehr von der Kirche hält*? Das Proletariat

[273] Die erste Kundgebung in Mannheim, auf der Eckert nach seinem Parteiwechsel sprach, war vom Einheitskomitee sozialdemokratischer und kommunistischer Arbeiter einberufen worden; die Stuttgarter Rede hielt er in einer Veranstaltung der KPD. Cf. zum folgenden die Broschüre „Kirche und Kommunismus“ (Eckert XVIII), in der Ekkerts Rede S. 11–20 abgedruckt ist.
[274] Eckert XVIII, S. 16. – Hervorhebungen hier und bei den folgenden Zitaten aus Ekkerts Rede vom Verf.

ist nicht schuld. *Schuld* sind diejenigen, die aus einer unheilvollen Verflochtenheit der *kirchlichen Organisationen* nichts anderes zu tun gewußt haben, als *die* ganze *Ideologie der bürgerlichen und kapitalistischen Gesellschaft in Schutz* zu *nehmen gegen das vordrängende Proletariat.* Und darum soll sich die Kirche nicht wundern, wenn die Masse nichts mehr von ihr hält."[275]

Zu seiner Amtsenthebung durch die Kirchenleitung sagte er:

„Ich habe früher und jetzt so viel von Gott gesprochen, daß ich aus innerster Verbundenheit gekämpft habe um eine neue Menschheit, gekämpft habe, damit die Menschen aufwachen aus ihrer Gleichgültigkeit. Man schließt mich aus, der sich *bemüht* hat, *die jungen Menschen zu erziehen, damit sie Kämpfer werden für den Geist der Gerechtigkeit und des Friedens und der Liebe.* Man schließt mich aus und damit auch alle diejenigen, die mit mir *geglaubt* haben, *daß man innerhalb der Kirche Gott dienen kann.*"[276]

Seine künftige Arbeit in der Kommunistischen Partei sah er so:

„Ich werde *keine neue Kirche gründen,* o nein, ich werde ganz *einfach den Kampf eines Kommunisten führen um die Befreiung der Brüder und Schwestern, die leiden.* Wenn man mich ausschließt, weil ich als Pfarrer durch die Zugehörigkeit zur Kommunistischen Partei so ungefähr gottlos geworden sei, wenn man mich ausschließt, und es als Gottlosigkeit empfindet, daß ich als Kommunist auf der Kanzel stehe, dann ist für mich das Wort Gott so mißbraucht, daß ich es gar nicht mehr in den Mund nehmen möchte. Ich werde, ganz ohne von diesen Dingen zu sprechen, in der Kommunistischen Partei meine Arbeit tun und kämpfen, und *ich bin überzeugt, daß ich damit vielleicht mehr Gottesdienst* – um das zu sagen – *tue, als wenn ich vielleicht weiter nur von Gott hätte reden können. . . .*
Nun stehe ich da, wo wirklich der Kampf geführt wird, zur Umgestaltung des gegenwärtigen Lebens. *Nun stehe ich da, wo wirklich versucht wird, den Mühseligen und Beladenen zu helfen,* wo eine Ordnung erkämpft werden soll, die den Hungernden Brot gibt, die den Kranken beisteht, wo eine Ordnung erkämpft werden wird, die besser ist als die, in der wir heute leben."[277]

Eckert schloß seine Rede mit den Sätzen:

„Sie müssen nicht denken, daß der Weg, den ich gegangen bin, einfach war und einfach sein wird. Aber ich freue mich auf diesen Weg,

[275] Ebd. S. 17 f.
[276] Ebd. S. 18.
[277] Ebd. S. 19.

freue mich, weil ich die Überzeugung habe, daß mein Leben nicht besser eingesetzt werden kann als bei den Kommunisten, als da, wo es sich darum handelt, den Massen zu helfen, die leiden, die Kinder zu sättigen, die hungern, die Frauen zu unterstützen, die krank sind, als da, wo es sich darum handelt, die Leidenden zum Licht, die Unterdrückten durch Kampf zum Sieg zu führen. *Mein Leben kann keinen besseren Inhalt haben als den, entschlossen mitten im Proletariat zu kämpfen um Freiheit und Sozialismus, um ein menschenwürdigeres Dasein, um Frieden und Gemeinschaft auf dieser Erde.*"[278]

An den ausgewählten Passagen aus Eckerts Rede kann das Verhältnis, in dem bei ihm Religion und Marxismus zueinander stehen, genauer bestimmt werden. Ausgangspunkt und Zentrum von Eckerts Verständnis des christlichen Glaubens war die Motivation, „den Mühseligen und Beladenen zu helfen", worin er die angemessenste Weise erblickte, „Gott zu dienen". Sein Ausgangspunkt war religiöser Art, aber die ethisch-humanistische Komponente stand von vornherein im Vordergrund.

Für ihn als Gemeindepfarrer in einem großstädtischen Industriezentrum (Mannheim) konkretisierten sich die „Mühseligen und Beladenen" in den ausgeplünderten, lohnabhängigen Massen. Deren elende soziale Lage resultierte, so erkannte er immer klarer, aus den kapitalistischen Ausbeutungsverhältnissen. Die Beseitigung dieser gesellschaftlichen Verhältnisse und ihre Ersetzung durch den Sozialismus kristallisierte sich ihm als die einzige wirkliche Hilfe für diejenigen heraus, deren soziales Elend ihn zum politischen Handeln veranlaßte. Die Erfahrungen im Zusammenhang der Klassenkämpfe der Weimarer Republik lehrten ihn, daß die Ausbeuter ihre gesellschaftliche Machtstellung nicht freiwillig räumen; daß grundlegende Veränderungen von der Arbeiterklasse selbst erkämpft werden müssen. Mit dieser Einsicht in die Notwendigkeit des – organisierten – Kampfes radikalisierte sich konsequenterweise seine politische Einstellung.

Eckert hatte, so sagte er, geglaubt, „innerhalb der Kirche Gott dienen" zu können. Der ins ‚Weltliche' übersetzte konkrete Inhalt, den Eckert auch unter Verwendung solcher religiösen Ausdrücke im Auge hatte, war die praktische Solidarität mit dem unterdrückten

[278] Ebd. S. 20.

Proletariat, die er auch in der Kirche hoffte üben zu können. Diese Hoffnung erwies sich ihm als trügerisch. In dem Maße, wie er erkennen mußte, daß die „kirchlichen Organisationen . . . die ganze Ideologie der bürgerlichen und kapitalistischen Gesellschaft in Schutz . . . nehmen gegen das vordrängende Proletariat"; daß sie also die Verhältnisse stützten, die die Ursache des Elends der arbeitenden Massen sind; daß sie nichts gegen den aufkommenden Faschismus taten, der u. a. auch mit dem Anspruch auftrat, „daß er im Namen Gottes die Welt vom Bolschewismus befreien müsse", – in demselben Maße begann Eckerts Lösung von der Kirche und seine Annäherung an kommunistische Positionen.

Aber auch nach seinem Eintritt in die KPD hatte er die religiöse Form der Motivierung seines politischen Engagements nicht gänzlich aufgegeben, wie die Passage in seiner Rede zeigte, in der er davon sprach, daß er, indem er „einfach den Kampf eines Kommunisten führen (werde) um die Befreiung der Brüder und Schwestern, die leiden", „mehr Gottesdienst" tue, als wenn er „weiter nur von Gott hätte reden können".

Wenn man unter Säkularisierung die Verdrängung der Religion bzw. der religiösen Bewußtseinsformen aus den verschiedenen Sphären der gesellschaftlichen Tätigkeit der Menschen versteht,[279] dann läßt sich am Beispiel der Entwicklung Eckerts dieser Prozeß in seiner Widerspiegelung in einer individuellen Lebensgeschichte studieren. Im Zusammenhang mit seiner Teilnahme an den konkreten Klassenkämpfen trat bei Eckert das religiöse Bewußtsein immer mehr zurück, ohne freilich völlig zu verschwinden. Die *Motivation* seines politischen Handelns drückte Eckert zwar bisweilen noch in religiösen Formen aus, der *Inhalt* aber wurde dadurch nicht mehr wesentlich berührt. Für die konkreten Analysen, Forderungen, Kämpfe verwandte er fast ausschließlich rein politische oder ökonomische Kategorien. Der *„proletarische Inhalt"* von Eckerts Sozialismusauffassung – so ließe sich Mehrings[280] Analyse des „christlichen Sozialismus" auf Eckert anwenden – ließ im Zuge seiner praktischen Teilnahme an den Klassenkämpfen der Weimarer Republik allmählich die *„religiöse Färbung"* verblassen.

[279] So Lewada II, S. 38. Cf. auch oben S. 39 f.
[280] Cf. oben S. 89.

Zusammenfassend kann man das Verhältnis von Religion und Marxismus bei Eckert mit seinen eigenen Worten charakterisieren als die Verbindung von „marxistischer Erkenntnis und heißem Glauben“: der „heiße Glaube“ ist dabei seine Motivation, „eine gerechte Ordnung aufzurichten“; die „marxistische Erkenntnis“ aber umfaßt die zur Erreichung dieses Ziels erforderlichen konkreten sozialen, ökonomischen und politischen Einsichten bis hin zu derjenigen, „daß nur in der kommunistischen Bewegung der ganzen Welt die Kräfte sich zusammenfinden, die einmal imstande sein werden, diese ganze heutige Unmöglichkeit hinwegzufegen“ und jene „gerechte Ordnung“ aufzurichten.[281]
Eckerts Weg „von der Kanzel zur Kommunistischen Partei“ ist die Konsequenz nicht abzusprechen. Gleichwohl war diese Konsequenz seines Weges, wie Balzer am Schluß seines Buches mit Recht betont, eine *individuelle*, keine allgemeine Lösung des sozialgeschichtlich und aktuell politisch zugrundeliegenden Problems einer „Annäherung der christlich denkenden Teile der Unter- und Mittelschichten an den realen Kampf um die Verwirklichung einer sozialen Demokratie“.[282]

3.3 *Versuche einer ‚religiösen Vertiefung‘ des Sozialismus (Tillich)*[283]

Hatten Eckert und ein großer Teil seiner Mitstreiter im ‚Bund‘ sich strikt geweigert, Marxismus und Religion miteinander zu verquik-

[281] Balzer hat Eckerts Stellung zwischen Religion und Marxismus so charakterisiert: Eckert bezog „in entscheidenden Fragen Positionen des wissenschaftlichen Sozialismus im engeren Sinne, ohne zugleich seine theoretische Fundierung im dialektischen und historischen Materialismus voll zu verstehen und zu akzeptieren. Indem er aktiv an den Klassenkämpfen der Weimarer Republik teilnahm, näherte er sich immer mehr dem Marxismus.“ Im Bundesorgan druckte er wiederholt Quellen marxistischer Theoretiker ab. „Eckerts Aneignung der Methoden der Analyse sozialer Probleme und der Ziele sozialer Bewegungen war aber nicht allein das Ergebnis des besseren Verstehens und des genaueren Studiums der marxistischen Tradition, sondern in erster Linie das Ergebnis seiner politischen Praxis im Prozeß der sich steigernden Widersprüche der kapitalistischen Gesellschaft. Dabei ist es höchst interessant zu verfolgen, daß seit 1929, parallel mit seinem politischen Engagement, sich eine Emanzipation von religiösen Kategorien vollzog.“ Balzer I, S. 87.
[282] Ebd. S. 275.
[283] Hier können wir uns kürzer fassen, da über Tillich bereits eine Reihe von Untersu-

ken, ja sogar den Begriff „Religiöser Sozialismus" abgelehnt,[284] so war das Charakteristische an PAUL TILLICH (1886–1965) und seinen Freunden wie EDUARD HEIMANN und CARL MENNICKE, daß hier der Versuch gemacht wurde, den Sozialismus religiös zu begründen bzw. zu ‚vertiefen'. Für diese Spielart, die auf Grund der herrschenden Theologie- und Kirchengeschichtsschreibung bislang vorwiegend das überlieferte Bild des „Religiösen Sozialismus" der Weimarer Republik geprägt hat, seien stellvertretend für viele einige Passagen aus Tillichs Aufsatz, „Klassenkampf und Religiöser Sozialismus" von 1930 zitiert:

„Religiöser Sozialismus ist der Versuch, den *Sozialismus religiös* zu *verstehen und* aus diesem Verständnis heraus zu *gestalten* und zugleich das religiöse Prinzip auf die soziale Wirklichkeit zu beziehen und in ihr zur Gestalt zu bringen."[285]

Entsprechend dem von Tillich programmatisch formulierten Ansatz, den Sozialismus religiös zu verstehen, werden aus soziologischen und ökonomischen Kategorien allgemein menschliche Grundbefindlichkeiten:

„Das *Proletariat* ist der Ort, an dem die *Bedrohtheit des menschlichen Seins* in der Gestalt unentrinnbarer gesellschaftlicher Bedrohtheit ständig erlebte Wirklichkeit ist."[286]

Richtige Einsichten über den Charakter des Klassenkampfes als einer mit der Struktur der kapitalistischen Gesellschaft notwendig verknüpften Realität, der man nicht mit moralischen Kategorien beikommen kann, verbinden sich bei Tillich mit Mystifizierungen dieser konkret historischen Realität zu einer ‚dämonischen':

„Die proletarische Situation ist wesensmäßig Situation des Klassenkampfes . . . Da der Klassenkampf eine mit der Struktur des Kapita-

chungen vorliegt. Cf. z. B. Breipohl, Oberdiek, Schwerdtfeger S. 168 ff. und die dort jeweils angeführte Literatur. – Über Mennicke cf. außerdem Ulrich S. 209 ff.; über Heimann cf. Breipohl S. 225 ff. und Karrenberg I, S. 637 ff.

[284] Eckert verneinte, daß es eine Theologie des „Religiösen Sozialismus" gebe. Cf. Balzer I, S. 66. Bei den theoretisierenden religiösen Sozialisten wie Tillich, gegen die er sich scharf abgrenzte, sah Eckert die Gefahr eines „religiösen Kathedersozialismus". Cf. ebd. S. 68.

[285] Tillich III, S. 27. – Hervorhebungen hier und in den folgenden Tillich-Zitaten vom Verf.

[286] Ebd. S. 36.

lismus gegebene Wirklichkeit ist, sind moralische Urteile über die im Klassenkampf Stehenden ein unverantwortliches oder böswilliges Anwenden von Maßstäben, die einer völlig anderen Sphäre entstammen. Gegenüber Wirklichkeiten wie dem Klassenkampf sind moralische Forderungen oder Wünsche etwa dahingehend, daß man auf ihn verzichten soll oder ihn mindern soll, lächerlich oder selber ein Kampfmittel im Klassenkampf. Man kann weder für noch gegen den *Klassenkampf* eintreten. Er ist eine Wirklichkeit, freilich eine *dämonische Wirklichkeit,* eine Wirklichkeit also, durch die jeder einzelne unvermeidlich gezwungen wird, an der zerstörerischen Tendenz des Systems teilzunehmen. Der religiöse Sozialismus hat den Klassenkampf in seiner Unentrinnbarkeit zu verstehen und seinen dämonischen Charakter zu offenbaren. Nicht kann es seine Aufgabe sein, einen Sozialismus ohne Klassenkampf zu fordern."[287]

Da das Proletariat nach Tillich gegen eine ‚dämonische' Wirklichkeit kämpft, erhält folglich sein Kampf religiösen Charakter. Die Schaffung dieses vermeintlich religiösen Bewußtseins beim Proletariat sei die historische Mission des Marxismus gewesen:

„. . . durch diesen Kampf erhält das *Proletariat* einen Lebenssinn. Es *fühlt sich als Träger des Kampfes um das Reich Gottes,* es fühlt eine Art messianischer Sendung für sich und für die ganze Gesellschaft . . . Die *Schaffung dieses Bewußtseins war* die *historische Aufgabe des Marxismus.* Der religiöse Sozialismus hat nicht die Aufgabe, den Marxismus abzulehnen, nicht einmal in seiner materialistisch-ökonomischen Form. Der Marxismus ist zuerst eine Wirklichkeit und dann erst ein Gedanke. Die Wirklichkeit des Marxismus ist die Tatsache, daß das Proletariat aus fast völligem Sinnverlust zu einem machtvollen Sinnbewußtsein durchgedrungen ist."[288]

Die idealistische Denkweise, die Tillichs religiöser Interpretation des Sozialismus zugrunde liegt, kommt auch in der Fortsetzung seines Gedankengangs zum Ausdruck:

„Selbstverständlich steht hinter dieser Wirklichkeit eine Idee . . .", deren entscheidender Hintergrund ein „religiöses Schicksalsbewußtsein" ist, ein „Bewußtsein um Getragenheit, um Getragenheit aus einem Unbedingten, Seins-Jenseitigen".[289] (Das „Seins-Jenseitige" ist bei Tillich eine Umschreibung für „Gott".)

Tillich fuhr fort:

[287] Ebd. S. 39 f.
[288] Ebd. S. 40 f.
[289] Ebd. S. 41.

,,Der Marxismus hat – auf die letzte Struktur gesehen – eine des kommenden Sieges gewisse eschatologische Gemeinde geschaffen."[290]

Mit dieser Identifizierung der sozialen mit einer religiösen Bewegung blieb Tillich, seinen ,Vertiefungsversuchen' zum Trotz, an die Oberfläche von Ähnlichkeiten in den Erscheinungsformen fixiert (z. B. ,Siegesgewißheit'), die schon Engels in seinem Vergleich des Urchristentums mit der modernen Arbeiterbewegung beschrieb,[291] aber im Unterschied zu Tillich die Vergleichbarkeit und zugleich die Unterschiedenheit beider sozialen Bewegungen aus dem ihnen zugrundeliegenden materiellen ,Sein' im Sinne konkreter, historisch-gesellschaftlicher Prozesse begriff und nicht idealistisch aus einem mysteriösen ,,Seins-Jenseitigen".[292] Im übrigen zeigte sich bei Tillich bereits die Tendenz zur Ausweitung des Religionsbegriffs, indem er z. B. ,,Sinn" als eine religiöse Kategorie verwendet, – eine Tendenz, die sich in der bürgerlichen Religionssoziologie der sechziger Jahre fortgesetzt hat.[293]

,,Den Sozialismus als religiöses Phänomen verstehen", so faßte Tillich zusammen, ,,heißt also sehen, daß in ihm die Bedrohtheit des menschlichen Seins bis hin zur dämonischen Besessenheit einer ganzen Gesellschaft offenbar wird und daß auf der anderen Seite Elemente eines neuen Sinnglaubens, einer neuen Getragenheit eschatologischen Charakters in Wirklichkeit und Symbol hervortreten."[294]

Da, wie Tillich zu Recht erkannte, dem Marxismus eine religiöse Sicht des Sozialismus fremd ist, habe hier der ,,Religiöse Sozialismus" seine genuine Aufgabe:

,,Ebenso aber gilt dem Sozialismus gegenüber, daß die *Linie nach vorn in Enttäuschung enden muß ohne die Linie nach oben.* Die Kritik des religiösen Sozialismus arbeitet ja gerade darauf hin, das utopische Element des Sozialismus zu überwinden, nicht zugunsten eines resignierten Fortschrittsdenkens, sondern zugunsten einer Aufnahme der Linie nach oben in die Linie nach vorn. Der Sozialismus muß erkennen, daß in der Sphäre des Menschlichen Sinnerfüllung

[290] Ebd.
[291] Cf. oben S. 24.
[292] Cf. dazu auch oben S. 24, Anm. 41.
[293] Cf. dazu oben S. 50 ff.
[294] Tillich III, S. 42.

des Menschlichen nicht möglich ist. Sinnerfüllung ist nur gegeben als jeweiliges Hereinbrechen des Seins-Jenseits in das Widerspiel von Sein und Freiheit."[295]

Wenn der Sozialismus nur ‚tief' genug verstanden werde – worin das Spezifikum des „Religiösen Sozialismus" bestehe – dann werde seine letztendliche Einheit mit der Religion offenbar:

„Im Gegensatz zur Utopie und im Gegensatz zu der ausschließlich nach oben gerichteten Frömmigkeit hat der religiöse Sozialismus die Aufgabe, die Sache ‚*Religion*' und die Sache ‚*Sozialismus*' in einer solchen *Tiefe* zu zeigen, daß *ihre Einheit* offenbar wird, und darum ist seine Haltung die der reinen oder gläubigen Sachlichkeit."[296]

Beschränkten sich die Vorbehalte Eckerts gegenüber dem Marxismus auf dessen Ablehnung der Religion, ohne dabei im geringsten die Verwendung der Marxschen Theorie als eine Methode der Gesellschaftsanalyse und einen Leitfaden für den praktischen Klassenkampf zu beeinträchtigen, so wurden bei Tillich alle Teile des Marxismus theologisiert und religiös uminterpretiert. Sein ‚geläuterter' Sozialismus hat mit Marxismus nichts mehr zu tun. Die terminologische Beibehaltung von Begriffen wie ‚Proletariat' oder ‚Klassenkampf' kann nicht darüber hinwegtäuschen, daß sie durch ihre mystifizierende Interpretation mittels einer ‚Ursprungsphilosophie' ihrer konkreten sozialen Gehalte entkleidet sind, wie überhaupt für Tillich generalisierende, von konkreten Inhalten abstrahierende Aussagen durchgängig charakteristisch sind.[297]

Wie wenig Tillich den Marxismus als eine auf konkrete Praxis bezogene Theorie wirklich begriffen und rezipiert hatte, zeigte seine Hal-

[295] Ebd. S. 45 f.
[296] Ebd. S. 46.
[297] Den Nachweis der Unvereinbarkeit des auf bestimmten ontologischen Voraussetzungen beruhenden Tillichschen Denkens mit dem Marxismus führte Schwerdtfeger in seiner Dissertation. Cf. vor allem Teil IV seiner Arbeit: „Marxismusdeutung und Geschichtsauffassung", S. 202–240, sowie den Schluß S. 263–268. Nach Schwerdtfeger läuft Tillichs Kritik am Marxismus darauf hinaus, daß dessen Position nicht mit dem christlichen Menschenbild übereinstimmt. (S. 265) Schwerdtfeger urteilte über Tillichs Denksystem: „Die Entfaltung der These (scil. Tillichs), daß geschichtliche Wirklichkeit und entfremdete Wirklichkeit identisch sind, in Form eines theologischen Systems, bezeichnet freilich nur die Ohnmacht des Systems und keine für die gesellschaftliche Praxis und ihre kritische Reflexion relevante Erkenntnis." (S. 267 f.) – Cf. auch Winter I und II über kleinbürgerliche Züge in Tillichs Theorien.

tung gegenüber der in der damaligen politischen Situation zentralen Frage der Einschätzung und Bekämpfung des Faschismus. Im Unterschied etwa zu Eckert hatte er die faschistische Gefahr erst relativ spät erkannt.[298] Bei der konkreten Analyse des Faschismus erwies sich Tillichs Kategorieninstrumentarium eines ,,Religiösen Sozialismus" als stumpf; den sozialökonomischen Kern der faschistischen Bewegung vermochte er nicht zu begreifen. In idealistischer Weise erblickte er, fixiert auf das Erscheinungsbild, im Nationalsozialismus primär eine politische Romantik und als solche ,,eine politische Grundhaltung, ja eine menschliche Möglichkeit überhaupt".[299] Es ist von hierher verständlich, daß die vom Tillich-Kreis herausgegebenen ,,Neuen Blätter für den Sozialismus" die Bildung einer sozialistischen Einheitsfront gegen den Faschismus ablehnten.[300]
Tillich hatte den Marxismus weder theoretisch noch praktisch rezipiert. Die Begriffe seines religiös-philosophischen Sozialismusverständnisses erwiesen sich als untauglich, konkrete soziale und politische Prozesse zu erfassen. Daß sein Verhältnis zur Praxis sich grundlegend von dem eines Marxisten unterschied, bestätigte er selbst:

,,Von politischer Praxis blieb ich selbst fern . . . Ich lehnte die Beteiligung nicht ab, wo bestimmte Aufgaben an mich herantraten. Aber ich suchte sie nicht auf – . . . vielleicht zum Schaden einer Theorie, die einem politischen Ziel dienen und der Bewegung einer politischen Gruppe begrifflichen Ausdruck geben sollte."[301]

Die weitere Entwicklung Tillichs kann hier nicht mehr berücksichtigt werden. In den Jahren seiner Emigration in den USA wurde er aber immer mehr zu einem scharfen Verfechter des Antikommunismus.
Trotz dieser notwendigen Kritik an Tillich würde man ihm histo-

[298] Cf. den Hinweis von Kretzler in Tillich III, S. 83 sowie Dehn, S. 239, der von einer Zusammenkunft um die Jahreswende von 1932/33 berichtete, bei der Tillich geistvoll sein Verständnis des Sozialismus vorgetragen habe, ohne auch nur mit einem Wort auf die gefährliche innenpolitische Lage einzugehen, ,,denn der Nationalsozialismus stand vor der Tür. Diese Bewegung schien für ihn (scil. Tillich) gar nicht zu existieren."

[299] Tillich III, S. 85.

[300] Cf. Breipohl, S. 219, Anm. 172.

[301] Tillich III, S. 16 f. – Als Tillich 1933 aus der SPD austrat – noch bevor die Nationalsozialisten das Verbot der Partei verfügten, begründete er Karl Barth gegenüber in einem Brief seinen Schritt damit, daß es ihm allein auf einen ‚inneren' Überzeugungssozialismus ohne organisatorische Bindung ankomme. Cf. Kupisch VI, S. 398.

risch nicht gerecht, wollte man seine in der damaligen kirchlichen und politischen Gesamtsituation partiell progressiven Ansätze leugnen. Durch sein – wenn auch ambivalentes – Eintreten für den Sozialismus befand er sich im Gegensatz zur übergroßen Majorität innerhalb der damals extrem rechts stehenden evangelischen Kirche. Seine progressive Kritik am Protestantismus der Weimarer Republik und an dessen politischer Haltung richtete sich gegen folgende Punkte, die nach einer Zusammenstellung von Schwerdtfeger wiedergegeben werden:

„1. Das antirevolutionäre Dogma des Luthertums und seine biblische Begründung werden abgelehnt. (12)
2. Die gesellschaftliche Gebundenheit des Protestantismus an bestimmte Sozialschichten – vor allem die Mittelschichten und Teile des Adels – wird immer wieder hervorgehoben und kritisiert. (13)
3. Die Ideologisierbarkeit des Protestantismus und bestimmte ideologische Formen des lutherischen und des calvinistischen Christentums werden skizziert und kritisiert. (14)
4. Die politische Abstinenz und formelle Neutralität der protestantischen Kirchen und Gruppen wird auch dort, wo sie subjektiv ernst gemeint ist, abgelehnt, weil sie faktisch der herrschenden Klasse und der Stabilisierung des Bestehenden dient."[302] (15)

In dieser Kritik an der damaligen evangelischen Kirche waren sich die verschiedenen religiös-sozialistischen Strömungen im großen und ganzen einig.

3.4 *Die religiös-sozialistische Bewegung und die Amtskriche*

Die religiös-sozialistische Bewegung der Weimarer Republik war in sich eine ambivalente Erscheinung, die nicht ohne weiteres unter einer einheitlichen Bestimmung begriffen werden kann. Die mehr oder weniger ausdrückliche Zielsetzung von Männern wie Tillich,

[302] Schwerdtfeger S. 6. Die Zahlen in Klammern weisen auf die ebd. S. 270 aufgeführten Belegstellen, wobei ‚GW' für ‚Gesammelte Werke' steht:
12. GW II, 170, 18; X, 135 f.
13. GW II, 14, 138, 255; VII, 84, 102.
14. GW II, 215 f.; VI, 118; IX, 197.
15. GW II, 189 f., 255 f.; dazu auch Tillichs Kritik an der Haltung Barths GW VII, 261, 31 f.

Heimann oder Mennicke und des nach dem Ausscheiden Eckerts bestimmend gewordenen rechten Flügels im ,Bund' war vor allem durch den Versuch bestimmt, den fortgesetzten Prozeß der Entkirchlichung immer größerer Teile der Arbeiterklasse zu stoppen und diese dadurch wieder für das Christentum zu gewinnen, daß man einerseits die Kirche von ihrer ausschließlichen Bindung an die feudalen und bürgerlichen Klassen lösen wollte, andererseits sich darum bemühte, den Sozialismus der Sozialdemokratie vom Marxismus zu ,reinigen', um einen so religiös ,korrigierten' bzw. ,vertieften' Sozialismus auch für die Kirche akzeptabel zu machen. Dieser Teil der religiös-sozialistischen Bewegung verstand sich als zwischen den Fronten stehend und einen neuen ,dritten Weg' suchend. Im Gegensatz dazu begriff sich der linke Flügel des ,Bundes' um Eckert, Fuchs, Dietz u. a. als „Vorkämpfer des revolutionären Proletariats auf dem Gebiet des religiösen und kirchlichen Lebens".[303] Diese Gruppe wollte die Institution Kirche, die sie in ihrer bestehenden Gestalt als Instrument der herrschenden Klassen zur Unterdrükkung der revolutionären Kräfte einschätzte,[304] eben jenen herrschenden Klassen entreißen, und zwar auf dem Wege einer Mobilisierung der arbeitenden Massen gegen die offizielle Kirche, aber innerhalb der Kirche. Die Eroberung der Macht in den christlichen Kirchen sollte über das nach der Novemberrevolution in der evangelischen Kirche neu eingeführte, aus dem Parlamentarismus der bürgerlichen Demokratie übernommene Instrument des allgemeinen Wahlrechts vollzogen werden.[305]

Die religiösen Sozialisten haben ihre Ziele nicht erreicht.[306] Weder

303 Eckert III, S. 3.

304 „Die christlichen Kirchen dulden den widerchristlichen Kapitalismus, der zu Imperialismus und Nationalismus führt, ohne dagegen ernsthaft Front zu machen, ja sie stellen sich durch direkte und indirekte Angriffe auf die proletarischen Kampforganisationen und durch Inschutznahme des Besitzes in den Dienst der reaktionären Bourgeoisie und deren Helfershelfer. Sie wollen die revolutionären Kräfte niederhalten." Ebd. S. 5.

305 Ebd. S. 12.

306 Nach seinem Ausscheiden aus dem ,Bund', in dem sich der rechte Flügel durchgesetzt hatte, der zu einem kompromißlosen Kampf gegen den Faschismus innerhalb und außerhalb der Kirche nicht bereit war, kritisierte Eckert den ,Bund' als eine „Hilfsorganisation des Revisionismus". Cf. Balzer I, S. 99. Der ,Bund', der nun eher eine Hemmung für den revolutionären Klassenkampf als eine Hilfe zur Vorbereitung des Sozialismus sei, erwecke die gefährliche Illusion, als könne man von den Kirchen irgend etwas im Kampf des Proletariats um seine Befreiung erwarten. Cf. ebd. S. 100.

gelang es ihnen, nennenswerte Teile der Arbeiterschaft für das Christentum zurückzugewinnen bzw. für den innerkirchlichen Kampf gegen die bestehende Kirche zu mobilisieren – sie hatten das Ausmaß der faktischen Entkirchlichung des Proletariats unterschätzt; noch vermochten sie sich in den Landeskirchen durchzusetzen – sie hatten ebenso die Macht der in den Kirchenleitungen vertretenen herrschenden Klassen unterschätzt.[307]

Innerhalb des deutschen Protestantismus blieben die religiösen Sozialisten auch dort, wo sie gewisse Teile der noch kirchlich gebundenen Werktätigen mobilisieren konnten, eine Minderheit. Die überwältigende Mehrheit des deutschen Protestantismus war bestimmt durch monarchistische, nationalistische und bürgerlich-kleinbürgerliche Traditionen.[308] Die sozialdemokratische Partei – ganz zu schweigen von den Kommunisten – wurde scharf abgelehnt.[309] Die politische Heimat der kirchlichen Kreise war die DNVP als Sammelbecken der Rechten.[310]

Die Gründe für die entschiedene Ablehnung sozialistischer oder gar marxistischer Positionen, die nach 1918 eher noch stärker war als zur Zeit des Kaiserreichs, und für die Orientierung der überwältigenden Mehrheit innerhalb der Amtskirche auf die politische Rechte[311] las-

[307] Zur Ablehnung der religiösen Sozialisten durch die Amtskirche cf. z. B. Deresch II, S. 10.

[308] Die auch nach 1918 im offiziellen Protestantismus ungebrochene konservativ-monarchistische Tradition zeigt ein Ausschnitt aus der Ansprache des Vorsitzenden des ersten Deutschen Kirchentages in Dresden vom September 1919: „. . . Die Herrlichkeit des deutschen Kaiserreichs, der Traum unserer Väter, der Stolz jedes Deutschen ist dahin. Mit ihr der hohe Träger der deutschen Macht, der Herrscher und das Herrscherhaus, das wir als Bannerträger deutscher Größe so innig liebten und verehrten . . . In diesen Zusammenbruch ist die evangelische Kirche der deutschen Reformation tief hineingezogen. In den evangelischen Kirchen unseres Vaterlandes bestanden seit den Tagen der Reformation die engsten Zusammenhänge mit den öffentlichen Gewalten des Staates. Wir können nicht anders als hier feierlich es bezeugen, welcher reiche Segen von den bisherigen engen Zusammenhängen von Staat und Kirche auf beide – auf den Staat und die Kirche – und durch beide auf Volk und Vaterland ausgegangen ist. Und wir können weiter nicht anders, als in tiefem Schmerz feierlich bezeugen, wie die Kirchen unseres Vaterlandes ihren fürstlichen Schirmherren, mit ihren Geschlechtern vielfach durch eine vielhundertjährige Geschichte verwachsen, tiefen Dank schulden, und wie dieser tiefempfundene Dank im evangelischen Volke unvergeßlich fortleben wird . . ." Zit. nach Kupisch III, S. 147.

[309] Cf. z. B. Kupisch VI, S. 377 f.

[310] Cf. dazu Dahm, S. 147 ff.

[311] Als Beispiel für den damals unter Pastoren verbreiteten Antimarxismus, der sich mit

sen sich durch eine soziologische Analyse verständlich machen.[312] Sieht man sich zunächst einmal die ‚Funktionärsbasis' der evangelischen Amtskirche an, die Pfarrerschaft, die nach Dahm[313] in der Weimarer Republik zu 80% national-konservativ eingestellt war, während nur etwa 5–8% eine religiös-sozialistische Position vertraten, so sind die Ursachen für diesen Befund in der sozialen Lage dieser Berufsgruppe zu suchen. Von entscheidender Bedeutung dürfte es gewesen sein, daß die tiefgreifende Verunsicherung in der gesellschaftlichen Position des Pfarrers im Zusammenhang mit dem fortschreitenden Säkularisierungsprozeß erstmals nach 1918 in ihrem vollen Ausmaß deutlich wurde. Schon ein Blick auf folgende Zahlen veranschaulicht den enormen sozialen Funktionsverlust des Theologen innerhalb eines Jahrhunderts: Um 1850 waren mehr als ein Drittel aller deutschen Akademiker evangelische Theologen (die katholischen gar nicht eingerechnet!). Ein halbes Jahrhundert später, um 1910, waren es nur noch ca. 10% und um 1950 keine 3% mehr.[314] Das Anwachsen der absoluten Zahl an Akademikern führte zu einem Verlust des weitgehenden Bildungsmonopols des Pfarrers. Er verlor seine Funktion im Erziehungs- und Verwaltungswesen.[315] Dahm kommt zu dem Resümee: Die frühere „Zentralposition des Pfarrers in der Gesellschaft ist unwiderruflich dahin".[316]

Der mit den sozialökonomischen Veränderungen seit dem Einsetzen der Industrialisierung begonnene zunehmende gesellschaftliche Funktionsverlust des Pfarrers war durch das Bündnis von „Thron und Altar" mehr oder weniger verdeckt bzw. kompensiert worden,

der Option für die extreme politische Rechte verband, cf. etwa den Wahlaufruf eines Pfarrers Probst aus Frankfurt am Main: „Ich war von jeher ein entschiedener Gegner des Marxismus. Ich halte ihn für das satanische Zerrbild der Erlösung der Menschen, von den bösen Geistern ersonnen, um Christus aus den Herzen der Menschen zu reissen . . ." – Weil es diesem Pfarrer Probst „heilig ernst" war um seines „Volkes zeitliches und ewiges Heil", rief er seine christlichen Mitbürger am Ende seiner Wahlbetrachtung auf, einen der beiden „Männer der Zukunft", nämlich Hitler oder Hugenberg, zu wählen. Zit. nach SAV 1930, Nr. 42, S. 332.

312 Zum folgenden cf. Dahm, S. 50 ff.

313 Ebd. S. 25.

314 Cf. dazu ebd. S. 51.

315 Zu erinnern ist hier daran, was Tenbruck über den allgemeinen Funktionsverlust der Kirche schrieb. Cf. oben S. 36 Anm. 65.

316 Dahm, S. 56.

da dieses Bündnis Prestige und Einfluß des Pfarrers einigermaßen wirksam zu sichern schien. ,,Mit dem Zusammenbruch des kaiserlichen Deutschlands im Jahre 1918", schreibt Dahm, ,,war diese Sicherung weggefallen. Die schützende, aber auch gefährlich isolierende Decke der staatlich-kirchlichen Konvention über die gesellschaftliche Führungsstellung des Pfarrerstandes war weggerissen."[317] Der Wegfall dieser Sicherung betraf nicht nur das Sozialprestige des Pfarrerberufs, sondern unmittelbar seine ökonomischen Interessen. Dahm schreibt:

1918 ,,hatte mit der Abdankung und dem Verschwinden der fürstlichen Inhaber des Summepiskopates das Gerüst der staatskirchlichen Organisation plötzlich seine Tragfähigkeit verloren. Es brach zusammen . . . Schon die ersten Auswirkungen dieses Zusammenbruchs aber berührten einen Nerv, der bei Pfarrern ebenso sensibel reagiert wie anderswo: den Nerv der ökonomischen Sicherheit, das geregelte Einkommen der Pfarrer."[318]

Die Gerüchte von kirchenfeindlichen Plänen der Revolutionsregierung, von der man die Einstellung der staatlichen Zuschüsse zur Pfarrerbesoldung, der Kirchensteuer, die Einziehung des Kirchenvermögens befürchtete, führten zu tiefer Beunruhigung. Nach Dahm war es

,,für die soziale Mentalität der Pfarrer von kaum zu überschätzender Bedeutung, daß der erste tiefe Eindruck von der Revolution und allem, was mit ihr zusammenhing, das Gefühl akuter Gefährdung der materiellen Sicherheit ihres Standes auslöste."[319]

Ausschlaggebend für die nationalistisch-konservative politische Orientierung der übergroßen Mehrheit der evangelischen Pfarrer während der Weimarer Republik dürfte jener ‚Schock' im Zusammenhang mit den Ereignissen von 1918/19 und der folgenden Jahre gewesen sein in Verbindung mit der tiefgreifenden Verunsicherung in der sozialen Stellung der zu über 60 % den akademischen Mittelschichten entstammenden Pfarrer.[320] Diese soziale Verunsicherung

317 Ebd.

318 Ebd. S. 58 f.

319 Ebd. S. 59.

320 Cf. die Angaben im ,,Kirchlichen Jahrbuch" von 1930 nach Balzer I, S. 31. – Über die Klassenbindung der Pfarrer cf. auch Emil Fuchs, ,,Kirche und gesellschaftliche Neugestaltung", in: Sozialistische Monatshefte, Juni 1926; zit. nach SAV 1926, Nr. 26, S. 188.

näherte sie objektiv der Lage des deklassierten Kleinbürgertums an, das in seiner Orientierung nach rückwärts auf die ‚gute alte Zeit' seine soziale Zukunft in der Vergangenheit und bei den gesellschaftlichen Mächten dieser ‚Vergangenheit' suchte.

Was nun die Furcht innerhalb der Amtskirche vor einschneidenden, auch die Kirche betreffenden gesellschaftlichen Veränderungen durch eine sozialdemokratische Regierung betraf, so war sie – wie sich bald herausstellte – unbegründet. Zwar wurde 1918 formell die Verbindung von Kirche und Staat gelöst. Aber im selben Maße, wie es der Konterrevolution, unterstützt durch die Führung der SPD, gelang, die soziale Umwälzung zu verhindern, im selben Maße schwand auch die ‚Gefahr', daß die Privilegien der Kirchen ernsthaft angetastet würden. Die Verbindung der Kirchen mit den alten Klassen – Großagrarier, Militäradel und Großbourgeoisie –, welche die soziale Macht bald wieder fest in den Händen hielten, blieb auch während der Weimarer Zeit erhalten.

Sieht man sich die soziale Zusammensetzung der Kirchenleitungen und Synoden an, dann findet man fast ausnahmslos Repräsentanten dieser Klassen, während die Arbeiter, Bauern, Angestellten und kleinen Beamten fehlen.[321] Dasselbe feudal-großbürgerliche Bild zeigt eine Untersuchung der sozialen Zusammensetzung der Abgeordneten des Deutschen Evangelischen Kirchentags.[322]

Während die Führung des deutschen Protestantismus feudal-großbürgerlicher Herkunft war, rekrutierte sich die Basis der Kirche, das sogenannte Kirchenvolk, überwiegend aus kleinbürgerlichen Schichten.[323] Demgegenüber wies z. B. der ‚Bund' eine für die evangelische Kirche untypische Überrepräsentanz proletarischer Anhänger auf, freilich vor allem aus agrarisch-kleinstädtischen Regionen.[324]

[321] Cf. Balzer I, S. 32 ff.

[322] Cf. ebd. S. 36 ff. Symptomatisch für die zunehmende Entwicklung nach rechts in der evangelischen Kirche gegen Ende der Weimarer Republik war der 1930 vollzogene Wechsel im Amt des Präsidenten des Deutschen Evangelischen Kirchentags: der bisherige Kirchentagspräsident D. Wilhelm Freiherr von Pechmann, Direktor der bayerischen Handelsbank und Geheimer Hofrat, wurde abgelöst durch den ausgesprochenen Reaktionär Graf Vitzthum von Eckstädt, seines Zeichens Generalleutnant a. D.

[323] Cf. das oben S. 109, Anm. 261 abgedruckte Zitat von Eckert und die Äußerung von Pfarrer Kappes, abgedruckt bei Balzer I, S. 125.

[324] Cf. Balzer I, S. 39 ff.

Angesichts des soziologischen Befundes bezüglich Pfarrerschaft und Führung der evangelischen Kirche, die in der Hand von Repräsentanten der herrschenden Klassen lag, gestützt innerhalb des Kirchenvolkes vom Kleinbürgertum, verwundert es nicht, daß der Sozialismus scharf abgelehnt und konsequent bekämpft wurde, während gleichzeitig für den Faschismus ungehindert Propaganda gemacht werden konnte.[325]

3.5 *Fazit*

Bei aller Zwiespältigkeit der religiös-sozialistischen Bewegung bleibt festzuhalten, daß hier zum erstenmal im deutschen Protestantismus bei breiteren Kreisen ein Durchbruch zu sozialistischen und z. T. sogar marxistischen Positionen zu verzeichnen ist. Die Auseinandersetzung mit dem Marxismus reichte freilich von dezidierter Ablehnung bis hin zur nahezu vollständigen sowohl theoretischen wie praktischen Rezeption. Die bewußte Übernahme marxistischer Positionen mit praktisch-politischen Konsequenzen blieb auch unter den religiösen Sozialisten die große Ausnahme. Die Tatsache aber, daß sie möglich geworden war, weist auf den Beginn eines Veränderungsprozesses in der sozialen Basis des deutschen Protestantismus, eines Prozesses, der allgemeinere, tiefgreifende Veränderungen im sozialen Gefüge der monopolkapitalistischen Gesellschaft der zwanziger und dreißiger Jahre reflektierte und dessen erste Vorboten sich bereits um die Jahrhundertwende mit dem Übergang des deutschen Kapitalismus in sein imperialistisches Stadium angekündigt hatten.

[325] Die Parteilichkeit der Kirchenoberen für die Nazis zeigte sich z. B. darin, daß Ekkert wegen seines praktischen Kampfs gegen die Faschisten sich wiederholt disziplinarische Maßnahmen der Kirchenleitung wie Redeverbot oder gar Suspendierung vom Amt einhandelte, während andererseits die Abhaltung von feierlichen SA-Gottesdiensten geduldet wurde. Cf. hierzu Balzer I, S. 90 ff. In der gleichen Zeit, schrieb Eckert in der Mannheimer Arbeiterzeitung vom 12. 12. 1931 (zit. nach Balzer I, S. 100), in der die Kirche ihn wegen seines Übertritts zur KPD entlasse, „duldet sie nationalsozialistische Geistliche in ihrem Pfarrdienst, . . . die ungehindert für den Faschismus agitieren und organisieren". Cf. auch den oben S. 126, Anm. 311 zitierten Wahlaufruf eines Frankfurter Pfarrers.

Hierin vor allem liegt die über den Bereich der Kirche hinausgehende allgemeine sozialgeschichtliche Bedeutung von einzelnen religiösen Sozialisten wie Eckert, die im Zuge der sich krisenhaft zuspitzenden historischen Entwicklung der Weimarer Republik zu theoretisch klareren, eben deshalb auch radikaleren marxistischen Positionen gelangten und diese Einsichten im entschlossenen Kampf gegen den Faschismus und seine gesellschaftlichen Wurzeln in den kapitalistischen Produktionsverhältnissen praktisch bewährten.

Die ‚Praxisprobe' haben viele andere religiöse Sozialisten wie der Kreis um Tillich nicht oder nur sehr bedingt bestanden. Ihr vor allem theoretisches Interesse war gerichtet auf religiöse und ethische ‚Korrekturen' und Uminterpretationen des Sozialismus durch Eliminierung seiner marxistischen Grundlagen.

Aber selbst diese Gruppierung der religiösen Sozialisten vertrat noch eine vergleichsweise fortschrittliche Position, sieht man sie im Zusammenhang der kirchenpolitischen Gesamtsituation jener Jahre, die von den reaktionären Kräften geprägt wurde. Das Bild der Auseinandersetzung mit dem Marxismus innerhalb des offiziellen Protestantismus der Weimarer Republik war durch einen militanten Antikommunismus und Antisozialismus bestimmt.[326]

Der partielle, auf die kleine Minderheit der religiösen Sozialisten beschränkte ‚sozialistische Durchbruch' im deutschen Protestantismus fand unter dem Faschismus sein vorläufiges Ende. Während der nationalsozialistischen Ära war eine öffentliche Auseinandersetzung mit dem Marxismus, die über grobe antibolschewistische Propaganda und Verteufelung hinausging, nicht denkbar.[327] Für diese Zeit

[326] Cf. etwa die „Deutschnationalen Flugschriften" (z. B. Veidt I oder von Tiling); die Veröffentlichungen des „Christlich-Sozialen Volksdienstes" (z. B. Veidt II); die Schriften von Althaus, Brunstäd, von Dryander, Grunz, Rudolph u. a.; zum ganzen Karrenberg I, S. 624–633. – Im liberalen Lager wurde die Auseinandersetzung über den „Religiösen Sozialismus" und den Marxismus unter anderem in der Zeitschrift „Christliche Welt" geführt; beteiligt waren dabei Männer wie E. Cahn, Th. Siegfried, K. Leese oder W. Müller-Lörrach; cf. Breipohl S. 9, Anm. 2.

[327] Ein Beispiel dafür, wie der deutsche Faschismus von Repräsentanten der evangelischen Kirche als Retter vor dem ‚Bolschewismus' begrüßt wurde, bietet die Ansprache eines Synodalpräsidenten vor der Landessynode zu Beginn des Jahres 1934: „Wir danken es dem Führer Adolf Hitler, daß durch sein Werk auch unsere Kirche vor dem Untergang durch den Bolschewismus gerettet worden ist und ihr die Möglichkeit einer aufbauenden Arbeit im Dienste des deutschen Volkes gegeben wurde." (Verhandlungen der Landessynode der Vereinigten Protestantisch-Evangelisch-Christlichen Kirche der

ist denn auch über den gemeinsamen antifaschistischen Kampf von Kommunisten und Christen im Untergrund hinaus keine öffentlich dokumentierte Marxismusrezeption in der evangelischen Kirche zu erwarten.[328]

4 Die Periode der Restauration in Westdeutschland 1945–1948[329]

Zum zweitenmal innerhalb eines halben Jahrhunderts hatte der deutsche Imperialismus, diesmal in seiner faschistischen Gestalt, die Welt in einen Krieg gestürzt, dessen Barbarei und Zerstörung die des 1. Weltkrieges noch in den Schatten stellte. Unter dem noch frischen Eindruck der Grauen des 2. Weltkrieges und der Schreckensherrschaft, die der Nationalsozialismus in Deutschland und in den von ihm besetzten Gebieten ausgeübt hatte und deren ganzes Ausmaß nach Kriegsende sichtbar wurde, war bei Millionen die Erinnerung daran lebendig, welchen entscheidenden Anteil am Entstehen des Faschismus die herrschenden Klassen – Großbourgeoisie, Junker, Generalität und höheres Beamtentum – gehabt hatten. Die weitverbreitete Einsicht in die Zusammenhänge zwischen monopolkapitali-

Pfalz in den Jahren 1930–1944, Grünstadt, o. J.; zit. nach Werner II, S. 1207 f. – ,,Die Angst vor dem ‚Bolschewismus', den man – bewußt oder unbewußt – mit dem Bösen schlechthin gleichsetzte", so schreibt der evangelische Pfarrer Werner (ebd. S. 1208), ,,verschloß die Augen vor der nazistischen Ideologie der Unmenschlichkeit."

[328] Diese Zusammenarbeit von Christen und Kommunisten war freilich äußerst beschränkt. So fanden die Aufrufe der KPD z. B. von der ,,Brüsseler Konferenz" (1935) an die Christen ebenso wenig Resonanz wie die Appelle des unter dem Vorsitz Heinrich Manns gebildeten ,,Komitees zur Gründung einer deutschen Volksfront". Gewisse Ansätze zu der von der KPD angestrebten, auch Christen umfassenden ,,Einheit des antifaschistischen Kampfes" scheint es erst im 1943 gegründeten ,,Nationalkomitee Freies Deutschland" gegeben zu haben, das im Juni 1944 einen ,,Arbeitskreis für kirchliche Fragen" bildete. Cf. hierzu Werner II, S. 1208 f. – Auf die in der Zeit des Faschismus beginnende Differenzierung innerhalb der evangelischen Amtskirche – vor allem innerhalb der Bekennenden Kirche – kann hier nicht eingegangen werden, wiewohl diese Vorgänge für das Verständnis der innerkirchlichen Situation nach 1945 von Bedeutung sind.

[329] Cf. hierzu Badstübner I, besonders S. 22–36 sowie Huster u. a., passim.

stischen Produktionsverhältnissen und imperialistisch-faschistischer Herrschaft war die Ursache dafür, daß der allgemeine Ruf nach Bestrafung der Kriegsverbrecher vielfach mit der Forderung verknüpft war, die kapitalistischen Wurzeln der erlebten Barbarei zu beseitigen und die antifaschistische Neuordnung Deutschlands mit sozialistischen Maßnahmen zu verbinden.
Eine breite Diskussion über einen sozialistischen Neuanfang setzte ein. Während aber in der sowjetischen Besatzungszone schon bald praktische Schritte zu einer Umgestaltung der sozialökonomischen Grundlagen eingeleitet wurden, die den Weg zum Aufbau einer sozialistischen Gesellschaft öffneten,[330] stellte sich in den übrigen Zonen mit der Zeit heraus, daß die westlichen Besatzungsmächte – zunehmend im Verein mit der deutschen Großbourgeoisie – ein sozialistisches Deutschland unter allen Umständen zu verhindern gewillt waren.[331] Zwar mußten in der Anfangszeit zumindest verbale Konzessionen an die antikapitalistische Grundstimmung der breiten Massen gemacht werden, indem z. B. selbst im 1947 beschlossenen Ahlener Programm der CDU, der Partei des sich wieder formierenden Großkapitals, einige Sozialisierungsforderungen aufgenommen wurden. Zugleich aber wurden in der allgemeinen politischen Debatte um eine antifaschistisch-demokratische Neuordnung mit sozialistischer Perspektive diejenigen Kräfte gefördert, die einen nichtmarxistischen Sozialismus vertraten.[332] Hierbei boten sich zum einen die reformistischen Arbeiterführer an, die mit der Parole des ‚demokratischen Sozialismus' einen dezidierten Antikommunismus

[330] Die Frage, ob 1945 der Sozialismus unmittelbar auf der Tagesordnung stand oder zunächst ‚nur' eine antifaschistisch-demokratische Neuordnung, kann hier nicht erörtert werden.

[331] Das zeigten z. B. die Aufhebung von Sozialisierungsbeschlüssen der Landesparlamente sowie die Behinderung der aktiven, vor allem kommunistischen Antifaschisten und die Begünstigung von reformistischen Arbeiterführern. Cf. dazu Benser u. a., S. 391 ff.

[332] Die Sozialismusdiskussion wurde u. a. geführt in Zeitschriften wie z. B. „Der Ruf", „Das Sozialistische Jahrhundert", „Hamburger Akademische Rundschau" oder den katholischen „Frankfurter Heften". Es ist bezeichnend, daß diese Zeitschriften alle – mit Ausnahme der „Frankfurter Hefte" – um das Jahr 1948, dem vollen Einsetzen des Kalten Krieges, eingestellt wurden, nachdem bereits vorher die marxistischen Vertreter in ihnen immer weniger zu Wort gekommen waren. – Cf. zur Sozialismusdiskussion in der Nachkriegszeit auch Abendroth I.

verbanden; zum anderen kirchliche Vertreter eines ‚christlichen Sozialismus'.
Wenn in den Anfangsjahren auch entschiedene Marxisten zu Wort kamen, so setzten sich doch entsprechend den realen gesellschaftlichen Kräfteverhältnissen in den westlichen Besatzungszonen die Verfechter eines nichtmarxistischen Sozialismus durch. Für die erfolgreiche Zurückdrängung der marxistisch-kommunistischen Variante waren außer den realen Kräfteverhältnissen, für welche die allmähliche Restauration des Kapitalismus bestimmend war, auch der Umstand von großer Bedeutung, daß die jahrelange faschistische Propaganda, die vor allem unter der Flagge des Antibolschewismus und Antikommunismus geführt worden war, im Bewußtsein der breiten Massen tiefe Spuren hinterlassen hatte,[333] so daß der oberflächliche Antikapitalismus sich durchaus mit einem tief eingewurzelten Antikommunismus vertrug. Hier lagen Anknüpfungspunkte, die von den Mächten der Restauration demagogisch ausgenutzt wurden.
In den ideologischen Auseinandersetzungen der unmittelbaren Nachkriegszeit, die in der Sozialismusdiskussion zum Ausdruck kamen, wuchs den Kirchen eine besondere Rolle zu, die im folgenden untersucht werden soll.[334]

4.1 *Zur Rolle des politischen Klerikalismus bei der Restauration*

Nach ihrer Niederlage von 1945 war es für die deutsche Großbourgeoisie eine entscheidende Frage, wie sie angesichts der tiefen Krise, in die sie und mit ihr das kapitalistische System durch Krieg und Faschismus geraten war, wieder Einfluß auf die Massen bekommen

[333] Zwölf Jahre lang wurde, schrieb Winkler, S. 33, die „‚Ausrottung des Marxismus' . . . als staatspolitische Aufgabe verkündet und auf dem Schafott demonstriert", was nicht ohne Wirkung auf das Bewußtsein der Deutschen bleiben konnte.
[334] Cf. dazu H. Maier, S. 1–11 und S. 47–76, der sich zwar vor allem auf die katholische Kirche bezieht; seine Analysen und theoretischen Schlußfolgerungen sind aber – in eingeschränktem Maße – auch für die evangelische Kirche zutreffend. – Zur Funktion der katholischen Variante des politischen Klerikalismus nach 1945, insbesondere für die Entstehung der CDU, cf. auch die Arbeit von Kraiker; ferner Bertsch S. 39 ff., S. 197 ff., S. 263 ff., S. 347 ff.

konnte; denn ohne eine, wenigstens partielle, Gewinnung der Massen konnte die Wiederherstellung der alten, kapitalistischen Produktionsverhältnisse und damit der gesellschaftlichen Macht des Großkapitals nicht gelingen.
Die einzigen Ideologien mit Masseneinfluß, die nicht durch den Faschismus kompromittiert worden waren, repräsentierten der Sozialismus und das Christentum. Auf die Rolle des ‚demokratischen Sozialismus' der rechten SPD-Führung bei der Spaltung der Arbeiterklasse und der damit verbundenen Schwächung der antirestaurativen Kräfte kann hier nicht eingegangen werden.[335] Eine Massenideologie auf religiöser Grundlage, anfangs mit Rücksicht auf die antikapitalistische Grundstimmung der Massen mit Vorstellungen eines ‚christlichen Sozialismus' garniert, schien jedoch den maßgeblichen Kräften der Bourgeoisie weniger Risiken zu bergen als selbst ein antikommunistisch ausgerichteter ‚demokratischer Sozialismus', der auf Grund seiner Verankerung in großen Teilen der Arbeiterschaft schwer kalkulierbare Unsicherheitsfaktoren enthielt.
Mit Unterstützung führender Vertreter der Kirchen gewann so nach dem Nationalsozialismus das Christentum die Funktion einer Massenideologie zum Zwecke der Absicherung bzw. Wiederherstellung kapitalistisch-imperialistischer Herrschaft. Unter ‚politischem Klerikalismus' wird hier demzufolge die bewußte Inanspruchnahme der Religion als politisches Herrschaftsmittel verstanden bzw. – konkreter – der Versuch, imperialistische Klasseninteressen mit klerikalen Mitteln durchzusetzen.[336]
Die Ursachen für die Eignung einer religiösen Ideologie wie des Christentums zum Zwecke der Ausübung eines Masseneinflusses im Interesse der restaurativen Kräfte waren komplexer Natur:

1) Die Religion als das „verkehrte Bewußtsein einer verkehrten Welt" eignet sich auf Grund der ihr eigenen Mystifikationen prinzipiell zur Verschleierung des Wesens gesellschaftlicher Verhältnisse. Je größer die Unwissenheit der Massen über die realen Zusammen-

[335] Über die Funktion der rechten SPD-Führung cf. z. B. König.
[336] Diese Begriffsbestimmung folgt H. Maier, der ‚politischen Klerikalismus' definiert als den „Versuch, politische Interessen der Ausbeuterklassen mit klerikalen Mitteln, d. h. mit Hilfe von religiösen Institutionen, Kadern und Ideologien, durchzusetzen" (S. 1).

hänge und Triebkräfte der sozialen Entwicklung bleibt, um so leichter ist die Aufrechterhaltung der bestehenden Ausbeutungsverhältnisse möglich.

2) Die Propagierung von Sozialtheorien in religiösem Gewand erhält deshalb ein hohes Maß an Massenwirksamkeit, weil die Religion jahrhundertelang die herrschende Form des gesellschaftlichen Bewußtseins war und, wie H. Maier[337] schreibt, ,,es weit besser als die anderen gesellschaftlichen Bewußtseinsformen, wie Moral, Wissenschaft, Politik und Kunst, verstanden hat, ,die Massen zu ergreifen'". Durch die Länge ihrer Tradition hat sie die gewaltige Macht der Gewohnheit auf ihrer Seite.

Dem scheint die Tatsache der Entkirchlichung der Massen und des Zerfalls der Religiosität zu widersprechen. Zu diesem scheinbaren Widerspruch, daß trotz der unleugbaren Folgen des Säkularisierungsprozesses die soziale Bedeutung der Kirche nach wie vor relativ groß ist und damit auch die Möglichkeit des Einflusses des politischen Klerikalismus, schreibt H. Maier: Für den Umstand,

,,daß, obwohl Millionen Menschen praktisch nicht mehr an einen großen Teil der religiösen Dogmen glauben, sie dennoch durch vielerlei Fäden mit der religiösen Ideologie und den kirchlichen Institutionen verbunden sind", ,,spielt die Tatsache eine Rolle, daß sich in der Religion nicht nur die intellektuellen, sondern auch die gefühlsmäßigen Beziehungen der Menschen zu den sie umgebenden und beherrschenden gesellschaftlichen Verhältnissen manifestieren."[338]

Während der langen Vorherrschaft des religiösen Bewußtseins hatte dieses auch viele nichtreligiöse Bereiche durchdrungen und bestimmt, so daß die Koppelung dieser Bereiche mit der Religion ein solches Maß an Selbstverständlichkeit erreicht hatte, daß eine Lösung dieser Verbindungen für viele nicht denkbar war und z. T. immer noch ist. Weil z. B. lange Zeit Religion und Moral eine Einheit darstellten,

,,erscheint für viele Menschen ein moralisches Bewußtsein ohne religiöse Verbrämung eine Unmöglichkeit. Sie glauben zwar oftmals nicht mehr allen religiösen Dogmen, erkennen jedoch die Religion als eine ,allgemein menschliche Anstalt' an."[339]

[337] Ebd. S. 5.
[338] Ebd. S. 8.
[339] Ebd.

Hier ergaben sich trotz des Verfalls der Religiosität Anknüpfungsmöglichkeiten für den politischen Klerikalismus, der diesen Entwicklungen Rechnung getragen und es verstanden hat, sich gerade auf die „Mentalität der ‚Halbgläubigen' einzustellen, um seinen Einfluß nicht sektiererisch einzuengen".[340] Es war in diesem Zusammenhang konsequent, daß die „christlichen Parteien" ein konfessionsloses Christentum verkündeten und daß die „christlichen Politiker", fern davon, sich auf theologische Streitigkeiten einzulassen, vorwiegend Bestandteile der Moral der bürgerlichen Gesellschaft als allgemein christliche Grundwerte proklamierten und das kapitalistische Gesellschaftssystem über die Identifikation mit dem ‚christlichen Abendland' zu sanktionieren verstanden.

3) Die widersprüchliche Aufrechterhaltung der quasireligiösen Bindungen der Massen bei gleichzeitig fortschreitendem Zerfall der Religion wird durch gesellschaftliche Verhältnisse gewährleistet, in denen die Menschen von den selbstgeschaffenen Verhältnissen wie von einer fremden Macht beherrscht sind. Die Reproduktion religiöser Bewußtseinsstrukturen, Resultat der objektiven Bedingungen der antagonistischen Gesellschaft, wird in geschichtlichen Krisensituationen besonders gefördert, weil hier der Schein der Schicksalhaftigkeit der historischen Prozesse und der grundsätzlichen Ohnmacht ihnen gegenüber sich verstärkt.

Eine solche Krisensituation war nach den Erfahrungen des Krieges und des Faschismus gegeben, Ereignisse, die vielen unfaßbar und auf die allein religiöse Kategorien anwendbar schienen, wie etwa die Rede von der ‚Dämonie' des Faschismus zeigt. Die Religion aktualisierte ihre von Marx formulierten klassischen Funktionen als „allgemeine Theorie dieser Welt", als „ihr allgemeiner Trost- und Rechtfertigungsgrund", als „Opium des Volkes".[341] Über die Funktion

[340] Ebd. – Diesen Zusammenhang erhellt auch die folgende Bemerkung von J. Maier: „Das Erfolgsgeheimnis der Religion in der säkularisierten Gesellschaft erklärt sich – ironischerweise – aus dem Umstand, daß sie als Religion sich aufgibt und areligiös wird. Während sie die Formen der religiösen Tradition bewahrt, gleicht sie ihre Inhalte denen der vorherrschenden Gesamtkultur an . . . Um erfolgreich zu überleben, profaniert die Religion sich in direkter Proportion zum Bemühen des Staates, sich zu sakralisieren." (S. 54 f.).

[341] „Viele, die gleichgültig gewesen waren oder sich gläubig der nationalsozialistischen Weltanschauung hingegeben hatten, klammerten sich jetzt an den christlichen Glauben." So Spiegel-Schmidt, S. 38 f. über die Vertriebenen.

der Religion in persönlichen und gesellschaftlichen Krisen schreibt J. Maier:

„Als der Religion größtes Plus gilt ‚die Tatsache, daß sie wie Medizin wirkt' . . . Sie schützt vor Wahnsinn und Verzweiflung, stellt gestörtes Gleichgewicht wieder her und bewahrt es, verhindert und kuriert Neurosen, hebt Gefühle der Schuld, der Ohnmacht, der Versagung, der Enttäuschung, der Angst und des Verlorenseins auf und vermittelt an deren Stelle solche des Selbstvertrauens, der Kraft und des Eins-seins-mit-Allem. . . . Man braucht einen festen Halt, und die Religion ist ein bewährter. ‚Im Schützengraben gibt es keine Atheisten.' Im zivilen Leben auch nicht. Es ist viel zu unsicher. Man will schließlich nicht den Verstand verlieren."[342]

4) Neben der Eignung zur Herrschaftssicherung durch Mystifikationen sowie durch Narkotisierung und Ablenkung der Massen gehört, wie im ersten Teil dieser Arbeit gezeigt wurde, zur Religion aber auch das Moment der Protestation gegen die sozialen Zustände, die Religion nötig machen.
Die Demagogie des politischen Klerikalismus bestand darin, daß er gerade auch an diesem Moment anknüpfte und unter Ausnutzung der antikapitalistischen Stimmungen, welche in der unmittelbaren Nachkriegszeit als Folge gewachsener Einsicht in die Zusammenhänge zwischen Kapitalismus und Faschismus auch unter christlich orientierten Bevölkerungskreisen verbreitet waren, diese gegen den Kommunismus mobilisierte, indem z. B. der Sozialismus der Sowjetunion als ‚Staatskapitalismus' etikettiert und dem Marxismus als ‚feindlichem Bruder' des Kapitalismus der ‚christliche Sozialismus' entgegengestellt wurde.

5) Zusätzlich zu den genannten Ursachen, welche die besondere Eignung der religiösen Ideologie als Vehikel für die Rückgewinnung

[342] J. Maier, S. 50 f. – Zur Eignung des politischen Klerikalismus für die Unterstützung der restaurativen Bestrebungen der Bourgeoisie in der Krisensituation von 1945 schreibt H. Maier, S. 49: „Für die Rückbesinnung des deutschen Monopolkapitals auf den politischen Klerikalismus war von großer Bedeutung, daß, während fast alle Schattierungen der imperialistischen Ideologie sich bei der Mehrheit des deutschen Volkes diskreditiert hatten, der politische Klerikalismus, auf Grund der umsichgreifenden Verzweiflung über die nationale Katastrophe, eine Zunahme von Anhängern verzeichnen konnte." Cf. auch den protestantischen Theologen Schempp: „Die Niederlage mit ihrer geistigen und seelischen Wertzertrümmerung hat . . . eine Inflation des Christentums im Gefolge gehabt. Die Aktien der Kirche sind emporgeschnellt und neutrale Toleranz ist schon fast der äußerste Grad der Entfremdung." (S. 23).

des Masseneinflusses seitens der Bourgeoisie erklärten, waren von größter Wichtigkeit die besonderen Umsetzungs- und Vermittlungsmöglichkeiten der imperialistischen Klasseninteressen, welche die Organisationen der Kirchen boten.
In nicht geringem Maße erklärte sich der Masseneinfluß des politischen Klerikalismus aus der moralischen Autorität, welche die Kirchen aus ihrem angeblichen Widerstand gegen den Faschismus speisten. Die Kirchenführer hatten es verstanden, die partiellen, fast ausschließlich innerkirchlichen Konflikte mit dem NS-Regime und den mutigen antifaschistischen Kampf einzelner, von den offiziellen Kirchen aber völlig alleingelassener Pfarrer und Theologen als Widerstand *der* Kirche gegen das Dritte Reich auszugeben.[343]
Von großer Bedeutung war ferner der Umstand, daß die Kirchen nach dem Zusammenbruch als einzige Institutionen ihren gesamten Apparat im großen und ganzen unversehrt erhalten hatten, ein weitverzweigtes, durchorganisiertes Netz von intensiven unmittelbaren Beeinflussungsmöglichkeiten großer Teile der Bevölkerung, wobei der ideologischen Beeinflussung durch den Hinweis auf die materiellen karitativen Hilfsmaßnahmen Nachdruck verliehen werden konnte.[344]
Schließlich sprach für die Bündnisfähigkeit der Kirche mit der imperialistischen Bourgeoisie ihre auch in den Jahren des Nationalsozialismus bestätigte Immunität gegen alle sozialistischen oder gar kommunistischen Versuchungen, denn zumindest in der Frage des Antibolschewismus hatte die Kirche den Machthabern des Dritten Reiches die Gefolgschaft bis zum bittern Ende nicht aufgekündigt.[345]

[343] Cf. hierfür z. B. Badstübner I, S. 100.
[344] Badstübner I, S. 109 schreibt dazu: „Die Kirchen stellten 1945 die zunächst einzig existierende legale, von den westlichen Besatzungsbehörden geförderte gesellschaftlich-politische Organisation in den Westzonen dar. Ihre unmittelbar politische Rolle war daher – in der ersten Zeit, aber auch noch später – eminent. Sie wirkten unmittelbar politisch, nahmen zu den politischen Fragen Stellung, waren ein Politikum ersten Ranges. Die internationalen Verbindungen der Kirchenhierarchie rissen faktisch nie ab – und auch 1945/46 konnte ihre Vertreter ins Ausland fahren, an Konferenzen und dergleichen teilnehmen. Die Organisierung internationaler kirchlicher Spendenaktionen für große Teile notleidender deutscher Menschen erhöhte natürlich noch Ansehen und Einfluß der Kirchen."
[345] Der protestantische Theologe Hermann Diem (II, S. 12) schreibt: Die evangelische Kirche hat den Nationalsozialismus „bis in die letzten Jahre hinein wenigstens in seinem Kampf gegen den Bolschewismus als der von ihr bekämpften Front unterstützt". Cf. auch Abendroth II, S. 506.

Aus all diesen Gründen boten sich die Kirchen als die gegebenen Bündnispartner der restaurativen Mächte an, die ihre politische Sammlung unter dem christlichen Aushängeschild in der CDU/CSU betrieben, der neuen Monopolpartei aus bürgerlichen und kleinbürgerlichen Kreisen sowie aus gläubigen Arbeitern. Wenn dabei die Hauptstütze der Restauration zweifellos die intakter gebliebene katholische Kirche war, so hatte doch auch die evangelische Kirche ihren nicht unerheblichen Beitrag geleistet, wenn man etwa an die Rolle protestantischer Kirchenführer wie Dibelius, Lilje oder Wurm denkt. Ein einziger Beleg dafür mag hier genügen. Auf der Treysaer Kirchenkonferenz im August 1945 sprachen sich Bischof Wurm, Bischof Lilje u. a. eindeutig für eine Partei im Sinne der CDU aus. Diese Stellungnahme wurde später „Im Namen des Rates der EKD" verbreitet.[346] Darin hieß es u. a.:

„Die Kirche ist ihrem Wesen nach nie Partei, sondern tut ihren Dienst an allen politischen und sozialen Gruppen mit gleicher Liebe . . . Dies schließt nicht aus, daß sie die Bildung einer politischen Partei, die sich selbst auf christliche Grundsätze verpflichtet, mit Wohlwollen aufnimmt, soweit diese etwa durch konkrete politische Verhältnisse notwendig wird . . . Die an vielen Orten bereits in Gang gekommenen Bestrebungen, politische Gegensätze zwischen Protestantismus und Katholizismus auszuräumen, die Gemeinsamkeit des Kampfes gegen den Säkularismus zu betonen und so eine gegenseitige geistige und politische Annäherung beider Konfessionen vorzubereiten, verdienen ebenso unsere Unterstützung wie die Bemühungen katholischer Prälaten und Laienkreise, ein Wiederaufleben der ehemaligen Zentrumspartei zu verhindern und statt dessen ein politisches Zusammengehen beider Konfessionen auf dem Boden christlicher Union zu ermöglichen."[347]

Die *besondere* soziale Funktion des politischen Klerikalismus nach 1945 in Westdeutschland war es, der deutschen Monopolbourgeoisie, die durch den Faschismus in besonderem Maße kompromittiert war, für die Rückgewinnung ihres Einflusses auf die Massen ideologische Schützenhilfe zu geben mit dem Ziel der Restauration ihrer gesellschaftlichen Machtgrundlagen. Der politische Klerikalismus spielte nach dem 2. Weltkrieg aber nicht nur in Deutschland, son-

[346] Cf. Kupisch VII, S. 21.
[347] Abgedruckt ebd. S. 124 f.

dern auch in den anderen imperialistischen Ländern eine zentrale Rolle, wie die in mehreren Ländern Westeuropas neu entstandenen christlichen Parteien bewiesen, in denen sich durchgängig die Vertreter des Großkapitals durchsetzten. Die 1945 gegenüber der Lage nach dem 1. Weltkrieg weiter verschärfte allgemeine Krise des Kapitalismus ist der sozialgeschichtliche Zusammenhang, in dem die *allgemeine* gesellschaftliche Funktion des politischen Klerikalismus in dieser Periode zu bestimmen ist.

Die mit dem Prozeß der Konzentration und Zentralisation des Kapitals zunehmende und seit dem Übergang des Kapitalismus in sein imperialistisches Stadium beschleunigte Schrumpfung der sozialen Basis kapitalistischer Herrschaft machte einen Zusammenschluß der verschiedenen Fraktionen der herrschenden Klassen nötig und zugleich möglich. Hier lagen die objektiven Ursachen für die Annäherung der früheren ‚Todfeinde', der Bourgeoisie und des reaktionären Klerus.

Im Hinblick auf das übergeordnete gemeinsame Interesse an der Aufrechterhaltung ihrer gesellschaftlichen Machtstellung wurden auf der einen Seite die Sonderinteressen des hohen Klerus, die lange Zeit das Verhältnis von Bourgeoisie und Klerus getrübt hatten, auf ein erträgliches Maß nivelliert.[348] Auf der anderen Seite mauserte sich angesichts ihrer prekärer werdenen Lage die Bourgeoisie ,,von einem Bekämpfer des Klerikalismus zu einem Verfechter und Nutznießer des Mißbrauchs religiöser Vorurteile".[349] Bereits 1913 schrieb Lenin:

Es ist ,,ein Zeitpunkt in der Geschichte eingetreten, wo die herrschende Bourgeoisie aus Furcht vor dem wachsenden und erstarkenden Proletariat alles Rückständige, Absterbende, Mittelalterliche unterstützt. Die untergehende Bourgeoisie verbindet sich mit allen überlebten Kräften, um die ins Wanken geratene Lohnsklaverei zu erhalten."[350]

348 Cf. H. Maier, S. 2.
349 Ebd. S. 4.
350 LW 19, S. 82. – Cf. auch die Einleitung des Zeitungsartikels ,,Kirchliche Agitation", den Marx 1855 über die englische Staatskirche schrieb: ,,Alt und historisch ist die Lehre, daß überlebte gesellschaftliche Mächte nominell noch im Besitz aller Attribute der Gewalt, nachdem ihr Daseinsgrund längst unter ihren Füßen weggemodert . . ., sich vor dem letzten Todeskampf noch einmal zusammenfassen, aus der Defensive in die Offensive übergehen, herausfordern statt auszuweichen, und extremste Schlüsse aus

Demgemäß dürfte die Beantwortung der Frage, wie der erstaunliche, nicht nur auf Westdeutschland beschränkte Erfolg des politischen Klerikalismus nach dem zweiten Weltkrieg möglich war, – daß es nämlich trotz des weit fortgeschrittenen Säkularisierungsprozesses gelang, das Christentum zu einer Massenideologie im Dienste des Imperialismus zu gebrauchen, – vor allem darin zu suchen sein,

,,daß die Macht des reaktionären Klerus, welche er in fast allen imperialistischen Staaten inne hat, sich nicht gründet auf einer ‚Renaissance' des Glaubens, sondern auf Machtpositionen, die ihm die reaktionär gewordene Bourgeoisie zur Erhaltung ihrer Klassenherrschaft eingeräumt hat".[351]

Hier scheint auch die Auflösung des Widerspruchs zwischen der wachsenden Entkirchlichung und Religionslosigkeit der Mehrheit der Bevölkerung auf der einen und der unverändert großen gesellschaftlichen Macht der Kirchen auf der anderen Seite zu liegen. Mittels noch immer bestehender, tief verinnerlichter Bindungen großer Bevölkerungskreise an Religion als ‚allgemein menschliche Anstalt' vermochten die Kirchen einen enormen Einfluß auf die Massen auszuüben und erhielten damit eine wichtige Funktion in der ideologischen Absicherung des Imperialismus nach der Krise des zweiten Weltkrieges.

In dieser Absicherung und in der ideologischen Unterstützung des Imperialismus bei der Bekämpfung der revolutionären Bewegung in der ganzen Welt besteht die Hauptaufgabe des politischen Klerikalismus, wenn man seine allgemeine Funktion im sozialgeschichtlichen Kontext der Existenzkrise der kapitalistischen Gesellschaft begreift. Durch die Ausnutzung des noch vorhandenen Einflusses von Religion und Kirche auf die Massen und mittels einer reaktionären Interpretation der religiösen Texte und Vorstellungen, was durch die fehlende Konkretheit religiöser Aussagen erleichtert wird, ist der politische Klerikalismus bestrebt, die Massen zu Gegnern des Sozialismus zu erziehen und die revolutionäre Arbeiterbewegung durch das Schüren weltanschaulicher Gegensätze zu spalten.

Prämissen zu ziehen suchen, die nicht nur in Frage gestellt, sondern schon verurteilt sind. So jetzt die englische Oligarchie. So die *Kirche,* ihre Zwillingsschwester." MEW 11, S. 322.

351 H. Maier, S. 9.

Ein Blick auf die westdeutsche Situation nach 1945 bestätigt diese allgemeine These. Im Bündnis mit den Kirchen führten die Kräfte der Restauration den ideologischen Kampf in der unmittelbaren Nachkriegszeit unter der demagogischen Parole: „Christus oder Marx!" Die reale gesellschaftliche Alternative – antifaschistisch-demokratische Neuordnung oder kapitalistische Restauration – wurde zu einer Frage von Weltanschauungen verfälscht: „es geht heute in der Welt um die beiden weltanschaulichen Prinzipien: Christentum oder Marxismus",[352] so behauptete der Katholik Jakob Kaiser, einer der damals führenden Köpfe der CDU. Unter dem Slogan „Für Christentum – gegen Marxismus!" wurden 1946 auch die Wahlkämpfe der CDU geführt.[353]
Dieser Scheingegensatz wurde allerdings nicht nur von der KPD energisch bestritten und abgelehnt.[354] Es gab auch Christen, die sich dagegen wandten, daß die gemeinsame Arbeit von Christen und Marxisten an einer demokratischen Neuordnung torpediert werden sollte durch das demagogische Hochspielen weltanschaulicher Differenzen.

4.2 *Richtungen und Formen der Auseinandersetzung mit dem Sozialismus und Marxismus innerhalb des westdeutschen Protestantismus*[355]

Die protestantische Auseinandersetzung mit dem Marxismus ist in dem skizzierten Kontext der ideologischen Auseinandersetzungen und Kämpfe für bzw. gegen eine grundlegende gesellschaftliche

[352] Zit. nach „Wissen und Tat" 1946, Heft 5, S. 20.
[353] Cf. z. B. die „Kölnische Rundschau" vom 11. 10. 1946; zit. nach Badstübner I, S. 158.
[354] Cf. „Wissen und Tat" 1946, Heft 5, S. 20 f.
[355] Die Materialsituation zu dieser Frage ist für die unmittelbare Nachkriegszeit nicht ganz einfach. Im Unterschied zum Katholizismus gab es im protestantischen Raum in den ersten Jahren nach 1945 noch so gut wie keine Zeitschriften, die sich über theologische Themen hinaus mit politisch-gesellschaftlichen Problemen befaßten. In keiner protestantischen Zeitschrift jener Jahre finden wir daher eine breite Marxismus- und Sozialismusdiskussion, vergleichbar mit der von Dirks und Kogon 1946/47 in den „Frankfurter Heften" oder von Welty u. a. in „Die Neue Ordnung" oder „Neues Abendland" geführten. Was sich diesbezüglich auf evangelischer Seite tat, ist schwerer zugänglich,

Neuordnung in Deutschland zu sehen und im Zusammenhang mit der Rolle des politischen Klerikalismus in diesen Auseinandersetzungen. Die diesbezügliche Diskussion in der SBZ und späteren DDR kann hier nicht berücksichtig werden; der Untersuchungsbereich bleibt auf Westdeutschland (unter Einschluß von Westberlin) beschränkt.
Die vorgenommene Einteilung der verschiedenen Gruppierungen und Formen innerhalb der protestantischen Sozialismusdiskussion erfolgte im Hinblick auf ihre jeweilige objektive Rolle und Funktion im Zusammenhang des Kampfes um eine gesellschaftliche Neuordnung. Dabei wurde aus den verschiedenen Gruppierungen jeweils ein Repräsentant stellvertretend für andere ausführlicher behandelt, wobei die Auswahl insofern teilweise zufälligen Charakter besitzt, als für die entsprechenden Repräsentanten umfangreicheres bzw. geeigneteres Material vorlag.

4.2.1 Befürworter des wissenschaftlichen Sozialismus

In der „Sozialistischen Rundschau für Ost-Westfalen und Lippe" nahm am 20. April 1948 der evangelische Pfarrer MAX GREINER Stellung zum Thema „Christentum und Sozialismus". Über die Entwicklung seines sozialen Engagements von einer nur karitativen zu einer sozialistischen Orientierung schrieb er:

„Diese aus meiner religiösen Grundhaltung heraus entstandene, zunächst rein gefühlsmäßige Einstellung zur Sache der Arbeiterschaft und ihren Sorgen und Kämpfen vertiefte sich, je mehr ich in die Wissenschaft des Marxismus eindrang, in mir zur klaren verstandesmäßigen Überzeugung, daß es aus dem Elend der Massen nur einen Weg gibt, den des wissenschaftlichen Sozialismus."[356]

Zur Frage, ob ein Christ überzeugter Anhänger des marxistischen Sozialismus sein könne:

„Der wissenschaftliche Sozialismus ist eine politisch-ökonomische Bewegung und erstrebt die Aufhebung der Ausbeutung des Menschen durch den Menschen, die Verwandlung des kapitalistischen

da sich diese Diskussionen großenteils in Vorträgen und Konferenzen abspielten, deren Ergebnisse entweder nur in resümierender Form veröffentlicht wurden oder an heute schwer auffindbaren Stellen, z. B. in Periodika, die später eingestellt worden sind.

[356] Zit. nach Zöllig, S. 23.

Eigentums an den großen Produktionsmitteln in gesellschaftliches Eigentum und erkämpft eine Gesellschaftsordnung, die den Klassengegensatz zwischen arm und reich beseitigt, den Krieg unmöglich macht und ein Reich wahrer Freiheit und Menschlichkeit schafft. Stehen diese Anschauungen und Ziele unserem christlichen Glauben entgegen? Ich meine, so wenig, daß sie sich sogar völlig mit unserer christlichen Ethik decken. Gerade weil wir Christen sind, kämpfen wir für den Sozialismus. Vor der würgenden Not unseres Volkes erscheint aber jeder Rückgriff auf das Gestern überlebt. Und wer erkannt hat, daß die überkommene bürgerliche Gesellschaftsordnung einem versunkenen Zeitalter angehört und abgelöst wird durch das Zeitalter des werktätigen Volkes, der wird gerade aus seiner religiösen Grundhaltung heraus die uns Christen gestellte Aufgabe erkennen, die Menschen einer versinkenden Welt lebensbejahend in die neue Welt des wissenschaftlichen Sozialismus hinüberzuführen."[357]

Hier wurde das Moment der Protestation in der Religion zum Anlaß für das sozialistische Engagement. Greiner betonte, daß Christentum und Sozialismus nicht im Widerspruch zueinander stehen, wie von reaktionären Vertretern einer ‚christlichen Politik' behauptet werde:

„Der christliche Glaube ist kein Hinderungsgrund für das Bekenntnis zum Sozialismus . . . Niemals können echter Sozialismus und echtes Christentum in Konflikt miteinander geraten . . . Es geht also nicht um eine Kampffrage: Christentum *oder* Sozialismus, sondern für alle, die es ehrlich mit dem deutschen Volke meinen, um die Einigungsparole: Christentum *und* Sozialismus."[358]

Diese Stellung zum Marxismus steht in der Tradition des progressiven Flügels der religiösen Sozialisten der Weimarer Zeit, von denen einige auch nach 1945 im westdeutschen Protestantismus wirksam waren, wie z. B. EMIL FUCHS, den wir allerdings – wie viele andere der marxistisch orientierten religiösen Sozialisten – nach 1948 in der SBZ wiederfinden.[359]

[357] Ebd.
[358] Ebd. S. 24.
[359] Auf die religiösen Sozialisten berief sich auch SIEGFRIED ECKE in seinem Plädoyer für eine Zusammenarbeit von Christen und Sozialisten bei der Neuordnung Deutschlands. In einem Artikel, „Gedanken zum ‚christlichen Sozialismus'", Hamburger Akademische Rundschau 1946/47, S. 303–305, kritisierte er den Mißbrauch des christlichen Glaubens von Kräften, die den ‚christlichen Sozialismus' als Waffe gegen die sozialistische Arbeiterschaft verwenden und lehnte den Begriff des ‚christlichen So-

Gleichfals zur progressiven Gruppe der religiösen Sozialisten gehörte der Berliner Pfarrer ARTHUR RACKWITZ. In einer Broschüre mit dem Titel ,,Der Marxismus im Lichte des Evangeliums. Untersuchungen über das Kommunistische Manifest" veröffentlichte er drei Aufsätze, mit denen er den Versuch machte, seinen ,,christlichen Glaubensbrüdern . . . die Erkenntnis zu vermitteln, daß man nur das Evangelium von Herzen annehmen und Karl Marx richtig kennen muß, um den Weg vom Christentum zum Sozialismus zu finden".[360]

Im Blick auf die Bestrebungen, das Christentum für die Zwecke der Reaktion einzuspannen, bestritt Rackwitz, daß der Marxismus antireligiös sei.[361]

Der erste Aufsatz, ,,Von der Bergpredigt zum Kommunistischen Manifest"[362], befaßte sich kritisch mit dem Mißbrauch des Christentums zur Absicherung von Verhältnissen der Ausbeutung und Unterdrückung, wobei sein ursprünglich revolutionärer Gehalt ins Gegenteil verkehrt worden sei. Nachdem die Kirche gegenüber ihrem in der Bergpredigt enthaltenen Auftrag versagt habe, seien es die sich nicht mehr religiös verstehenden Begründer des wissenschaftlichen Sozialismus gewesen, welche die genuin christliche Aufgabe der ,,Befreiung der ganzen Menschheit aus unwürdigen Fesseln" anpackten. Wenn sich die Christen das klar machten, müßten sie erkennen, daß es keinen Gegensatz zwischen Kirche und Marxismus geben könne. Recht verstandenes Christentum führe vielmehr zum Marxismus. Wer als Christ das Höchste, das Reich Gottes, erstrebe, dürfe ,,den ersten Schritt dazu, die einfache menschliche Gerechtigkeit, den Sozialismus, nicht ablehnen".[363]

In seinem zweiten Aufsatz, ,,Die Religion im Kommunistischen Manifest",[364] versuchte Rackwitz nachzuweisen, daß die Kritik, die Marx und Engels an der Religion übten, nur ihrer bisherigen, per-

zialismus' ab. Er befürwortete eine Zusammenarbeit gegen diejenigen, ,,die mit allen Mitteln der Demagogie eine Verständigung zwischen Christen und Sozialisten zu hintertreiben suchen, um die eigene Machtstellung zu sichern." (Ebd. S. 305).

360 Rackwitz II, Vorbemerkung.

361 Ebd.

362 Ebd. S. 5–9. – Eine Kurzfassung dieses Aufsatzes ist Rackwitz I.

363 Rackwitz II, S. 8.

364 Ebd. S. 9–12.

vertierten Gestalt gegolten habe, denn unverfälscht sei sie ihnen gar nicht begegnet. Erst in der klassenlosen Gesellschaft, so hoffte Rackwitz, werde die Religion ihr „wahres Wesen“ entfalten können.[365]

Der dritte Aufsatz, „Was können die Christen aus dem Kommunistischen Manifest lernen?“,[366] enthielt eine geraffte, zutreffende Darstellung der zentralen wissenschaftlichen Ergebnisse der Marxschen Theorie,

„denen sich der Durchschnittschrist mit einer erstaunlichen Hartnäckigkeit verschließt und deren Unkenntnis einer der Gründe dafür ist, daß die christliche Verkündigung in den alle Welt bewegenden Fragen so seltsam unwirklich klingt und so überaus unfruchtbar bleibt“.[367]

Rackwitz referierte vor allem sechs „Fundamentalwahrheiten der marxistischen Lehre“:

„1. Wirtschafts- und Gesellschaftssysteme sind nicht unausweichlich wie das Schicksal, fallen nicht vom Himmel, werden nicht von Gott gegeben, sondern haben weltliche Ursachen, die der Verstand erforschen und der menschliche Wille lenken, also auch abändern kann, sobald sich die Notwendigkeit und Möglichkeit dazu ergibt . . .

2. Den letztlich bestimmenden Einfluß auf den Willen des Menschen, der der Wirtschaft ihre Gesetze vorschreibt, übt nicht irgend ein Bewußtseinsinhalt, sondern das materielle Sein, in erster Linie die Art der Güterproduktion aus. Der gesamte ideologische Überbau, das geistige Leben einschließlich der kirchlichen Verkündigung beeinflußt die ökonomischen Entscheidungen nur in sehr bescheidenem Maße, während er selbst sehr weitgehend von diesen bestimmt wird . . .

3. In allen bisherigen Entwicklungsstadien wurde die jeweilige Ordnung des wirtschaftlichen Lebens der großen Mehrheit der arbeitenden Menschen von einer zahlenmäßig kleineren Herrenschicht aufgezwungen, die alle politischen und wirtschaftlichen Machtmittel besitzt. Die einander diametral entgegengesetzten Interessen dieser beiden Klassen führen zu ununterbrochenen ‚Klassenkämpfen‘ . . .

4. Das gemeinsame Merkmal der verschiedenen uns bekannten Gesellschaftsformen liegt in der ‚Ausbeutung‘ der besitzlosen Massen

[365] Ebd. S. 11.
[366] Ebd. S. 12–23.
[367] Ebd. S. 14.

durch die Besitzer der Produktionsmittel. Die Aneignung des sogenannten ‚Mehrwertes', den jeder Arbeiter über das zur Fristung seines Lebens erforderliche Maß hinaus produziert, durch den Unternehmer ist auch der eigentliche Motor des kapitalistischen Systems . . .

5. Die einzige Instanz, die die Möglichkeit und die Kraft in sich trägt, die Entwicklung über die bestehende Ungerechtigkeit hinaus im positiven Sinne vorwärts zu treiben, ist das seiner Klassenlage und seiner Klasseninteressen sich bewußt werdende Proletariat. Es muß erkennen, daß seine Befreiung nur sein eigenes Werk sein kann. Es darf nicht auf den guten Willen und die Menschlichkeit seiner Unterdrücker, es darf auch nicht auf die Predigt der Liebe vertrauen oder auf wunderbare göttliche Eingriffe warten. Das alles wäre vergeblich und würde nur die Kräfte lähmen, die gebraucht werden, um den vollen Sieg des Sozialismus herbeizuführen . . .

6. Die proletarische Revolution wird die letzte sein. Im Unterschied zu allen früheren Kämpfen und Umwälzungen beschränkt sie sich nicht darauf, die Herrschaft von einer Klasse auf eine andere zu übertragen, sondern macht ein für allemal den Klassenunterschieden und dem Klassenkampf ein Ende. In der von ihr herbeigeführten ‚klassenlosen Gesellschaft' ordnet sie das Wirtschaftsleben nicht zum Wohle einiger weniger, sondern nach den Bedürfnissen der Gesamtheit. Sie kennt weder Arbeitslosigkeit noch Absatzkrisen und führt zuerst die einzelnen Völker und zuletzt die ganze Menschheit aus Kampf und Streit zum Frieden, aus dem Reich der Notwendigkeit in das Reich der Freiheit, aus der Vorgeschichte in die eigentliche Geschichte."[368]

Rackwitz ging diese Grundelemente der marxistischen Theorie nochmal vom Standpunkt des Christen durch und kam zu dem Resultat, daß diese Theorie in keinerlei Widerspruch zur biblischen Verkündigung stehe, daß aber viele christlich firmierenden Einwände gegen den Marxismus von einer Parteinahme für die Besitzenden zeugen. Weil der Klassenkampf keine marxistische Erfindung, sondern eine in der Struktur der antagonistischen Gesellschaft verankerte Realität ist, helfen nach Rackwitz keine christlich motivierten Mahnungen zum friedlichen Ausgleich zwischen den Klassen:

„Wer die wahre Gerechtigkeit sucht und aufrichtig wünscht, daß der Klassenkampf überwunden und Friede und Harmonie unter den

[368] Ebd. S. 15 f.

Menschen wenigstens ermöglicht wird, der findet auch als Christ keinen anderen Weg als den im Kommunistischen Manifest aufgezeigten: Die Ablösung der gesellschaftlichen Klassenstruktur durch eine neue Ordnung, die allen Menschen gleiche Pflichten auferlegt und gleiche Rechte sichert.“[369]

Ähnlich wie Erwin Eckert, mit dessen Auffassungen die hier referierten Aufsätze weithin übereinstimmen, hatte sich Rackwitz auch praktisch in der sozialistischen Bewegung engagiert. Er war Mitglied der SED, für die er auch bei Wahlen in Groß-Berlin kandidierte.[370]

Die Gruppe der protestantischen Theologen, die Positionen wie Rackwitz vertraten, sich als Christen zum Marxismus bekannten und sich politisch bewußt auf die Seite der Arbeiterklasse stellten, bildete eine verschwindende Minderheit. Meist waren sie – wie Rackwitz – schon in der religiös-sozialistischen Bewegung der Weimarer Republik aktiv gewesen.[371] Hier kann man von einer Rezeption des Marxismus sprechen, während im übrigen die protestantische Auseinandersetzung mit dem Marxismus in mehr oder weniger entschiedener Distanzierung zu ihm geführt wurde.

4.2.2 ,,Christlicher Sozialismus“ des ‚linken‘ CDU-Flügels[372]

Es wurde schon angedeutet, daß unmittelbar nach Kriegsende sozialistische, zumindest aber antiimperialistische Gedankengänge in weiten Bevölkerungskreisen Deutschlands verbreitet waren und z. T. sogar bis in bürgerliche Schichten hineinreichten. Davon blieb auch die CDU, das Sammelbecken der bürgerlichen Kräfte, nicht

369 Ebd. S. 20.
370 Cf. Hutten I, S. 504.
371 Die Annäherung von Theologen an den Marxismus war freilich nicht auf die alte Garde der religiösen Sozialisten beschränkt. In der kommunistischen Zeitschrift ,,Wissen und Tat“ (1947, Heft 14/15, S. 43–46) findet sich ein Beitrag eines Theologiestudenten namens HANNS JACOBS, der sich in zustimmender Weise mit Marx befaßte. Jacobs wandte sich gegen die bereits damals gängig gewordene Gleichsetzung von Marxismus und Nationalsozialismus unter dem Oberbegriff Totalitarismus, welche die gegensätzlichen sozialen Inhalte beider Erscheinungen unterschlage. (S. 44) Scharf verurteilte er ferner den politischen Mißbrauch der Religion. Er hob den humanistischen Inhalt von Marxens Atheismus hervor und hielt aus diesem Grunde ein ,,Gespräch zwischen Christentum und Marxismus“ für sinnvoll. (S. 45).
372 Cf. zum folgenden vor allem Bertsch, S. 263 ff.

unberührt. Im übrigen wurden angesichts der verbreiteten antikapitalistischen Stimmung von den Vertretern der Großbourgeoisie auch bewußt Zugeständnisse in dieser Richtung gemacht, um wieder Einfluß auf die Massen zu gewinnen. Darum konnten damals die Vertreter des ‚linken' Flügels in der CDU, meist Repräsentanten der christlichen Arbeiterbewegung, eine gewisse Rolle spielen, was sich in bestimmten sozialistischen Forderungen, wie sie etwa im Ahlener Programm von 1947 enthalten waren, niederschlug. In ihrer Argumentation beriefen sich die Vertreter dieses Flügels der CDU auf das Konzept des „christlichen Sozialismus".

Exemplarisch für diese Position eines „christlichen Sozialismus", der sogar gewisse Zugeständnisse an den wissenschaftlichen Sozialismus machte – wenn auch in sehr eingeschränktem Maße –, ist eine 1946 veröffentlichte Schrift des protestantischen Politologen OTTO HEINRICH VON DER GABLENTZ, dem führenden theoretischen Kopf der damaligen Berliner CDU. Mit von der Gablentz wird hier ausnahmsweise ein Nichttheologe in die Untersuchung einbezogen, und zwar deshalb, weil über die Position jenes Flügels der damaligen CDU vergleichbare Veröffentlichungen zwar von katholischen, nicht aber von protestantischen Theologen vorliegen. Im übrigen bekannte sich von der Gablentz ausdrücklich als gläubiger evangelischer Christ.

Er wollte – ähnlich wie der Tillich-Kreis, dem auch von der Gablentz in der Weimarer Zeit nahegestanden hatte – den Sozialismus ‚vertiefen' bzw. ‚über' den Marxismus ‚hinausführen'. Im Vorwort seiner Broschüre[373] mit dem Titel „Über Marx hinaus" schrieb der Verfasser:

„Das Gespräch über eine sozialistische Wirtschaftsordnung, die der Würde der menschlichen Person gerecht wird, ist heute in allen Schichten und Parteien Deutschlands lebendig. Auch solche, die sich zum Marxismus bekennen, und solche, die das Wort Sozialismus ablehnen, sind daran beteiligt. Überall taucht die Frage nach dem letzten Grunde des Menschenbildes auf, von dem Politik und Wirtschaft bestimmt ist. Darum ist dieses Gespräch gar nicht zu führen, ohne daß die religiösen Fragen mitbehandelt werden."

Von der Gablentz dokumentierte damit die damalige Breite der So-

[373] Von der Gablentz I.

zialismusdiskussion, zu der, wie er meinte, von christlicher Seite ein durchaus spezifischer Beitrag eingebracht werden könne.
Verglichen mit der Situation im 19. Jahrhundert, so behauptete von der Gablentz, stelle sich heute die ‚soziale Frage' insofern anders, als inzwischen „viele Wünsche der Arbeiterschaft . . . erfüllt"[374] seien und auch das Privateigentum an Produktionsmitteln „beschränkt" worden sei.[375] Die erstrebte Freiheit sei dennoch nicht erreicht worden. Ihre gegenwärtige Bedrohung bilde die „Vermassung". Indem damit heute die Freiheit des einzelnen als Problem in den Vordergrund trete, rücke „das Schwergewicht von Staat und Wirtschaft weg und wieder nach der Seite des Geistes hinüber".[376]
Immerhin machte von der Gablentz für die Bedrohung der Freiheit auch bestimmte Entwicklungen des „kapitalistischen Zeitalters" verantwortlich. Er beschrieb den Prozeß der Verselbständigung des Kapitals zu einer die Menschen beherrschenden Macht. Unter diesen Bedingungen „erweitert sich das Gewinnstreben zum Machtstreben, dann drängt sich die Wirtschaft zur politischen Führung, dann wird der Kapitalismus zum Imperialismus".[377]
Diese Einsicht eines damaligen Repräsentanten der CDU in die Zusammenhänge von Kapitalismus und Imperialismus verdient festgehalten zu werden. Freilich waren diese Einsichten mit vielen Inkonsequenzen und idealistischen Blickverengungen verbunden. Wenn von der Gablentz auch den Imperialismus für die erlebte Katastrophe verantwortlich machte, so sah er doch die letzten Ursachen für die Entwicklung zum Imperialismus nicht in der Dynamik der kapitalistischen Produktionsweise, sondern darin, daß

„die religiösen und humanistischen Bedenken gegen restlose Ausnutzung aller technischen Möglichkeiten, gegen restlose Ausbeutung und Unterwerfung des Menschen verlorengegangen sind".[378]

Weil auch die Ursachen für den „imperialistischen Krieg" letztlich moralisch-ideeller Natur seien, konnte von der Gablentz sagen:

374 Ebd. S. 7.
375 Zu dieser mit den tatsächlichen Verhältnissen in krassem Widerspruch stehenden Aussage cf. unten Anm. 389.
376 Von der Gablentz I, S. 8.
377 Ebd. S. 11.
378 Ebd.

,,Vor der Wiederholung eines solchen Unheils bewahrt uns nur eine veränderte *Einstellung* des Menschen zu den Dingen",[379] nämlich ein ,,ehrfürchtiges" Verhältnis zur Welt als Schöpfung Gottes. Wer die Geschichte und Natur aus sich selbst, aus der Materie erkläre, gehe an der Realität vorbei. Nur die christliche Anschauung sei realistisch, denn:

,,Sie weiß um die Wirklichkeit böser Mächte, um den Abfall des Menschen und um die Gefahren der Besessenheit von dämonischen Kräften. Aber sie weiß auch um die Wirklichkeit des Guten", des Göttlichen.[380]

Darum gebe nur eine christliche Politik wirklich Antwort auf die ,soziale Frage', wobei das Entscheidende die ,,*Gesinnung* des Menschen" sei.[381]
Nach der Darlegung seiner theoretisch-philosophischen Prämissen erläuterte von der Gablentz, was er unter Sozialismus und unter Marxismus verstand. Den Begriff des Sozialismus bestimmte er durch drei Elemente: ,,Wirtschaftsplanung, Gemeineigentum an Schlüsselbetrieben, Mitbestimmung der Arbeitnehmer an der Leitung der Wirtschaftsbetriebe".[382] Die Marxsche Theorie, der er zwar ,,sittliche Leidenschaft" konzedierte, hielt er aber für unzureichend, wobei er freilich selbst kein sonderlich eindringendes Verständnis dieser Theorie bewies.[383] So taucht beispielsweise der Kern der Mehrwertlehre, die Aneignung von unbezahlter Mehrarbeit in der Produktion als das ökonomische Wesen der Ausbeutung, nicht auf. Das Unvermögen, die kapitalistische Ökonomie in ihrem Grundprinzip zu begreifen, dokumentierte er auch in der Darstellung z. B. der Krisen, die er zwar beschrieb, aber nicht erklärte.[384]
Nach der Wiedergabe weiterer Elemente des Marxismus, die Zutreffendes neben Irrtümern und Ungenauigkeiten enthielt, wandte sich von der Gablentz der aktuellen Sozialismusdebatte zu. Er vertrat die Auffassung, daß die ,,Methode der Sozialisierung" der Freiheit

[379] Ebd. S. 12. – Hervorhebung vom Verf.
[380] Ebd. S. 15.
[381] Ebd. – Hervorhebung vom Verf.
[382] Ebd. S. 17.
[383] Cf. seine Darstellung der Marxschen Mehrwerttheorie ebd. S. 19 f. – Cf. auch von der Gablentz II.
[384] Von der Gablentz I, S. 20.

nicht näher bringe, denn die Sozialisierung „setzt nur an Stelle der Ausbeutung durch das Privatkapital die Ausbeutung durch das Staatskapital".[385] Die Sozialisierung versage letztlich deshalb, „weil sie die seelischen Kräfte nicht genügend einsetzen kann, die in der freien Initiative unabhängiger und selbstverantwortlicher Menschen liegen".[386]

Weil die materialistische Geschichtsauffassung unzureichend sei – wofür von der Gablentz den Beweis freilich schuldig blieb – müsse man „über Marx hinaus" gehen, was sich bei von der Gablentz als ein „hinter Marx zurück" enthüllte, zurück nämlich zur ständisch gegliederten Gesellschaft, „ausgehend von den alten natürlichen Grundordnungen in Familie und Beruf".[387] Der erstrebten Rückkehr zu einem vormonopolistischen Kapitalismus mit partiell feudalen Formen entsprach es auch, daß die geistige Führung dabei dem Christentum zugedacht wurde.

„Erwartungsvoll fragend stehen diese Kräfte (scil. der gesellschaftlichen Neuordnung) vor den Toren der christlichen Kirche. . . . In der Erneuerung der Christenheit sehen wir die Kraft, die auch die politische und wirtschaftliche Neugestaltung tragen wird."[388]

Verglichen mit dem militanten Antikommunismus im Westdeutschland der nachfolgenden Jahre nimmt sich die insgesamt sachliche Auseinandersetzung von der Gablentz' mit dem Marxismus positiv aus, auch wenn er ein zureichendes Verständnis der Marxschen Theorie vermissen ließ. Die Art, wie von der Gablentz, der sich als christlicher Sozialist verstand, den Kapitalismus von einer konservativen Position aus kritisierte, erinnert an die Gestalt Rudolf Todts im 19. Jahrhundert. Gleich diesem vermochte er die Gesetzmäßigkeiten der kapitalistischen Produktionsweise nicht zu begreifen. Auf Grund seiner idealistischen Denkvoraussetzungen war auch er der

385 Ebd. S. 29.
386 Ebd. S. 30.
387 Ebd.
388 Ebd. S. 33 f. – In einem letzten Teil schlug von der Gablentz unter dem Titel „Christlicher Sozialismus" eine Reihe konkreter Maßnahmen vor, die verdeutlichten, wie die gesellschaftliche Neuordnung „über Marx hinaus" aussehen sollte: z. B. Bevorzugung der Kleinbetriebe, des Familieneigenheimbaus, etc. Er verlangte eine volkswirtschaftliche Selbstverwaltung unter Beteiligung der Arbeiter, „nachdem Klassenschichtung und Klassenkampf sich durchgesetzt haben und überwunden sind." Ebd. S. 45.

Meinung, daß entscheidende gesellschaftliche Veränderungen primär durch moralische Appelle über Gesinnungsänderung möglich seien.

Selbst wenn man von der Gablentz ein Engagement für partielle sozialistische Reformen nicht absprechen kann, ist doch die Funktion nicht zu übersehen, die Männer wie er im Rahmen der gesellschaftlichen Restauration der ersten Nachkriegsjahre hatten. Mit Hilfe solcher, der allgemeinen Stimmung entsprechenden, partiell sozialistischen Parolen konnten große Teile der damals antikapitalistisch eingestellten Massen in den restaurativen Rahmen der Politik der Unionsparteien integriert werden. Durch die Proklamation eines „christlichen Sozialismus" wurde die den herrschenden Klassen drohende Gefahr verringert, indem der Klassenkampf für überholt erklärt wurde und den Massen dadurch der reale Gegner einer gesellschaftlichen Neuordnung aus dem Blick geriet. Ebenso trug die Betonung der Gesinnung statt des praktischen Kampfes zur Desorientierung der Massen bei.[389] – Der „christliche Sozialismus", auch wenn er in subjektiver Aufrichtigkeit vertreten wurde, konnte – wie es tatsächlich der Fall war – als eines der Mittel des politischen Klerikalismus objektiv für die Zwecke der Restauration eingespannt werden.[390]

[389] Die Funktion einer gleichsam ‚ideologischen Entwaffnung' der Massen mittels der Ersetzung des Marxismus durch ‚christliche' Ethik kam noch klarer heraus bei anderen damals führenden CDU-Vertretern wie z. B. JAKOB KAISER, der etwa behauptete, durch den Krieg seien die Unterschiede im materiellen Besitz eingeebnet worden und damit habe sich der Klassenkampf von selbst erledigt. (J. Kaiser, Die Union ihrer Verantwortung bewußt, in: Neue Zeit, 1. 10. 1946; zit. nach Badstübner II, S. 455). – „Die ‚christlichen' Politiker", schreibt Badstübner I, S. 153, „nutzten in ihrer Propaganda den Eindruck des wirtschaftlichen Zusammenbruchs nach 1945, die chaotischen Verhältnisse aus und erklärten, der Kapitalismus sei tot, es gebe auch keine Großkapitalisten mehr (so verkündete Adenauer; der Verf.), damit keine Klassen und keinen Klassenkampf. An die Stelle des überholten Klassenkampfes könne daher ohne weiteres und müsse nun die ‚Sozialpartnerschaft' treten." – Im Zusammenhang damit ist auch die Verkennung oder Verharmlosung der Gefahr der Restauration zu sehen, die selbst bei Sozialdemokraten wie Kurt Schumacher anzutreffen war, der im Sommer 1945 in seinen „Politischen Richtlinien" behauptete, der Kapitalismus sei in Deutschland bereits zusammengebrochen; es gehe nur noch darum, Restpositionen zu beseitigen. Cf. Badstübner I, S. 131.

[390] Über die Funktion des „christlichen Sozialismus" nach 1945 heißt es im Sachwörterbuch der Geschichte I, S. 353: In den Nachkriegsjahren versuchten die restaurativen Kräfte „mit dem christlichen Sozialismus, der dem Wesen nach eine gegen den wissenschaftlichen Sozialismus und seinen Einfluß, gegen die konsequent antiimperialistische

4.2.3 Gesprächspartner und Förderer einer revisionistischen SPD

Die Bekämpfung des Marxismus, vor allem des Klassenkampfgedankens, wurde nicht nur von der CDU betrieben; sie fand auch starke Unterstützung innerhalb der von einer reformistischen Führung bestimmten SPD.[391]
Einen antimarxistisch ausgerichteten „christlichen Sozialismus" vertraten innerhalb der SPD vor allem Teile der dem rechten Flügel zugehörigen früheren religiösen Sozialisten. Diese Gruppen bemühten sich, entsprechend ihrer schon in der Weimarer Republik vorherrschenden Orientierung auf die SPD, innerhalb der Sozialdemokratie und im Gespräch mit deren Führern um die Austilgung der Reste des Marxismus unter der Parole eines ‚undogmatischen', ‚undoktrinären', ‚ethisch vertieften' Sozialismus.
In dieser Richtung arbeitete z. B. die im Herbst 1946 in Nordrhein-Westfalen gegründete, interkonfessionell zusammengesetzte „Arbeitsgemeinschaft für Christentum und Sozialismus".[392] Hier wurde etwa verkündet:

Umwälzung nach 1945 und gegen die Errichtung der politischen Macht der Arbeiterklasse gerichtete Sozialtheorie ist, eine weltanschauliche Auseinandersetzung zwischen Marxismus und Christentum zu provozieren, die Klassengegensätze zu verschleiern und die Notwendigkeit des Klassenkampfes zu leugnen, was objektiv auf Restaurierung der imperialistischen Machtverhältnisse hinauslief."

391 Über den massiven Antikommunismus Kurt Schumachers etwa cf. Badstübner I, S. 127 f. Schumacher scheute sich nicht, in diffamierender Weise die Kommunistische Partei mit dem Hitlerfaschismus auf eine Stufe zu stellen, indem er beide unter den gängig gewordenen Begriff ‚Totalitarismus' subsumierte. Cf. Turmwächter der Deomkratie, Bd. 2, S. 64 und 191; zit. nach Badstübner I, S. 128. – Gegen Schumacher, der die Kommunisten als „rotlackierte Nazis" bezeichnet hatte (cf. den Bericht in der „Rhein-Nekkar-Zeitung" vom 25. 5. 1946), nahm Erwin Eckert in einer Rede in Heidelberg Stellung. Cf. dazu Balzer III, S. 89 ff. – Über die theoretische Diskussion zum Thema Sozialismus und Marxismus innerhalb der SPD in den ersten Nachkriegsjahren informiert z. B. die 1946–1947 erschienene Zeitschrift „Das Sozialistische Jahrhundert". Cf. auch die von W. Eichler herausgegebene Zeitschrift „Geist und Tat" sowie die Broschüre des Sozialdemokraten Wilhelm Keil „Christentum und Sozialismus", der den Sozialismus als Religion bezeichnete. (S. 13).

392 Zu solchen Zusammenschlüssen cf. „Überblick" 1948, Nr. 26, S. 15 f.; Nr. 27, S. 15 f.; Ernst Tillich, S. 155 f.; sowie die Schrift „Christentum und Sozialismus". – In diesem Kreis arbeitete auch z. B. HANS LUTZ mit. Lutz lehnte zwar den philosophischen Materialismus ab und neigte zur Theologisierung von sozialen Tatbeständen, indem er z. B. ein von Marx ökonomisch bestimmtes Phänomen wie ‚Selbstentfremdung' mit dem christlichen Begriff der ‚Sünde' zusammenbrachte. In einem eingeschränkten Sinn anerkannte er aber die „ökonomische Geschichtsauffassung" (Lutz I, S. 90 f.), die

„Der einzige Feind einer demokratischen, sozialistischen Neuordnung ist der aus dem linken und rechten Radikalismus kommende bolschewistische Faschismus, die extreme Gegensatzsynthese von Nationalismus und Kommunismus, in welcher die Irrtümer der bürgerlichen und marxistischen Bewußtseinsverengungen zur Macht drängen."[393]

Mit diesem massiven Antikommunismus, der mit dem Ausdruck „bolschewistischer Faschismus" der Totalitarismusthese entsprechend die Formel „Rot gleich Braun" propagierte, leisteten diese Gruppen – gewollt oder ungewollt – ihren Beitrag „für die Entscheidung der Machtfrage zugunsten der alten imperialistischen Kräfte".[394]

Der Schwächung einer konsequent antirestaurativen Front dienten faktisch auch die Gespräche zwischen protestantischen Kirchenführern und SPD-Politikern, soweit sie – was vornehmlich der Fall war – unter antikommunistischen Vorzeichen stattfanden.[395] Beteiligt an diesen Kontakten zwischen Christen und Sozialdemokraten waren auf kirchlicher Seite neben den oben genannten Gruppen religiöser Sozialisten Kreise der Bekennenden Kirche, Vertreter der Kirchenleitungen sowie Institutionen wie die Evangelischen Akademien oder das Evangelische Männerwerk.

„Tatsache der Ausbeutung" (ebd. S. 91) und die Notwendigkeit des Klassenkampfes für das Proletariat (Lutz II, S. 176). – Zu dieser Gruppierung gehörte auch GOTTHILF SCHENKEL, der 1946 eine Schrift mit dem Titel „Kirche, Sozialismus, Demokratie" veröffentlichte.

393 Walter Rest in „Christentum und Sozialismus", S. 36.

394 Badstübner II, S. 454. – In dem am 14./15. 8. 1948 in Frankfurt/Main wiedergegründeten „Bund der religiösen Sozialisten Deutschlands" hatte immerhin der marxistisch orientierte, in der Weimarer Republik mit Erwin Eckert zum progressiven Flügel des ‚Bundes' gehörende Emil Fuchs den Vorsitz inne. Als freilich im Zuge der Verschärfung des Kalten Krieges am 8. 8. 1949 die „Ablehnung jedes totalitären Regierungssystems (also damals konkret des Kommunismus; der Verf.) zum Prinzip erhoben" wurde, verließ Emil Fuchs den ‚Bund'. (Er ging später nach Leipzig.) Seitdem vertrat der ‚Bund' ausschließlich die Linie des ‚demokratischen Sozialismus' ebenso wie sein Organ „Christ und Sozialist". (Cf. dazu Schleich/Jentzsch, S. 3 f.) Die in diesem Blatt seither veröffentlichten Artikel über Sozialismus sind Variationen zum Thema ‚demokratischer Sozialismus'. Diese an sich sektiererhafte Gruppe um „Christ und Sozialist" hatte aber enge Verbindungen zu einflußreichen SPD-Politikern. – Zur weiteren Entwicklung von religiös-sozialistischen Gruppen cf. z. B. Hohlwein, S. 960.

395 Über das Verhältnis zwischen evangelischer Kirche und SPD nach 1945 berichtete in einer Folge von fünf Beiträgen Kurt Hutten, Herausgeber eines theologischen Periodikums für Gemeindepfarrer. Er konstatierte, daß seit 1945 „eine intensive Begegnung zwischen Kirche und Sozialismus" in Gang gekommen sei. Hutten II, S. 166.

In den bei einer Zusammenkunft zwischen Vertretern der SPD und der evangelischen Kirche am 31. 3. 1948 in Fürth von dem konservativen Theologen WALTER KÜNNETH vorgetragenen Thesen erklärte dieser die kirchengeschichtlich neue Situation einer Annäherung zwischen Kirche und SPD u. a. ,,durch die tiefgreifende soziologische Umschichtung seit dem Zusammenbruch von 1945, durch den die früheren Klassengegensätze sinnlos (!) geworden" seien, sowie ,,durch die in sozialistischen Kreisen betonte Feststellung, daß wesentliche Grundsätze des alten Marxismus heute keine Gültigkeit mehr beanspruchen".[396] – Das erste entsprach der von Kreisen der Reaktion in Umlauf gesetzten demagogischen Behauptung von der Proletarisierung aller Teile des deutschen Volkes im Gefolge des Krieges. Das zweite zeigt, daß für viele Protestanten das Gespräch mit den Sozialdemokraten erst möglich wurde, als diese ihre marxistischen Grundlagen preisgegeben hatten. – Immerhin ist es für die Situation nach 1945 erhellend, daß selbst solche erzreaktionären Vertreter des Protestantismus wie Künneth sich an der Sozialismusdiskussion zu beteiligen veranlaßt sahen.

Eine wichtige Besprechung zwischen Vertretern der Bekennenden Kirche und der SPD fand am 17. und 18. 7. 1947 in Detmold statt, an der von kirchlicher Seite u. a. Lilje und Niemöller, von sozialdemokratischer Seite u. a. Schumacher und Grimme teilnahmen. Man war sich einig, daß gemeinsamer Ausgangspunkt ,,der Mensch und seine Freiheit und nicht die Erfüllung eines Dogmas oder eine Doktrin" sei.[397] Fußend auf den ,,Werte(n) des Christentums und der abendländischen Kultur" gelte es, ,,der Gefahr einer neuen Diktatur zu begegnen, von wo immer sie drohen mag". Im Zeichen des beginnenden Kalten Krieges konnte die Stoßrichtung nur gegen die ,kommunistische Gefahr' gehen. In der gemeinsamen Abwehr des Kommunismus fanden sich die Spitzen der SPD und des westdeutschen Protestantismus zusammen. Die Ablehnung angeblich veralteter ,,Doktrinen" hatte die Funktion, auch innerhalb der SPD die für die herrschenden Klassen gefährliche marxistische Orientierung abzubauen.

Ein weiteres Beispiel für diese Tendenz innerhalb des Protestantis-

[396] Künneth, S. 69.
[397] Hutten II, S. 168.

mus, die SPD zur Preisgabe ihrer marxistischen Grundlagen zu veranlassen, bietet ein Vortrag, den der evangelische Theologe ERNST FUCHS am 29. 1. 1946 vor Stuttgarter Jungsozialisten unter dem Thema ,,Christentum und Sozialismus" hielt. Der Vortrag enthielt neben Theologisierungen des Nationalsozialismus als ,,Produkt der Verzweiflung" auch richtige Erkenntnisse seiner sozialen Entstehungsursachen und dokumentierte damit die damals weitverbreitete Einsicht in die Zusammenhänge zwischen Kapitalismus und Faschismus.[398]

Den Sozialismus definierte Fuchs als Wille zur Sozialisierung des Großbesitzes und zur Entprivatisierung des Lebens. Was die Sozialisierung betreffe, so sei durch die Katastrophe von 1945 nicht mehr viel von den Produktionsmitteln übrig geblieben und darum nicht recht einzusehen, ,,was es da überhaupt noch zu sozialisieren geben soll".[399] Und was die Entprivatisierung des Lebens angehe, dem anderen Fuchsschen Bestandteil des Sozialismus, so sei auch diese durch die allgemeine Notsituation inzwischen Wirklichkeit geworden. Auf Grund seiner grotesken Definition von Sozialismus konnte Fuchs sagen: ,,Wir stecken in einem uns schicksalsmäßig auferlegten, so von niemand gewollten Sozialismus mitten drin und müssen sehen, wie wir uns zurechtfinden."[400] Da die beiden sozialistischen Grundforderungen Fuchsscher Prägung gegenstandslos bzw. erfüllt seien, betrachtete er die Frage, was der Sozialismus wolle, als ,,gründlich überholt. So mußte früher gefragt werden, als wir unter einem kapitalistischen System lebten, das harten Anlaß dazu bot." – Fuchs dokumentierte hier die auch schon bei Künneth und von der Gablentz sichtbar gewordene Wirkung der großbürgerlichen Propaganda, nach der das Nachkriegselend alle betreffe, das Klassenproblem damit verschwunden und eine Sozialisierung gegenstandslos geworden sei.

Der Sozialismus solle bedenken, ,,daß der arme Mensch am aller-

[398] Fuchs benannte als soziale Träger des Faschismus die Schwerindustrie und den landwirtschaftlichen Großbesitz, deren Bestreben es gewesen sei, ihre ,,Machtunabhängigkeit durch eine politische Machterweiterung mit der Inanspruchnahme der nazistischen Diktatur zu sichern." Ernst Fuchs, S. 19.

[399] Ebd. S. 20 f.

[400] Ebd. S. 20.

meisten auf die Kräfte der Seele angewiesen ist".[401] Im übrigen solle er „das Wächteramt über unsre diesmal von oben *und von unten her* gefährdeten Menschenrechte übernehmen". – Was das „von unten" hieß, erläuterte Fuchs nicht näher; man wird aber nicht fehlgehen in der Vermutung, daß damit ein kommunistisch orientiertes Proletariat gemeint war, vor dem zu schützen die SPD aufgerufen wurde. Fuchs wies dem Sozialismus die Aufgabe zu, Freiheit, Gleichheit, Brüderlichkeit zu verwirklichen, und zwar durch Gerechtigkeit und Liebe, also durch das, was nach Fuchs den Gehalt des Christentums ausmacht. Der Sozialismus – so das Fazit von Fuchs – „soll genau das, was das Christentum will, nämlich gegen alle Menschen gerecht und liebreich sein".[402] Darauf reduzierte sich schließlich der Sozialismus, da seine realen Forderungen, zumal die nach Sozialisierung, ja bereits durch die allgemeine Katastrophe erledigt seien.

Das Verhältnis der Kirche zu den sozialistischen Parteien im 19. und 20. Jahrhundert reduzierte Fuchs unter Verkennung der realen Klassenbindungen der Kirche auf ein bloßes „Mißverständnis". Die Schuld der sozialistischen Parteien an diesem Mißverständnis sah er darin, daß sie, anstatt „beim praktischen Sozialismus" zu bleiben, sich in Ideologie und Weltanschauung verstiegen hätten.

„Weil die sozialistischen Parteien es versäumten, zu fragen, ob die christlichen Grundbegriffe der Gerechtigkeit und der Liebe nicht als Unterbau für ihr politisches Programm der Sozialisierung und der Hebung der Arbeiterklasse ausreichten, sondern gleich eine weltanschauliche Ideologie und diese dann natürlich im Gegensatz zum herrschenden Christentum entwarfen, haben sie es den Kirchen zu leicht gemacht, mit dem vor den Gefahren des Kapitalismus doch selbst erschrockenen Bürgertum einen um so festern Pakt zu schließen."[403]

Nach Fuchs ging es lediglich um eine ‚Hebung' der Arbeiterklasse. Von der Notwendigkeit einer Beseitigung des Kapitalverhältnisses und der Klassen sprach er nicht. Den sozialistischen Parteien warf er vor, daß sie es nicht bei christlicher Caritas hatten bewenden lassen, sondern ihr Handeln auf einer wissenschaftlichen, theoretischen

[401] Ebd. S. 21.
[402] Ebd. S. 22.
[403] Ebd. S. 24.

Grundlage vollzogen, – was im Grunde auf den Vorwurf hinauslief, daß sie überhaupt den Sozialismus auf ihre Fahnen geschrieben hätten, statt christliche Maximen. Sie hätten es sich mithin selbst zuzuschreiben, daß die Kirche daraufhin ,,mit dem in die Abwehrstellung gedrängten scheinkapitalistischen (?) Bürgertum fast verschmolzen ist". Die Schuld der Kirche sah Fuchs demgegenüber darin, daß sie es versäumt habe, den Sozialismus ,,besser zu verstehen, als er sich selbst verstand".[404]

Nach der historischen Rückblende zog Fuchs für die Gegenwart die Schlußfolgerung: ,,Die sozialistischen Ideologien sind inzwischen zusammengebrochen, sowohl in Rußland wie in Deutschland."[405] Nun sei eine Neubesinnung notwendig:

,,So ergeht die Mahnung an Euch, befreit von aller hemmenden Ideologie zu tun, was ja doch getan werden muß, bewußt zum einfachen Sozialismus der Tat zurückzukehren! Tut die Sozialdemokratie, was sie heute soll und allein tun kann, versucht sie ehrlich, in der Marschordnung der Gerechtigkeit und Liebe gegen alle Menschen, insbesondere gegenüber den Ärmsten, eine neue deutsche Zukunft aufzubauen", so tut sie das wahrhaft Christliche. Denn: ,,echter Sozialismus ist Christentum."[406]

Die zentrale Forderung, die Fuchs an die SPD richtete, sich von ,,Ideologie" freizumachen, zielte auf die Preisgabe des Marxismus als derjenigen wissenschaftlichen Theorie, an der sich das Handeln der Arbeiterklasse zu orientieren vermag. Dem entsprach sein Bestreben, die Sozialdemokratie wegzubringen von einem Klassenstandpunkt hin zur ,,Partnerschaft" mit ,,allen Menschen", also auch mit dem Klassengegner.

Die gleiche Tendenz wurde auch sichtbar in der Gedächtnisrede, die Fuchs am 25. 11. 1945 vor Gewerkschaftern in Schwäbisch-Hall zur Ehrung der Opfer des Faschismus hielt:

,,Wenn die Parteien auf ihre weltanschaulichen Ansprüche verzichten und solche Dinge der Kirche oder dem Privatmann überlassen

[404] Ebd. S. 25. – Sein mangelhaftes Ökonomieverständnis dokumentierte Fuchs mit der Frage: ,,Ist denn die Kirche dazu berufen, Großbetriebe zu verteidigen?" – als sei es um die reaktionäre Forderung nach Kleinbetrieben anstatt der fortgeschritteneren Produktionsformen gegangen!

[405] Ebd. S. 26.

[406] Ebd.

wollten, dann wäre die Türe zu ehrlicher und nüchterner demokratischer Partnerschaft weit aufgemacht. Ja sagen zur Strafe Gottes heute heißt auch zugeben, daß sich alle politischen Weltanschauungen in Deutschland unglaubwürdig gemacht haben."[407]

Der Forderung, sich vom ‚ideologischen Ballast' zu befreien, ist denn auch die SPD im Laufe der nachfolgenden Jahre zunehmend nachgekommen.

4.2.4 Kirchliche Bruderschaften

Innerhalb des offiziellen Protestantismus wurde die beginnende Restauration in Westdeutschland nur von einer Minderheit entschieden bekämpft. Es handelte sich um Teile der aus den Konflikten der Bekennenden Kirche mit dem NS-Regime – zu einem wirklichen Widerstand war es nur bei wenigen einzelnen gekommen – heraus entstandenen Bruderräte[408], die maßgeblich durch den Schweizer Theologen Karl Barth[409] bestimmt waren und politisch infolge der aus den Erfahrungen der Nazizeit noch lebendigen Erinnerung an die Liaison der großbürgerlich-militaristischen Kreise mit den Faschisten gegen ein Wiedererstarken dieser Klassen der Reaktion opponierten.

Diese kleine Gruppe christlicher Antifaschisten, die in der Anfangszeit infolge ihres partiellen Widerstandskampfes eine gewisse Autorität besaß, wandte sich auch gegen den neuentstehenden Antikommunismus innerhalb und außerhalb der Kirche. Unter dem Eindruck der Vorboten des Kalten Krieges und der massiv einsetzenden Restauration veröffentlichte der Bruderrat der EKD, das höchste Gremium der Bruderschaften, am 8. 8. 1947 in Darmstadt sein „Wort zum politischen Weg unseres Volkes".[410] Hier wurden die Zusammenhänge zwischen der konservativ-reaktionären Orientie-

[406] Ebd. S. 39.

[408] Zu den Bruderräten cf. Jannasch sowie den weniger historisch-politisch als theologisch ausgerichteten Aufsatz von Mochalski.

[409] Die Bedeutung Karl Barths, der als Schweizer hier unberücksichtigt blieb, war und ist für diese Gruppierung im westdeutschen Protestantismus außerordentlich groß. Zu neuerlichen, umstrittenen Versuchen, Karl Barth als Sozialisten zu verstehen, cf. die Arbeit von Marquardt.

[410] Abgedruckt bei Heidtmann, S. 33–35.

rung der evangelischen Kirche und ihrem Bündnis mit dem Nationalsozialismus unter der gemeinsamen Flagge des Antikommunismus aufgezeigt und in These 5 ausdrücklich die „marxistische Lehre" als Mahnruf an die Kirche erklärt, wobei es sich um die bis dahin positivste Stellungnahme zum Marxismus seitens eines relevanten Teils des offiziellen deutschen Protestantismus handelte. In dieser Verlautbarung hieß es:

„3. Wir sind in die Irre gegangen, als wir begannen eine ‚christliche Front' aufzurichten gegenüber notwendig gewordenen Neuordnungen im gesellschaftlichen Leben der Menschen. Das Bündnis der Kirche mit den das Alte und Herkömmliche konservierenden Mächten hat sich schwer an uns gerächt . . . Wir haben das Recht zur Revolution verneint, aber die Entwicklung zur absoluten Diktatur geduldet und gutgeheißen . . .
5. Wir sind in die Irre gegangen, als wir übersahen, daß der ökonomische Materialismus der marxistischen Lehre die Kirche an den Auftrag und die Verheißung der Gemeinde für das Leben und Zusammenleben der Menschen im Diesseits hätte gemahnen müssen. Wir haben es unterlassen, die Sache der Armen und Entrechteten gemäß dem Evangelium von Gottes kommendem Reich zur Sache der Christenheit zu machen . . .
7. . . . laßt Euch nicht verführen durch Träume von einer besseren Vergangenheit oder durch Spekulationen um einen kommenden Krieg, sondern werdet Euch in dieser Freiheit und in großer Nüchternheit der Verantwortung bewußt, die alle und jeder einzelne von uns für den Aufbau eines besseren deutschen Staatswesens tragen, das dem Recht, der Wohlfahrt und dem inneren Frieden und der Versöhnung der Völker dient."

Das Verhältnis dieser Gruppe zum Sozialismus und Marxismus soll hier stellvertretend an einem der Verfasser der Bruderratserklärung, dem schwäbischen Pfarrer und späteren Theologieprofessor HERMANN DIEM, untersucht werden. Ebenso wie das Darmstädter Wort des Bruderrats von 1947 stand auch der im gleichen Jahr geschriebene Aufsatz von Diem, „Die Kirche zwischen Rußland und Amerika", unter dem Eindruck des sich bereits abzeichnenden Kalten Krieges und war als Aufruf an die Kirche geschrieben, sich eingedenk ihrer Vergangenheit nicht wieder vor den Karren imperialistischer Politik spannen zu lassen.
Diem begann mit einem Rückblick auf die jüngste Kirchengeschichte und wies darauf hin, daß der in der Kirche wieder wach-

sende Antikommunismus die Fortsetzung einer verhängnisvollen Tradition darstelle, denn unter der gleichen Parole der Rettung der abendländischen Kultur vor dem gottlosen Bolschewismus sei die Kirche am Ende der Weimarer Republik das Bündnis mit den Faschisten eingegangen. Die alte Front von damals sammle sich heute wieder in der deutschen Christenheit. Damit werde die Politik des Nationalsozialismus nachträglich gerechtfertigt. Diese Frontstellung zum Marxismus dürfe aber die Kirche nicht mitmachen.[411]

Im Osten des ehemaligen deutschen Reiches sei die Kirche in ihrem äußeren Bestand durch soziale Veränderungen schwer erschüttert worden, „z. B. durch die Bodenreform und die Aufhebung des Patronats der Großgrundbesitzer",[412] wodurch eine Verarmung der die Kirche auch finanziell tragenden Kreise eingetreten sei. In dieser Lage sei vor der Gefahr zu warnen, daß die Kirche in der Parteinahme für jene Kreise die politische Reaktion unterstütze.

Diem richtete seine Warnung vor allem auch an die Christen Ostdeutschlands, die, nachdem die Kirche dort viele ihrer Privilegien verloren habe, in besonderem Maße dazu neigen könnten, sich auf die Seite der alten, entmachteten Klassen zu schlagen. Demgegenüber forderte er dazu auf, den Neuaufbau der Kirche nicht von der Institution einer privilegierten, zentralistisch-hierarchischen Gesamtkirche, sondern von der Einzelgemeinde her vorzunehmen. – Diems Forderung nach der Lösung der Kirche von der bürgerlichen Front und seine Betonung der Einzelgemeinde enthielten ein Demokratisierungsmoment, vergleichbar in gewisser Hinsicht der Volkskirchenbewegung nach 1918.

Er warnte insbesondere davor, die Kirche in der SBZ als eine Art kirchlicher ‚Irredenta' anzusehen, weil dann der Schritt zur nationalen, politischen Irredenta nicht weit sei. Richtig erkannte er, daß in der SBZ an der Einheit Deutschlands festgehalten wurde, daß hingegen „Industriekreise" im Westen die Spaltung Deutschlands betrieben aus Furcht vor kommunistischer „Einverleibung".[413] Demgegenüber müsse die Kirche an der nationalen Einheit festhalten, um

[411] Diem II, S. 4.
[412] Ebd. S. 13.
[413] Ebd. S. 17.

die ideologischen Gegensätze beider Teile Deutschlands überwinden zu helfen.

Eine Möglichkeit für die Überwindung der Ost-West-Gegensätze glaubte Diem in gewissen Ähnlichkeiten der beiden Wirtschaftssysteme erblicken zu können, indem z. B. auch im Westen Planungselemente aufgenommen seien:

,,Tatsächlich greifen fast überall in der Welt beide Systeme ineinander, und es ist nicht einzusehen, warum ein solches Arrangement nicht auch zwischen Rußland und Amerika möglich sein sollte."[414]

Eine solche Aussage mochte in der politischen Situation von 1948 durchaus die Funktion gehabt haben, einen Beitrag zum Abbau von Vorurteilen gegenüber den sozialistischen Ländern zu leisten. Auf der anderen Seite kündigten sich hier bereits ansatzweise gewisse konvergenztheoretische Gesichtspunkte an, die bei der Auseinandersetzung westdeutscher Theologen mit den sozialistischen Staaten in späteren Jahren zunehmend an Bedeutung gewinnen sollten.[415]
Die Tatsache, daß mit wachsender Monopolisierung auch in den kapitalistischen Gesellschaften zunehmend Elemente von Planung und staatlicher Wirtschaftslenkung eingeführt wurden, gerade um die Fortführung privater Profitproduktion unter neuen ökonomischen und politischen Bedingungen zu gewährleisten, ließ bei Diem – und nicht nur bei ihm – den Schein einer Annäherung der Systeme entstehen, deren gegensätzliche Eigentumsverhältnisse aber den oberflächlich ähnlichen ökonomischen Maßnahmen grundlegend verschiedene soziale Inhalte verleihen.

Indem die Kirche auf konvergierende Momente zwischen den Systemen aufmerksam mache, sei sie in der Lage, den Politikern zu helfen, ,,sich von ideologischen Verhärtungen freizumachen, welche sie nur hindern können, das jeweils praktisch Geforderte zu tun". – Wieder zeigt sich hier, wie auch etwa bei Ernst Fuchs u. a., die typische Aufforderung zu einem vermeintlich nur von Sachgesetzlichkeiten geleiteten Pragmatismus, zur Abkehr von ‚Ideologien', vor allem also von der marxistischen Theorie – eine Tendenz, die in den

[414] Ebd. S. 18.
[415] Zur Konvergenztheorie als verfeinerter Spielart antikommunistischer Ideologie cf. Rose; zu konvergenztheoretischen Elementen in der evangelischen Theologie cf. Werner I.

folgenden Jahren auch ihren Ausdruck gefunden hatte in der Theorie der ,Entideologisierung'.
Nach Diem, der diese Aufforderung besonders an die streitenden ,,marxistischen Brüder" in Ost und West richtete, an die in ihre Ideologien ,,verrannten Partner", gehe es der Kirche nicht um Ideologie, sondern ,,um den Menschen als solchen";[416] es gelte, für die Not des ,,konkreten Menschen" einzustehen. Die Kirche müsse in ihrem praktischen Dasein die Gegensätze zwischen den Systemen überwinden, wie das bereits im neutestamentlichen Paradigma des Philemon veranschaulicht sei,[417] – wo unter Beibehaltung der unterschiedlichen Klassenpositionen Herr und Sklave eins sind innerhalb der sie beide verbindenden Kirche und wo die innere (christliche) Einstellung die äußere, reale Veränderung der sozialen Lage überflüssig macht.
Diem redete damit faktisch der Klassenverbrüderung unter dem Dach der Kirche das Wort bzw. der Verschleierung der Klassengegensätze. Die marxistische Theorie war für ihn ,Ideologie' im Sinne eines an sich für die konkrete Lösung der sozialen Probleme überflüssigen, wenn nicht störenden weltanschaulichen Beiwerks; sie galt ihm nur als eine Spielart der abstrakten, idealistischen Systeme,[418] in denen der ,,einzelne lebendige Mensch" durch eine ,,Theorie vom Menschen" vergewaltigt werde. Er bediente sich dabei gängiger Stereotypen der bürgerlichen Marxismuskritik: ,,Der Mensch von heute wird als Mittel geopfert zum Zweck des Menschen von morgen."[419] Diem merkte nicht, daß sein ,,konkreter Mensch" in Wirklichkeit selber ein Abstraktum ist, weil von dem folgenreichen Merkmal der Klassenzugehörigkeit abstrahiert wird, deren Erkenntnis ein Resultat erst der theoretischen Reflexion ist, welche die unmittelbare Scheinkonkretheit des ,,Menschen als solchen" als schlechte Abstraktion enthüllt und ,,den Menschen" mit

[416] Diem II, S. 19.
[417] Ebd. – Dieser Hinweis auf das Philemon-Paradigma, wonach ,,Christus . . . die Glieder seiner Gemeinde als Brüder aneinanderbindet, . . . nicht abgesehen von ihren politischen und sozialen Verhältnissen, sondern in denselben, als Arbeitnehmer und Arbeitgeber, als Alt- und Neubürger, als Anhänger der verschiedenen Parteien und politischen Ideologien und Heilslehren", findet sich auch bei Diem III, S. 132.
[418] Ebd.
[419] Ebd. S. 131.

seinen gesellschaftlichen Bezügen vermittelt, die erst die wirkliche Konkretion ergeben.

Die unentwegte Betonung des ‚einzelnen', ‚konkreten', ‚lebendigen' Menschen gegenüber einem ‚System', einer (bloßen) ‚Theorie' vom Menschen bzw. von der Entwicklung der ‚Menschheit' weist bei dem Kierkegaard-Herausgeber Diem unverkennbar auf existenzphilosophische Einflüsse hin. Die heftige Abneigung Kierkegaards gegen das ‚Systemdenken' Hegels setzte sich bei den Vertretern der „Dialektischen Theologie", deren zwei Hauptrichtungen, die Schule Rudolf Bultmanns und die Karl Barths, sich beide auch auf Kierkegaard beriefen (die Bultmann-Schule freilich stärker auf Heidegger), in einer gewissen Theoriefeindlichkeit fort, die in Gestalt der Ablehnung der marxistischen Theorie sowohl bei dem Barthianer Hermann Diem wie bei dem Bultmann-Schüler Ernst Fuchs zum Ausdruck kam.

Diem blieb bei aller ausdrücklichen Ablehnung des Antikommunismus und dem aufrichtigen Wunsch nach Abbau der Gegensätze zwischen West und Ost dem bürgerlichen Bewußtsein verhaftet, sowohl was seine Verkennung des Klassencharakters der entgegengesetzten Gesellschaftssysteme, deren Annäherung er behauptete, anging, als auch in seiner Verkennung der Bedeutung der marxistischen Theorie als eines Leitfadens zur Erkenntnis der sozialen Realität, der für einen erfolgversprechenden Kampf der unterdrückten Klassen um eine grundlegende Veränderung ihrer Lage unabdingbar ist.

Nach der für diese Gruppierung innerhalb des westdeutschen Protestantismus charakteristischen, aber nicht auf sie beschränkten Auffassung steht die Kirche an einem ‚dritten' Ort, zwischen oder über den verschiedenen Klassenfronten. Die soziale Wurzel dieser Ansicht dürfte in der privilegierten Situation der Kirche und ihrer damit verbundenen relativen Verselbständigung und Entrückung von den unmittelbaren Produktions- und Reproduktionserfordernissen der bürgerlichen Gesellschaft liegen, verstärkt noch durch die soziale Stellung der solche Ideologien konzipierenden Theologen als Intellektuelle mit der für diese ‚Zwischenschicht' typischen Affinität zu kleinbürgerlichen Illusionen. Diese Auffassung von der Verortung der Kirche in einem sozialen Zwischenreich kam auch in dem Diem-

schen Aufsatz „Der Antibolschewismus als Frage an die Kirche" zum Ausdruck.
Wieder absehend vom gesellschaftlichen Inhalt und fixiert an die Oberfläche der politischen Form, den Staat, sprach Diem auf Grund formaler Ähnlichkeiten parallelisierend vom nationalsozialistischen und vom ‚bolschewistischen Polizeistaat', gegen die gleichermaßen Widerstand zu leisten geboten sei. Der Kirche gehe es dabei – gemäß ihrer vermeintlichen Position zwischen den sozialen Gegensätzen – um eine „dritte Möglichkeit" des Zusammenlebens. Was damit gemeint war, sagte Diem freilich nicht.[420] Es läßt sich aber erschließen, daß er dabei eine Art formaler Demokratie im Auge hatte,[421] die einfach „vernünftig" sei, d. h. ohne die von ihm auch in den existierenden „westlichen Demokratien" festgestellten undemokratischen Erscheinungen. Eben weil auch die westlichen Staaten dieser „dritten Möglichkeit" nicht entsprächen, verbiete sich für die Kirche, trotz der auch für sie beunruhigenden „bolschewistischen Gefahr", eine einfache Option für den Westen. Vielmehr müsse die Kirche zwischen den Fronten stehen und, aus dem Evangelium heraus handelnd, die „dritte Möglichkeit" propagieren.[422]
Diese vermeintliche Stellung der Kirche zwischen den Fronten, vermischt mit indirekten Konvergenztheoremen und subtileren Formen des Antikommunismus bei gleichzeitiger subjektiver Aufrichtigkeit, spiegelt sich auch in dem am 2. 11. 1949 veröffentlichten Wort des Bruderrats der EKD „Gebt Gott recht"[423] wider. Unter

[420] Diem I, S. 23. – Von einem ‚dritten Weg' sprach Diem auch im Zusammenhang der Diskussionen über die möglichen Folgen (‚kommunistische Einverleibung') einer Neutralisierung Deutschlands: „Wir werden den deutschen Raum nur dann mit einem eigenen Inhalt füllen können, der diesem Einfluß des Ostens widerstehen kann, wenn wir eine soziale und wirtschaftliche Ordnung vorzuweisen haben, die besser ist als die kapitalistische und als die bolschewistische." Diem III, S. 133. Auch hier sagte Diem nichts darüber, wie diese ‚bessere Ordnung' konkret aussehen sollte, sie solle lediglich eine solche sein, „in der für den einzelnen Menschen heute besser gesorgt werden kann".
[421] Cf. z. B. auch die Forderungen, die Vertreter der Bruderschaften bei einem Gespräch mit der KPD an ihre kommunistischen Gesprächspartner richteten: diese sollten im politischen und wirtschaftlichen Kampf die bürgerlichen Freiheiten zulassen, unter Einschluß des Aussperrungsrechts! Ebd. S. 131.
[422] Zum Konzept des ‚dritten Weges' als einer indirekten Variante der Konvergenztheorie cf. Roer, S. 69 ff., dessen Ausführungen sich zwar dort auf die Theologie Wendlands beziehen, aber partiell auch hier anwendbar sein dürften.
[423] Abgedruckt bei Heidtmann, S. 75–80.

dem Eindruck des sich verschärfenden Kalten Krieges, dessen wirkliche Ursache nicht erkannt wurde, schrieb der Bruderrat:

,,Wir reden nicht als die Parteigänger einer menschlichen Weltanschauung oder eines politischen Programms, nicht in der Sache eines Gottes des Westens oder eines Gottes des Ostens, sondern im Namen des Gottes, der seinen Sohn für beide, für den Menschen des Westens und für den Menschen des Ostens . . . an das Fluchholz hat schlagen lassen."[424]

Gewarnt wurde vor dem ,,Götzen, der unser Volk in den Untergang reißen will und der ihm einredet, ein dritter Weltkrieg oder eine Weltrevolution könnte seine Rettung werden!"[425] Abstrakt wurde zur Versöhnung aufgerufen:

,,Laßt uns endlich in dem anderen nicht mehr zuerst den ehemaligen PG oder Offizier oder Staatsbeamten, nicht das Werkzeug einer Politik des Ostens oder des Westens, sondern den Menschen sehen."

Ost und West wurden scheinbar gleichermaßen kritisch befragt:

,,Ist der Dollar der Retter der Welt? . . . Ist in dem von einer totalen Staatsmacht regierten Kollektivmenschen, in dem Roboter einer maschinisierten Gesellschaft, der Mensch, der nach Gottes Ebenbild geschaffen wurde, noch wiederzuerkennen?"[426]

Kapitalismus und Sozialismus wurden ohne Differenzierung hinsichtlich der entgegengesetzten sozialen Inhalte parallelisiert:

,,Es ist unmenschlich, den Menschen als eine Arbeitsware zur Vermehrung des Kapitals zu behandeln. Es ist unmenschlich, ihn zum Zwangsarbeiter im Dienste staatlicher Planwirtschaft zu erniedrigen."[427]

In der anschließenden Forderung nach – bürgerlich verstandenen – rechtsstaatlichen Verhältnissen, wobei als Adressat unausgesprochen wohl die sozialistischen Staaten gemeint waren, zeigte sich die ungewollte Schlagseite zum Westen hin, denn gefordert wurde nicht die Abschaffung des Kapitalismus zur Beseitigung dieser – der kapitalistischen – Form und Ursache der gebrandmarkten Unmenschlichkeit.

[424] Ebd. S. 76.
[425] Ebd. S. 77.
[426] Ebd. S. 78.
[427] Ebd. S. 79.

Zur richtigen Einschätzung der Position und der Absichten der Bruderschaften kann eine Bemerkung von Diem beitragen, in der er die Motivation des Reichsbruderrats bei der Veröffentlichung des Darmstädter Worts nannte und die von den Bruderschaften initiierten Gespräche mit der kommunistischen Partei begründete:

Mit dem Darmstädter Wort ist der Bruderrat „aus der in hundert Jahren erstarkten politischen, sozialen und weltanschaulichen Front zwischen Kirche und marxistischer Arbeiterschaft ausgebrochen – gewiß nicht, um sich nun auf die andere Seite der Front zu schlagen. Wir mußten es tun, um wieder für alle als Kirche sichtbar zu werden und zu allen glaubwürdig reden zu können."[428]

Diese Motivation erinnert an die Versuche der religiösen Sozialisten, die sich nach 1918 ebenfalls bemüht hatten, die Kirche aus der bürgerlichen Front zu lösen, um sie auch für die Arbeiter wieder annehmbar zu machen. In dieser Hinsicht, nicht in theologischer, haben die Bruderschaften in gewisser Weise das Erbe der religiösen Sozialisten aus der Weimarer Zeit angetreten. Ähnlich den religiösen Sozialisten verfolgten auch die Bruderschaften bei ihren Gesprächen mit der SPD und mit der KPD die Absicht, ihre Gesprächspartner zum Abrücken vom Marxismus als von einer die praktische Zusammenarbeit ‚um des konkreten Menschen willen' vermeintlich behindernden ‚Ideologie' zu veranlassen.

Freilich war diese Ablehnung des Marxismus anders zu beurteilen als z. B. diejenige innerhalb der CDU. Die Bruderschaften suchten ernsthaft, wenn auch inkonsequent und – auf Grund ihrer bürgerlichen Schranken – mit unzureichenden Mitteln, die restaurative Entwicklung nach 1945 in und außerhalb der Kirche zu verhindern. Sie akzeptierten partiell die marxistische Kritik am Kapitalismus[429] und wollten eine „bessere Ordnung" in Deutschland, ohne freilich konkret sagen zu können, wie diese aussehen sollte. Für die Herstellung dieser „besseren Ordnung" waren sie unter bestimmten Bedingun-

[428] Diem III, S. 131.

[429] Diem berichtete von einem Gespräch mit der kommunistischen Partei von Rheinland-Pfalz: Wir wollten „uns auch der marxistischen Kritik am Kapitalismus nicht verschließen, der hinter ERP und Ruhrstatut steht, und dessen Gefahren – Wirtschaftskrise, Massenarbeitslosigkeit – trotz der augenblicklichen Erfolge von Prof. Erhards Wirtschaftspolitik nicht gebannt sind." Diem II, S. 131.

gen auch zu einer Zusammenarbeit mit den Kommunisten bereit.[430] Sozialgeschichtlich gesehen waren die kirchlichen Bruderschaften denjenigen Kreisen des kleinen und mittleren Bürgertums zuzurechnen, die nicht zuletzt aus der Erfahrung des Faschismus heraus zu einer demokratisch-antiimperialistischen Orientierung gelangt waren und in den Jahren des Kalten Krieges einen nicht unwichtigen Teil der bürgerlich-demokratischen Opposition in Westdeutschland repräsentierten.

Zwar stellten diese Positionen immer noch eine Minderheit im deutschen Protestantismus dar, deren Einfluß während des Kalten Krieges weiter zurückgedrängt wurde, aber im Unterschied zur Weimarer Zeit reichte die Position der Bruderschaften bis in den offiziellen Protestantismus hinein, ja bis in die Leitung einzelner Landeskirchen, wenn man z. B. an Martin Niemöller denkt, der jahrelang Präsident der Hessen-Nassauischen Landeskirche war.

4.2.5 Der offizielle Protestantismus

Wie heterogen politisch die Bekennende Kirche zusammengesetzt war, aus der die Bruderräte hervorgingen, wird an dem zu den Führern der Bekennenden Kirche gehörenden HANS ASMUSSEN deutlich, der von 1946–48 Präsident der Kanzlei der EKD war und in dieser Eigenschaft als ein einflußreicher Repräsentant des offiziellen Protestantismus gelten konnte. Als der Bruderrat der EKD das Darmstädter Wort veröffentlicht hatte, gab es heftige Kritik seitens des der CDU nahestehenden Lutheraners Asmussen. Er hatte vor allem die

„allerschwersten Bedenken . . . gegen die unkritische Art, wie der ‚ökonomische Materialismus der marxistischen Lehre'" zitiert wurde, eine Lehre, die er „nicht für einen Deut erträglicher anzusehen (vermochte) als die Lehre Rosenbergs. Rosenberg war dümmer als Karl Marx, aber eine Steigerung bewußter Gottlosigkeit gibt es nicht. Und diese ist das Signalelement beider. Der Bruderrat muß das Mißverständnis bald aufklären, ob er am Materialismus und an der Lehre des Karl Marx anders interessiert ist als im Sinne unseres

[430] „. . . und wenn es unseren kommunistischen Partnern auch um den Menschen und nicht um die Durchsetzung ihrer Theorie vom Menschen geht, werden wir auch hier je und je praktisch zusammenarbeiten können." Ebd. S. 133.

Ordinationsgelübdes, nach dem wir alle gegen das Evangelium streitenden Lehren äußersten Fleißes zu meiden und zu bekämpfen haben."[431]

Asmussen sprach dann von der Schuld, die sich die Linksparteien aufgeladen hätten, und zwar

„durch Proklamation des Klassenkampfes und das heißt der Begehrlichkeit, des Massenmordes, der Verteufelung des Gegners, der Auflösung der menschlichen Gemeinschaft.[432] Das sozialistische Manifest ist ein Dokument der Unduldsamkeit, ein Vorläufer der Lehren Hitlers (!)."

Gegen ein Gespräch mit dem Sozialismus in dem Sinne, wie und sofern die Kirche auch ihm „das Evangelium schuldig" sei, hatte der Prediger Asmussen nichts einzuwenden.

„Das darf aber nicht geschehen, ohne deutlicher zu machen, daß es nicht zuletzt Karl Marx und seine Nachfolger – auch die religiösen Sozialisten – sind, die die Mitschuld am Nationalsozialismus tragen. Die totalitäre Staatsform ist ein notwendiger Entwicklungspunkt auf dem marxistischen Wege."

Wie sehr auch die von Asmussen im letzten Teil seines Briefes vorgetragene ‚theologische' Kritik an der Bruderratserklärung die Muttermale sehr ‚irdischer', sozialhistorisch konkret aufzeigbarer Interessen an sich trug, zeigt das folgende Zitat:

„Wollen Sie sagen, daß der Ruf zum Sozialismus uns so gewiß geoffenbart sei wie der Ruf zu einer reinen Ehe oder zur Achtung fremden Eigentums? Ich hätte den Mut nicht. Haben Sie den Mut, dann dürfen Sie nicht verschweigen, daß die ersten Versuche zur Sozialisierung im neuen Deutschland – die Bodenreform in Thüringen – alle Merkmale des bösen sozialistischen Manifests und der französischen Revolution, aber kein einziges Merkmal des siebenten Gebotes an sich trugen."[433]

Asmussen gehörte neben Dibelius, Hahn, Heinemann, Held, Lilje, Meiser, Niemöller, Niesel, Smend und Wurm zu den Unterzeichnern der berühmten Stuttgarter Erklärung vom 18. 10. 45.[434] Darin hatte sich die evangelische Amtskirche angesichts ihres Versagens

431 Asmussen, S. 10.
432 Man erinnert sich an Passagen von Wichern; cf. oben S. 76 ff.
433 Asmussen, S. 11.
434 Abgedruckt bei Heidtmann, S. 19 f.

gegenüber dem „nationalsozialistischen Gewaltregiment" öffentlich – wenn auch in umwundenen Worten – in die „Solidarität der Schuld" gestellt und sich angeklagt, daß sie „nicht mutiger bekannt, nicht treuer gebetet, nicht fröhlicher geglaubt und nicht brennender geliebt" habe. Irgendwelche Auswirkungen oder Konsequenzen dieser von ihm mitunterzeichneten offiziellen Schulderklärung der evangelischen Kirche in Richtung auf eine veränderte politische Einstellung sucht man bei Männern wie Asmussen – oder auch Dibelius – vergebens. Asmussens massiver Angriff auf das Darmstädter Wort des Bruderrats, in dem dieser auf seine Weise – die Stuttgarter Erklärung konkretisierende – Konsequenzen aus der Vergangenheit der evangelischen Kirche gezogen hatte, bestätigte die praktische Folgenlosigkeit des offiziellen Schuldbekenntnisses von Stuttgart für die von Asmussen repräsentierten Teile der Amtskirche. Zugleich veranschaulichte diese reaktionäre Kritik an der Bruderratserklärung die damals bereits aufgebrochenen politischen Gegensätze zwischen dem im Zuge der Restauration immer stärker gewordenen rechten Mehrheitsflügel des offiziellen Protestantismus und der progressiven, durch die Kirchlichen Bruderschaften repräsentierten Minderheit, auch wenn die Attacke Asmussens in dieser Schärfe damals (1947) noch keine weitere öffentliche Unterstützung fand.[435]
Andere führende Kirchenvertreter wie Dibelius, die in der nachfolgenden Ära des Kalten Krieges sich in antikommunistischer Verteufelung hervortaten, hielten sich diesbezüglich in den Anfangsjahren nach Kriegsende noch merklich zurück.
Daß in der Sache die von Asmussen vorgenommene diffamierende Gleichsetzung von Kommunismus und Faschismus im westdeutschen Protestantismus bereits üblich war, soll an einer Schrift gezeigt werden, die der Akademiedirektor von Bad Boll, EBERHARD MÜLLER, den man von seiner Funktion her dem offiziellen Protestantismus zurechnen darf, veröffentlichte.
Der Broschüre mit dem Titel „Hauptsache: Der Mensch. Zur neuen Begegnung von Christentum und Sozialismus" lag ein vom Autor in der Evangelischen Akademie Bad Boll gehaltener Vortrag zugrunde.

[435] Cf. Hutten II, S. 190.

Über die Zielsetzung der Arbeit der Evangelischen Akademien und ihrer Veröffentlichungen hieß es im Impressum programmatisch:

Sie ,,wollen das Gespräch der Kirche mit den verschiedenen Berufsständen unseres Volkes in die Öffentlichkeit hineintragen, um auf diese Weise Wege zu neuen Grundlagen unseres persönlichen und gesellschaftlichen Lebens zu zeigen".[436]

Müller ging von der immens gewachsenen Bedeutung aus, die der Marxismus heute für immer mehr Menschen habe, meldete aber auch gleich seine Bedenken an:

Es kann sich ,,für uns heutige Menschen weder darum handeln, einfach zu bestreiten, daß der Marxismus eine großangelegte Kampfbewegung für Recht und Würde des arbeitenden Menschen gewesen (!) ist, noch vermögen wir zu behaupten, daß der Marxismus dem, was der Mensch für die Entwicklung der Geschichte bedeutet, was sein Wesen und seine Verantwortung ist, im wahren Sinne gerecht geworden sei."[437]

Der Verfasser konzedierte Marx, daß er im Kampf um Menschenrecht und Menschenwürde drei entscheidende Fortschritte gebracht habe:

1) Sein ,,Realismus": er habe erkannt, daß es nicht um Ideen, sondern um ,,Wirklichkeiten" gehe, worin das relative Recht des marxistischen Materialismus gegenüber dem bürgerlichen Idealismus liege.[438]

2) Seine ,,Behauptung einer gesetzmäßigen Entwicklung der wirtschaftlichen Dinge", die Erkenntnis, daß die wirtschaftliche Ordnung mächtiger sei als der Einzelne, weshalb es um die Schaffung rechter Ordnungen gehe, nicht nur um das soziale Handeln des Einzelnen. Die von Marx behauptete ,,fortschreitende Expropriierung des Besitzes durch wenige Hyänen des Besitzes" hätte freilich ein noch größeres Ausmaß angenommen, wenn nicht – neben dem Aufkommen der Gewerkschaftsbewegung als *einem* gegenläufigen Fak-

[436] Die Aufgabe der Evangelischen Akademien bestimmte Müller an anderer Stelle als ,,Dienst zur Heilung des innerlich zerrissenen Sozialkörpers"; zit. bei Kupisch VII, S. 113. – Daß sie die ihnen zugedachte soziale Funktion später gut erfüllten, bestätigte ein Kommissionsbericht der EKD, in dem der Beitrag der Evangelischen Akademien ,,zur Auflösung sozialer Spannungen in der pluralistischen Gesellschaft" hervorgehoben wurde. Zit. ebd. S. 120.

[437] Müller S. 4.

[438] Ebd. S. 8.

tor – „die fortschreitende Besinnung der staatlichen Gewalt auf ihr Amt der ausgleichenden Gerechtigkeit hier in wachsendem Maße Grenzen und Dämme errichtet hätte".[439]
3) Seine Mitwirkung am Entstehen der Gewerkschaftsbewegung, in welcher die Schwächepositionen des vereinzelten Arbeiters durch Solidarität aufgehoben werde.
Sogleich aber warnte Müller:

Es ist falsch, „wenn diese Solidarität als politisches Machtinstrument mißbraucht wird und der Streik nicht mehr zur Erkämpfung berechtigter wirtschaftlicher Forderungen, sondern als Mittel zur Durchsetzung monopolistischer Machtansprüche gebraucht wird ... (Und) wie der Staat die Verfügungsgewalt des Unternehmers, so (muß er) auch die Verfügungsgewalt der Gewerkschaft an den Zügel des Gemeinwohls nehmen."[440]

Hier wird deutlich, welches die „Wege zu neuen Grundlagen unseres ... gesellschaftlichen Lebens" waren, die die Evangelischen Akademien weisen wollten. Es waren die Wege, welche zur Sicherung der alten, kapitalistischen Grundlagen der westdeutschen Gesellschaft führen sollten mit Hilfe der Ideologie der Sozialpartnerschaft und des Gemeinwohls, nach dem – wie es dann die Praxis der Rechtsprechung der Arbeitsgerichte später kodifizierte – nicht-‚sozialadäquate' oder gar politische Streiks unzulässig seien.
„Nach dieser positiven Würdigung der marxistischen Lehre", wie der Verfasser seine Darlegungen einschätzte, wies er nun mit Nachdruck auf die „Grenzen" des Marxismus hin. Die Methode von Müllers Kritik des Historischen Materialismus bestand darin, daß er ihn einem mechanistischen Materialismus subsumierte und diesen dann auf trivialste Weise als eine Lehre charakterisierte, die „alle Lebensäußerungen des Menschen im wesentlichen auf zwei Grundfaktoren zurück(führt): auf Erbmasse und Umwelt",[441] wobei der Historische Materialismus diejenige Spielart sei, die alles auf „Umwelteinflüsse" zurückführe.
Mit der Bestimmung des Materialismus nach einer Erbmasse- und einer Umwelt-Variante als gleichsam zwei Ästen an ein und demsel-

[439] Ebd. S. 10.
[440] Ebd. S. 11.
[441] Ebd. S. 12.

ben Stamm wurde die Gleichung „Rot gleich Braun" vorbereitet: der Materialismus habe einerseits den Kommunismus, andererseits den Nationalsozialismus hervorgebracht.[442]
Nun fiel es dem Verfasser nicht mehr schwer, die „Inhumanität des Materialismus" nachzuweisen. Für den Historischen Materialismus gehe die ökonomische Entwicklung naturnotwendig vonstatten. Der Mensch habe eigentlich keinen Anteil an dieser Entwicklung. – Müller unterstellte eine Auffassung, nach der die gesellschaftliche Entwicklung etwas von den Menschen Abgesondertes, ein hypostasiertes Subjekt sei. Wie viele bürgerliche Marxismuskritiker vermochte er die Dialektik nicht zu begreifen, daß die gesellschaftlichen Verhältnisse *im* Verhalten der Individuen zueinander bestehen und entstehen, wobei unter bestimmten historischen Bedingungen, nämlich einer klassenbestimmten Arbeitsteilung und des Privateigentums an Produktionsmitteln, diese von den Individuen selbst geschaffenen Bedingungen und Verhältnisse sich ihnen gegenüber verselbständigen zu einer sachlichen, sie beherrschenden, scheinbar fremden Macht.[443] – Marx, so fuhr Müller fort, habe auf Grund der Zwangsläufigkeit der ökonomischen Entwicklung die wachsende Verelendung des Proletariats „jubelnd begrüßt".[444]

[442] Wie sehr diese demagogische Argumentationsreihe bei den Kräften der Restauration damals gängig war, illustriert ein Ausspruch von Adenauer (Westfalen-Zeitung vom 1. 4. 1947): „Aus dem Materialismus stammt der Kapitalismus, stammt der Sozialismus und stammt der Nationalsozialismus. Deshalb wollen wir heute die Rückkehr zum christlichen Denken." (Zit. nach Badstübner I, S. 161).

[443] Cf. zu dieser Dialektik die folgenden Passagen aus der „Deutschen Ideologie": Die Bedingungen, unter denen die Individuen allein ihr materielles Leben produzieren können, sind „die Bedingungen ihrer Selbstbetätigung und werden von dieser Selbstbetätigung produziert." (MEW 3, S. 72) „. . . die Verhältnisse der Individuen *können* unter allen Umständen nichts anderes als ihr wechselseitiges Verhalten (sein) . . . (Es war) das persönliche, individuelle Verhalten der Individuen zueinander, das die bestehenden Verhältnisse schuf und täglich neu schafft . . . Es stellt sich hierbei allerdings heraus, . . . daß die verschiedenen Generationen von Individuen, die miteinander in Verhältnisse treten, einen Zusammenhang unter sich haben, daß die Späteren in ihrer physischen Existenz durch ihre Vorgänger bedingt sind, die von ihnen akkumulierten Produktivkräfte und Verkehrsformen übernehmen und dadurch in ihren eignen gegenseitigen Verhältnissen bestimmt werden. Kurz, es zeigt sich, daß eine Entwicklung stattfindet und die Geschichte eines einzelnen Individuums keineswegs von der Geschichte der vorhergegangenen und gleichzeitigen Individuen loszureißen ist, sondern von ihr bestimmt wird." (Ebd. S. 423) Zur Verselbständigung der Verhältnisse cf. ebd. S. 423 f. Zum ganzen cf. Hahn I, S. 70 ff.

[444] Müller wollte im wissenschaftlichen Sozialismus, nachdem er ihm ein metaphysi-

Auch im Verständnis des Verhältnisses von Reform und Revolution sah Müller den Marxismus „in bedenklicher Nähe des Nationalsozialismus stehen".[445] Für diese Nähe bemühte er Himmler als Zeuge, der ein mechanistisches Menschenbild vertreten habe, auf das auch der Historische Materialismus hinauslaufe, da hier „der Mensch" geleugnet bzw. zum bloßen Funktionär werde.

War somit die „Inhumanität" des Marxismus als einer Spielart des Materialismus enthüllt, konnte er nun nicht nur wissenschaftlich, sondern auch politisch für überholt erklärt werden, zumal – wie Müller diagnostizierte – seitens der Arbeiterschaft gegenüber der „materialistischen Ideologie" eine wachsende Ablehnung zu registrieren sei, – deren Verstärkung sich im übrigen gerade als ein vorrangiges didaktisches Ziel der Akademiearbeit herausstellte.

Nachdem der Verfasser mit Genugtuung festgestellt hatte, daß auch die führenden Köpfe des Sozialismus (gemeint war die SPD) sich gegen die Beibehaltung der marxistischen Theorie als Anleitung zur Praxis entschieden haben, sah der Theologe die Möglichkeit und Notwendigkeit einer wichtigen gesellschaftlichen Dienstleistung der Kirche, nämlich das ideologisch-theoretische Vakuum anstatt mit dem Marxismus mit der christlichen Soziallehre als weltanschaulicher und handlungsorientierender Basis auszufüllen.

Für die von Müller vertretene christliche Lehre lag im Unterschied zur marxistischen Theorie die Ursache für die gegenwärtige Misere der „abendländischen Welt" nicht in den gesellschaftlichen Verhältnissen, sondern darin, daß der Mensch nicht mehr unter Gott stehe und seine eigene Wertordnung aufgerichtet habe. Hierin sei auch der Marxismus der gottentfremdeten bürgerlichen Welt des 19. Jahrhunderts verhaftet. Zwar machte der Kapitalismus den Menschen zur verwerteten Arbeitskraft, jedoch sei es

> „das geistige Verhängnis des Marxismus, daß er diese Entmündigung des Menschen zwar bekämpfen wollte, aber von seinem rein diesseitigen, materialistischen Verständnis des Menschen aus weder theoretisch noch praktisch zu überwinden vermochte".[446]

sches Denken unterstellt hatte, eine „messianische Hoffnung", eine „säkularisierte jüdische Religiosität" des „Propheten" Marx erblicken. Müller, S. 13.

445 Ebd. S. 16.

446 Ebd. S. 20.

Müllers Alternative lautete: ,,Der Mensch hat ein ewiges Geheimnis, oder es ist sinnlos, denen moralische Vorwürfe zu machen, die das Menschentum mit Füßen treten." Der Wert des Menschen und seine Würde seien überirdisch verankert; diese Verankerung sei nur im Glauben an Gott möglich. Für das Erdendasein folge daraus aber die bleibende Unvollkommenheit, weil der Mensch Sünder sei.

Die Marxisten dagegen, so Müller, glauben, ,,die Menschen würden in dem Augenblick gleichsam Engel werden, in dem das Programm einer Sozialisierung der Wirtschaft vollendet ist. Diese Meinung wird aber im klassischen Marxismus und von jedem zünftigen Kommunisten heute noch vertreten. Es ist fast eine übernatürliche Heilserwartung."[447]

Die Christen jedoch, nüchtern der ,,Wirklichkeit der Erbsünde" und des ,,Bösen" eingedenk, wissen, daß es auf Erden keine ,,Endlösungen" gebe, weshalb auch die ,,Sozialisierung kein Allheilmittel der sozialen Frage" sei, wie das Beispiel der Sowjetunion zeige. – Demagogisch wurde auch von Müller die damals verbreitete Ablehnung des Kapitalismus benutzt als Kampfmittel gegen den Kommunismus, indem dieser mit ,,Staatskapitalismus" identifiziert wurde.[448]

Ausführlich ging Müller auf die gewerkschaftliche Mitbestimmungsforderung ein, die er befürwortete, solange sie sich im sozialpartnerschaftlichen Rahmen halte. Er erkannte richtig, daß der Marxismus mit einer solchen Mitbestimmungskonzeption unvereinbar ist. Darum hielt er die Mitbestimmung nur dort für vertretbar, ,,wo die Doktrinen des ökonomischen Materialismus in ihrer geschichtlichen Begrenztheit erkannt sind".[449]

Wie wichtig das Vorhandensein oder Fehlen eines Klassenbewußtseins der Arbeiter für die Aufrechterhaltung des Kapitalismus ist, erkannte Müller, wenn er am Schluß betonte:

,,Darum ist es für das Gelingen einer Neuordnung unserer wirtschaftlichen Verhältnisse von ganz entscheidender Bedeutung, daß alle in der Wirtschaft Beteiligten den Weg zu einer echten Gemein-

[447] Ebd. S. 21.
[448] Cf. ebd. S. 23: Aufgabe des Sozialismus sei es, Freiheit und Rechte des Individuums ,,gegen jede Form des Kapitalismus zu sichern, sowohl gegen den privaten als auch gegen den staatlichen", – womit der Sozialismus in der Sowjetunion gemeint war.
[449] Ebd. S. 25.

schaft untereinander finden. Diesem Ziel will auch die Begegnung zwischen Arbeitgeber und Arbeitnehmer dienen, die uns hier (scil. in der Evangelischen Akademie) geschenkt werden soll." Es gehe darum, „im anderen den Menschen zu entdecken".[450]

In der durch Müller veranschaulichten Arbeit der Akademien hatte der offizielle Protestantismus seinen nicht unerheblichen ideologischen Beitrag zur westdeutschen Restauration geleistet. Das antikommunistische Instrumentarium war vom Bad Boller Akademiedirektor schon recht vollständig bereitgelegt, das dann in der Folgezeit im Zuge des sich verschärfenden Kalten Krieges und der westlichen roll-back-Politik nach außen und nach innen ungehemmt zur Verteufelung des kommunistischen Feindes angewandt wurde. Was hier von Müller theoretisch in noch unzureichender Weise versucht wurde – die ‚Widerlegung' des Marxismus – wurde in den fünfziger Jahren durch die Marxismuskommission der Evangelischen Akademien aufgenommen und auf anspruchsvollerem Niveau fortgesetzt.[451]

4.3 *Fazit*

Nach dem Ende des 2. Weltkrieges waren breite Teile des deutschen Protestantismus bis hin zu den Spitzen der offiziellen Kirchenvertreter an der Sozialismus-Diskussion beteiligt, die nach der Niederlage des Faschismus durch die allgemeine Auseinandersetzung um die Art und Weise einer gesellschaftlichen Neuordnung in Deutschland ausgelöst worden war. In diesem Kontext muß der protestantische

[450] Ebd. S. 26. – Auf der gleichen Linie lagen andere Versuche der evangelischen Kirche, mit den Arbeitern ins Gespräch zu kommen. Auf dem unter dem Leitthema „Kirche und Arbeiter" stehenden Männertag z. B., der vom Evangelischen Männerwerk Hessen und Nassau im März 1948 in Gustavsburg durchgeführt wurde, hielt Professor ALLWOHN einen Vortrag über den „Klassenkampf in marxistischer und christlicher Sicht", in dem er den marxistischen Klassenkampfgedanken verwarf und die Notwendigkeit des Ausgleichs der „berechtigten" Interessen aller Klassen innerhalb der christlichen Bruderschaft betonte. (EPI 1948, S. 111) – Auf einer Tagung der Nürnberger Arbeitsgemeinschaft „Evangelium und Arbeiter" über: „Wahrheit und Irrtum bei Karl Marx" wurde immerhin die „Wahrheit" in dessen richtiger Analyse des Kapitalismus gesehen, sein „Irrtum" freilich darin, daß der Mensch ausschließlich Produkt der ökonomischen Verhältnisse sei. (EPI 1949, Ausgabe B, S. 93)

[451] Cf. unten S. 184 ff.

Beitrag zur Marxismus-Diskussion gesehen werden, ein Beitrag, der keineswegs einheitlich war, sondern die ganze Bandbreite der politischen Positionen jener allgemeinen Auseinandersetzung widerspiegelte.

1) Marxistische Sozialisten

Eine verschwindende Minderheit im deutschen Protestantismus bildeten diejenigen, die sowohl ihrer Herkunft nach die Tradition des progressiven Flügels der religiösen Sozialisten aus der Weimarer Zeit fortsetzten wie nach ihrer Argumentationsweise, indem sie an den revolutionären Elementen des ursprünglichen Christentums – nach Marx denen der ‚Protestation' – anknüpften und zu der Auffassung kamen, daß Christentum und Marxismus nicht nur nicht unverträglich seien, sondern daß im Gegenteil der recht verstandene christliche Glaube mit innerer Notwendigkeit zum Engagement für den marxistischen Sozialismus führe. Scharf wandten sie sich gegen den Mißbrauch der Religion zu einem antisozialistischen Kampfmittel, wie er von restaurativen Kräften unter der Parole ‚Christentum *oder* Marxismus' betrieben wurde. Im Unterschied zu den ‚christlichen Sozialisten' betonten sie die Realität des Klassenkampfes, der nicht durch vermeintlich christlich-friedliche Gesinnung aus der Welt geschafft werden könne, sondern nur durch die reale Beseitigung seiner gesellschaftlichen Ursachen.

2) Antimarxismus der ‚christlichen Sozialisten'

Vertreter des meist zur SPD tendierenden nicht-marxistischen Mehrheitsflügels der früheren religiösen Sozialisten und Teile des ‚linken' CDU-Flügels – in dem freilich die protestantischen Vertreter gegenüber den katholischen in der Minderheit waren – propagierten einen ‚christlichen Sozialismus', mit dem sie den Marxismus ‚überwinden' wollten. Sie erklärten die Marxsche Theorie, von der sie meist ein äußerst mangelhaftes Verständnis bewiesen, für überholt. Ihre Sozialismusauffassung hatte deutlich kleinbürgerliche Züge, gepaart mit religiös-idealistischen Anschauungen. Statt dem praktischen Kampf um reale Veränderungen (damals konkret um Sozialisierung) sprachen sie der Gesinnung die entscheidende Rolle zu und trugen mit dieser falschen Betonung der weltanschaulichen

Auseinandersetzung zur Verschleierung der akuten Klassenauseinandersetzungen bei.

Auch wenn diese Vertreter eines ‚christlichen Sozialismus' z. T. ernsthaft gewisse Reformen anstrebten, förderten sie faktisch das Wiedererstarken der alten, herrschenden Klassen. Im Rahmen der CDU hatten sie objektiv die Funktion, unter den damals antikapitalistisch eingestellten Massen Illusionen über sozialistische Reformabsichten der durch die Unionsparteien repräsentierten gesellschaftlichen Kräfte zu nähren, um so einen entscheidenden Teil der westdeutschen Bevölkerung unter Ausnutzung des Einflusses und der durch den angeblichen antifaschistischen Widerstandskampf gespeisten moralischen Autorität der Kirchen desto sicherer in die Bahnen der Restauration lenken zu können. Soweit die Vertreter eines ‚christlichen oder religiösen Sozialismus' innerhalb der SPD wirkten, förderten sie hier die Tendenzen zur Preisgabe der marxistischen Grundlagen zugunsten einer ‚undogmatischen' und ‚ethisch fundierten' Sozialismusauffassung, welche die Partnerschaft zum Klassengegner einschließt. – Dieselbe Funktion hatten zu einem guten Teil auch die Gespräche zwischen SPD-Führern und offiziellen Vertretern der evangelischen Kirche, auch wenn es sich bei diesen Kontakten um ein bemerkenswertes Novum in der protestantischen Kirchengeschichte Deutschlands handelte.

3) Unterstützung der Restauration durch die Majorität des offiziellen Protestantismus

Zur alten Tradition der Verteufelung und kompromißlosen Bekämpfung des Marxismus, ohne sich überhaupt der Mühe einer theoretischen Auseinandersetzung mit ihm zu unterziehen, wagten sich in jenen Jahren im offiziellen Protestantismus nur erst wenige zu bekennen. Die neu empfundene Verpflichtung, einen eigenständigen Beitrag der Kirche zu den sozialen Problemen zu leisten, verlangte auch vom offiziellen Protestantismus eine gewisse Beschäftigung mit derjenigen Gesellschaftstheorie, die zumindest in den ersten Jahren nach Kriegsende, solange sich die Restauration noch nicht voll durchgesetzt hatte, auch auf die westdeutschen Arbeiter einen wachsenden Einfluß ausübte.

Als Versuch der Eindämmung dieses zunehmenden Masseneinflus-

ses marxistischer Anschauungen ist die Art und Weise zu bewerten, wie die evangelische Kirche unter anderem in der Arbeit der Akademien die Auseinandersetzung mit dem Marxismus führte. Die wichtigste Methode war dabei die ,Widerlegung' des wissenschaftlichen Sozialismus durch Gleichsetzung mit dem Faschismus. Gelang es, die tiefe Abscheu gegenüber der vor aller Augen liegenden nationalsozialistischen Barbarei durch geschickte Koppelung mittels eines Kettengliedes ,Totalitarismus' oder ,Materialismus' auf die marxistische Lehre und deren begonnene Verwirklichung in den sozialistischen Ländern zu lenken, konnte die beabsichtigte Wirkung kaum schlagender erreicht werden. Hatte man den Marxismus auf diese Weise als Sozialtheorie disqualifiziert, konnte die Kirche als ihren genuinen Beitrag die christliche Soziallehre anbieten, die im Gegensatz zum Marxismus den Klassenkampfgedanken durch die Ideologie der Sozialpartnerschaft und des Gemeinwohls ersetzte.
Damit hatte der bestimmende Teil des offiziellen Protestantismus nicht nur seinen ideologischen Beitrag zur Durchsetzung der Restauration geleistet, sondern auch geholfen, das antikommunistische Waffenarsenal für die Auseinandersetzungen der folgenden Jahre bereitzustellen.

4) Innerkirchliche Opposition gegen die Restauration

Weniger eine theoretische Beschäftigung mit dem Marxismus als eine praktische Bekämpfung der Restauration von einer bürgerlich-demokratischen Position aus war für diejenigen Vertreter des offiziellen Protestantismus charakteristisch, die innerhalb der Bekennenden Kirche begrenzt Widerstand geleistet hatten und aus dieser Erfahrung heraus nach 1945 gegen den mit antikommunistischer Stoßrichtung betriebenen Mißbrauch des Christentums für eine reaktionäre Politik opponierten. Die Art und Weise, wie der ,ökonomische Materialismus der marxistischen Lehre' von einem hohen, wenn auch in seiner ,amtlichen' Kompetenz zunehmend eingeschränkten Organ der evangelischen Kirche, dem Bruderrat der EKD, positiv als Mahnruf qualifiziert wurde, d. h. als Aufforderung zur Abkehr der Kirche von ihrem bisherigen Weg eines Bündnisses mit der Reaktion, wäre im deutschen Protestantismus vor 1945 undenkbar gewesen.

Von einer Rezeption des Marxismus über eine im theologischen Rahmen bleibende Beschäftigung hinaus kann man hier freilich nicht sprechen. Daß ein eingehendes Verständnis der Marxschen Gesellschaftstheorie fehlte, zeigte sich z. B. an der Fixierung auf politische Oberflächenphänomene unter Verkennung der zugrundeliegenden gesellschaftlichen Inhalte; an der undifferenzierten Forderung nach Abkehr von ‚Ideologien', wobei meist das Verständnis der marxistischen Theorie als eines überflüssigen weltanschaulichen Beiwerks impliziert war; an der Vorstellung, die Kirche stehe zwischen den Klassenfronten und an der damit verbundenen abstrakten Aufforderung zur Versöhnung zwischen Ost und West sowie an der ebenfalls damit in Zusammenhang stehenden Annahme einer Annäherung der beiden gegensätzlichen Gesellschaftssysteme des Kapitalismus und des Sozialismus.
Gleichwohl, auch wenn hier die bürgerlichen Bewußtseinsschranken nicht überschritten worden sind, war diese in den Kirchlichen Bruderschaften zusammengeschlossene Gruppierung mit ihrer entschieden demokratisch-antiimperialistischen Orientierung der Ausdruck einer deutlichen Veränderung innerhalb der evangelischen Kirche. Das langjährige Bündnis mit der Reaktion, das bislang das Bild des deutschen Protestantismus bestimmt hatte, war von einem Teil selbst des offiziellen Protestantismus – wenn auch von einer Minderheit – aufgekündigt worden.

5 Ausblick auf die protestantische Marxismusrezeption in Westdeutschland seit 1949

Die Analyse der protestantischen Marxismusauseinandersetzung in Westdeutschland seit 1949 erfordert eine eigene ausführliche Untersuchung, die hier nicht mehr geleistet werden kann. Die folgenden Bemerkungen, die nicht mehr als Andeutungen sein sollen, können eine solche Untersuchung weder ersetzen noch vorwegnehmen. Sie müssen darum als Überlegungen für spätere, eingehendere Studien verstanden werden.

Schon bei einem groben Überblick über das Material zu unserem Thema für die gesamte Zeit nach 1945 fallen zwei zeitliche Einschnitte auf: einmal um das Jahr 1948/49, zum anderen um den Beginn der sechziger Jahre. Erschienen bis etwa 1948 eine erstaunliche Anzahl von Vorträgen, Aufsätzen und Broschüren, die um das Thema „Christentum und Marxismus bzw. Sozialismus" kreisten, wobei die Mehrzahl der Verfasser für ein zumindest wohlwollendes Gespräch mit dem Sozialismus plädierte, so verschwand um 1948/49 diese Form der Auseinandersetzung zusehends, und in den Vordergrund trat eine durch militanten Antikommunismus gekennzeichnete Beschäftigung mit dem Marxismus. Erst zu Beginn der sechziger Jahre tauchten dann wieder in verstärktem Maße Veröffentlichungen auf, die sich nun fast durchgängig unter der Forderung eines ‚christlich-marxistischen Dialogs' mit dem Marxismus befaßten. Ein Blick auf die westdeutsche Geschichte zeigt, daß diese drei Etappen der protestantischen Marxismusbeschäftigung drei Abschnitten der westdeutschen historischen Entwicklung entsprechen, die ihrerseits bestimmte internationale Entwicklungen widerspiegeln. Es sind dies die Perioden 1. der (oben in Kapitel 4 behandelten) unmittelbaren Nachkriegszeit bis zum vollen Einsetzen der Restauration, 2. des Kalten Krieges, 3. der beginnenden Entspannung bzw. des Endes der deutschen Rekonstruktion.

5.1 *Die Periode des Kalten Krieges*

1949 war mit der Gründung der Bundesrepublik und – in deren Folge – der DDR die Spaltung Deutschlands auch staatsrechtlich vollzogen und in Westdeutschland die Restauration der Machtgrundlagen der alten Klassen im wesentlichen vollendet. Die schon bald nach Kriegsende aufgebrochenen Gegensätze innerhalb der Koalition der Siegermächte hatten mit Verkündung der Truman-Doktrin im März 1947 zum Beginn eines ‚Kalten Krieges' geführt, dessen Schärfe in den folgenden Jahren weiter zunahm (Volksdemokratische Revolutionen, Korea-Krieg etc.). Die herrschenden Klassen im Westen sahen ihre Existenz bedroht, wenn das weitere Vordringen des Sozialismus nicht gestoppt würde. Für die Eindämmung

und den schließlichen roll-back des Sozialismus wurde angesichts des zeitweiligen atomaren Vorsprungs der USA auch eine militärische Offensive erwogen.
Um die Bevölkerung auf einen möglichen ‚heißen' Krieg vorzubereiten und zur ‚Verteidigung des Abendlandes' zu veranlassen, mußte der kommunistische Feind möglichst in der schlimmsten Weise erscheinen. Er wurde in der Propaganda zum Teufel und Untermenschen dämonisiert, der Sozialismus als Barbarei und Robotergesellschaft denunziert. Erforderlich schien die Schaffung einer regelrechten Kreuzzugsideologie. Die militärische wurde so durch die ‚moralische Aufrüstung' komplettiert, wobei das Christentum als ‚positive' Ideologie gegen die kommunistische eingesetzt wurde. Hand in Hand mit dem Aufmarsch gegen den ‚äußeren Feind' wurde der Kampf gegen den ‚inneren' geführt. Die Zurückdrängung und Unterdrückung der sozialistischen und kommunistischen Kräfte nahm zu und erreichte in Westdeutschland 1956 mit dem Verbot der KPD ihren Höhepunkt. Gleichzeitig gelangten frühere Nationalsozialisten wieder in wichtige Positionen. So gaben trotz der demokratischen Fassade die alten Klassenkräfte, die Deutschland in die Katastrophe des Faschismus und des 2. Weltkrieges geführt hatten, wieder den Ton an.
Im Zuge dieser allgemeinen restaurativen Entwicklung verschoben sich auch im westdeutschen Protestantismus die politischen Gewichte zugunsten der kirchlichen Reaktion. Konservative Kirchenführer wie Dibelius und Lilje, Theologen wie Thielicke, ‚Laien' wie Gerstenmaier gewannen in der evangelischen Kirche bestimmenden Einfluß und drängten das durch die Bruderschaften repräsentierte antifaschistisch-demokratische Element immer mehr zurück. Symptomatisch für den Vormarsch der innerkirchlichen Reaktion waren die folgenden Daten: 1955 verlor Gustav Heinemann den Vorsitz der Synode der EKD, 1956 wurde Martin Niemöller als Leiter des kirchlichen Außenamtes abgelöst, 1957 wurde unter Mißachtung entsprechender Beschlüsse kirchlicher Gremien durch Bischof Dibelius der Militärseelsorgevertrag unterzeichnet, während noch 1950 die Remilitarisierung von einer Mehrheit innerhalb der evangelischen Kirche verurteilt worden war.[452]

[452] Cf. dazu z. B. Kupisch VIII, S. 10 ff. und S. 40 f.

Das waren die allgemein gesellschaftlichen und politischen sowie – als deren Reflex – die innerkirchlichen Bedingungen, unter denen in den fünfziger Jahren die Marxismusdiskussion im westdeutschen Protestantismus geführt wurde. In der CDU hatte die Ideologie der sozialen Marktwirtschaft den ‚christlichen Sozialismus' ersetzt. In der SPD bis hin zu den Gewerkschaften waren die Verfechter sozialistischer Positionen immer mehr in die Defensive gedrängt worden. So verwundert es nicht, daß auch auf kirchlicher Seite praktisch keine Marxisten mehr zu Wort kamen. Die Sozialismusdiskussion, die in der unmittelbaren Nachkriegszeit unter konkret gesellschaftspolitischen Gesichtspunkten geführt worden war, ging insgesamt stark zurück. In den Vordergrund trat die primär außenpolitisch verstandene ‚Ost-West-Problematik'.[453]
Der hervorstechendste Beitrag des westdeutschen Protestantismus zur Marxismusdiskussion der fünfziger Jahre wurde in der Marxismus-Kommission der Studiengemeinschaft der Evangelischen Akademien geleistet. Ein Teil der dort gehaltenen Referate ist in den „Marxismusstudien" abgedruckt, die ab 1954 erschienen, zunächst unter der Leitung von Erwin Metzke und später von Iring Fetscher. Die ersten drei Folgen, die bis 1960 veröffentlicht wurden, vermitteln – beschränkt man sich dabei auf die Beiträge der Theologen (Delekat, Schrey, Thier, Wendland) – ein plastisches Bild von der evangelischen Marxismusbeschäftigung in der Zeit des Kalten Krieges. Die Auseinandersetzung verlief meist nach einem festen Schema: Der Marxismus wurde mit theologischen Augen gemustert und als säkulare Religion ‚entlarvt'. Da das ‚Eigentliche' am Marxismus nur theologisch begriffen werden könne, brauchte dessen Wissenschaftsanspruch nicht ernst genommen zu werden und ersparte man

[453] Das kirchenpolitisch beherrschende Thema – die Einheit der EKD – gehört in diesen Zusammenhang. Die evangelische Kirche war durch die deutsche Spaltung wesentlich stärker betroffen als die katholische. 43 % der deutschen Protestanten lebten 1950 östlich der Elbe. Hier (die ehemaligen deutschen Ostgebiete eingeschlossen) gehörten 80 % der Bevölkerung zur evangelischen Kirche. (Cf. Grosser S. 361 f.) Das Festhalten an der Einheit der EKD war angesichts dieser Situation begreiflich. Zugleich entsprach es der Bonner Politik der Nichtanerkennung der DDR und bedeutete – zumindest seitens des damals bestimmenden ‚Natoflügels' der EKD – die Teilnahme am Kampf gegen den sozialistischen Staat auf deutschem Boden. Die theoretischen Äußerungen des westdeutschen Protestantismus über Marxismus und Kommunismus sind darum wesentlich auch von hierher zu interpretieren.

sich eine konkrete Auseinandersetzung mit seinen Theorien. Einer Würdigung der partiell lobenswerten Absichten des jungen Marx – der gegen den reifen Marx, dieser wieder gegen Engels und Lenin ausgespielt wurde – folgte dann der Hinweis auf die Schreckensfolgen der Realisierung der Marxschen „Religion der Selbsterlösung des Menschen", womit man dann beim eigentlichen Thema war, bei der Beschwörung der Greuel des Kommunismus. Vor der Gefahr des Versinkens der westlichen Zivilisation in der „kollektivistischen Barbarei" könne, so endeten die meisten dieser theologischen Beiträge, nur das Christentum bzw. die Kirche erretten, zu der zurückzukehren den an der Bewahrung oder Erneuerung des Abendlandes Interessierten nahegelegt wurde.

Als Beispiel seien einige Passagen von Wendland[454] zitiert, die stellvertretend stehen für zahlreiche, auch außerhalb der Marxismusstudien damals publizierten protestantischen Beiträge zur Marxismusdiskussion: Der Marxismus ist genau besehen eine „christliche Irrlehre". Als „Religion des Chiliasmus verkleidet" er sich lediglich in die Sprache der Wissenschaft.[455] Er ist „Schrittmacher des Nihilismus".[456] Das aus dem Marxismus hervorgegangene sozialistische Gesellschaftssystem ist die furchtbarste Dämonie der Weltgeschichte, „radikaler Antihumanismus", ein grauenhafter Moloch: „Es lebt von der Sklavenarbeit der Millionenmassen rein instrumentaler Menschen, die, wenn sie zur Arbeit nicht mehr fähig sind, auf den Schutthaufen der totalen Gesellschaft abgekarrt werden ... Für die Arbeit werden besinnungslos Millionen von Menschen geopfert und im großen Feuerofen der Arbeit verbrannt."[457] Vor dem Kommunismus als dem „Antichrist", der die „Hölle auf Erden" bringt,[458] kann nur das Christentum erretten: „die Zukunft der menschlichen Gesellschaft wird zur Verantwortung der ganzen Christenheit auf Erden, sofern sie weiß, daß sie die Menschheit nicht an das antichristische Reich (scil den Kommunismus) verraten darf".[459]

[454] Marxismusstudien I, S. 214–243.
[455] Ebd. S. 216.
[456] Ebd. S. 232.
[457] Ebd. S. 221 f.
[458] Ebd. S. 228.
[459] Ebd. S. 242.

Dieses Schulbeispiel für den theologischen Antikommunismus der fünfziger Jahre, der vor den schlimmsten Verteufelungen nicht zurückschreckte und den Marxismus und seine Realisierung in den sozialistischen Ländern zum grauenerregenden Ungeheuer dämonisierte, könnte durch zahlreiche weitere Beispiele bei den genannten Theologen sowie durch im Tenor ähnlich geartete Beiträge von Althaus, Künneth oder Thielicke ergänzt werden.

Angesichts solcher Töne wird begreiflich, daß von DDR-Autoren in den fünfziger Jahren die Arbeit der Marxismus-Kommission der Evangelischen Akademien als Beitrag zur ideologischen Kriegsvorbereitung verstanden wurde.[460] Daß die Marxismusstudien auch von den herrschenden Klassen in Westdeutschland als eine willkommene Unterstützung der antikommunistischen Kampffront im Kalten Krieg angesehen wurden, dürfte die Tatsache veranschaulichen, daß das Bundesinnenministerium, damals unter dem CDU-Minister Gerhard Schröder, die Drucklegung mitfinanzierte.

Für die vorherrschende Art und Weise der protestantischen Marxismusauseinandersetzung während des Kalten Krieges kann Wendland als repräsentativ angesehen werden. Demgegenüber muß man die wenigen Beiträge[461] aus den Reihen der Bruderschaften als einen Lichtblick empfinden, obwohl auch sie sich anscheinend den gängigen antikommunistischen Stereotypen der damaligen bürgerlichen Marxismuskritik nicht entziehen konnten. Selbst bei Helmut Gollwitzer, einem der profiliertesten Repräsentanten dieser Gruppe, die in den zentralen politischen Fragen der fünfziger Jahre – z. B. Remilitarisierung und Atombewaffnung – in Opposition zum herrschenden ‚Natoflügel' der evangelischen Kirche stand, finden sich neben partiellen Zugeständnissen an die Marxsche Gesellschaftstheorie

[460] Cf. Bergner/Jahn, passim; Heyden/Klein/Kosing S. 334 ff.; Reinhardt/Schubart/Ullbrich, passim. – Die wenigen Beiträge in den ersten drei Folgen der Marxismusstudien, die wissenschaftlich ernster zu nehmen und von Diffamierungen frei sind, stammen meist von Nichttheologen (z. B. Thilo Ramm). Erst in den sechziger Jahren änderte sich das auch bei den theologischen Beiträgen, beginnend in der 4. Folge mit dem Aufsatz von Gollwitzer, „Die marxistische Religionskritik und der christliche Glaube". Cf. zu Gollwitzer den anschließenden Abschnitt.

[461] Diese erschienen vor allem in den Zeitschriften „Stimme der Gemeinde", „Evangelische Theologie" und „Junge Kirche" sowie in den Reihen „unterwegs" und „Theologische Existenz heute".

solche Argumentationsfiguren wie die, daß der Marxismus eine säkulare Religion sei und daß er mit Notwendigkeit zum ,,totalitären System des technischen Massenmenschen" führe.[462] Auch bei Gollwitzer lassen sich in dieser Periode die gleichen Inkonsequenzen und bürgerlichen Bewußtseinsschranken studieren, die bereits im vorigen Kapitel bei Hermann Diem festgestellt wurden.

Dennoch ist besonders bei Gollwitzer eine deutliche Entwicklung weg vom Antikommunismus hin zu demokratisch-sozialistischen Positionen festzustellen. Bereits 1959 war bei seiner Beschäftigung mit dem Marxismus ein anderer Ton zu vernehmen.[463] Er lehnte zwar weiterhin die weltanschauliche Seite des Kommunismus ab, zeigte aber zunehmend Sympathie für dessen sozialrevolutionäre Seite, die er mit Recht als die wesentliche verstand. Die Christenheit forderte er mit den Worten von Marx auf zur ,,Teilnahme an der Bemühung um Beseitigung von Verhältnissen, ,in denen der Mensch ein erniedrigtes, ein geknechtetes, ein verlassenes, ein verächtliches Wesen ist'".[464] Gleichzeitig kritisierte er eine Kirche, die mit der antikommunistischen Verwendung des Christentums ,,den christlichen Widerspruch zu einer Waffe im Kalten Krieg werden" ließ.

,,Das Bündnis zur Abwehr der kommunistischen Bedrohung verführt zur Ideologisierung des Evangeliums . . . und bestätigt vielfach die These des historischen Materialismus von der ,Klassengebundenheit' auch der christlichen Religion."[465]

Die Rolle der evangelischen Kirche in den fünfziger Jahren, wobei ihr Beitrag zur Auseinandersetzung mit dem Marxismus und Kommunismus politisch gesehen einen wichtigen Platz einnahm, kann man mit Gollwitzer zusammenfassend dahingehend charakterisieren, daß sie geholfen hat, ,,den Kalten Krieg zu sanktionieren und religiös zu verbrämen".[466]

[462] Gollwitzer, S. 145; cf. auch S. 168 ff.
[463] Cf. ebd. S. 211 ff.
[464] Ebd. S. 213.
[465] Ebd. S. 214.
[466] Ebd. S. XVI. – Gollwitzer schrieb das 1962 in der Einführung zu seiner Aufsatzsammlung, über deren Motivierung es hieß: ,,Der Jammer über eine tiefe Korruption des Christentums durch seine neuerliche Verfilzung mit dem Staat, über Blindheit, Verstocktheit und Unbußfertigkeit der offiziellen Kirche, über die daraus folgende geistliche Verödung steht in zunehmendem Maße hinter den Aufsätzen dieses Bandes." – Der

5.2 *Die Zeit der beginnenden Entspannung und das Ende der Rekonstruktionsperiode*

Spätestens gegen Ende der fünfziger Jahre hatte es sich herausgestellt, daß die Versuche der kapitalistischen Länder, mittels einer Politik der Stärke zu einem roll-back des Sozialismus in Europa zu kommen, gescheitert waren. Die Umstellung auf eine neue Strategie war erforderlich geworden. Der Kalte Krieg wurde beendet, indem die westlichen Länder auf die von der Sowjetunion proklamierte Politik der friedlichen Koexistenz eingingen. In Europa begann sich eine Entspannung abzuzeichnen.

Zur gleichen Zeit machten die nationalen Befreiungsbewegungen in der Dritten Welt überall weitere Fortschritte. Der Imperialismus, repräsentiert vor allem durch die USA, geriet zunehmend in die Defensive. Seine brutalen Versuche, die Befreiungsbewegungen zu unterdrücken, diskreditierten ihn bei wachsenden Teilen der Bevölkerung auch in den hochentwickelten kapitalistischen Ländern.

Diese internationalen Entwicklungen blieben nicht ohne Auswirkungen auf die innere Situation auch Westdeutschlands. Hier ging zu Beginn der sechziger Jahre die Rekonstruktionsperiode zu Ende. Im Zusammenhang damit nahm die ökonomische und politische Labilität zu, in deren Folge sich die innere Situation in der Bundesrepublik verschärfte. Die politischen Formierungstendenzen (z. B. Notstandsgesetze) riefen verstärkte Abwehrbewegungen wachsender Teile der westdeutschen Bevölkerung hervor. Die zunehmenden ökonomischen Schwierigkeiten, die in verschiedenen gesellschaftlichen Bereichen von Strukturkrisen begleitet wurden (z. B. ‚Bildungskatastrophe') und schließlich 1966/67 zur ersten Wirtschaftskrise seit den Jahren des sogenannten Wirtschaftswunders führten, verstärkten die Politisierungstendenzen, die nach einem spürbaren

Protest nicht nur gegen diese Rolle der Kirche, sondern gegen die antidemokratische politische Entwicklung in Westdeutschland insgesamt fand bei Gollwitzer wie bei vielen anderen evangelischen Theologen und Pfarrern zu Beginn der sechziger Jahre z. B. auch seinen Ausdruck in der Beteiligung an der aus dem Kampf gegen eine atomare Aufrüstung entstandenen Ostermarschbewegung. Vertreter des linken Flügels der kirchlichen Bruderschaften waren es auch, die aktiv in der gleichfalls 1960 gegründeten Deutschen Friedensunion mitarbeiteten.

Anwachsen im Gefolge der 1966 gebildeten Großen Koalition in der studentischen Protestbewegung und der Antinotstandskampagne von 1968 einen Höhepunkt erreichten. Die Bereitschaft wachsender Bevölkerungsteile, ihre Interessen mit größerer Entschlossenheit und Militanz zu vertreten, griff Ende der sechziger Jahre auch auf Teile der Arbeiterschaft über, was in den massenhaften spontanen Streiks von 1969 und 1970 seinen Ausdruck fand.

Alle diese Prozesse, die internationalen Veränderungen – Ende des Kalten Krieges und Beginn der Entspannung in Europa, Anwachsen der nationalen Befreiungsbewegungen, zunehmende Diskreditierung und Demaskierung vor allem des amerikanischen Imperialismus in seiner ganzen Brutalität (z. B. Vietnamkrieg) – sowie die innenpolitischen Entwicklungen in der BRD – zunehmende ökonomische Schwierigkeiten am Ende der Rekonstruktionsperiode, Verschärfung der politischen Situation und, als Reaktion darauf, wachsende Politisierung zunächst der Studenten, in zunehmendem Maße auch weiterer Gruppen der Bevölkerung – spiegelten sich auch im westdeutschen Protestantismus wider.

Im Zuge der beginnenden Ära der Entspannung, in der das Festhalten an allzu grobschlächtigen antikommunistischen Parolen aus der Zeit des Kalten Krieges dysfunktional geworden war, veränderte sich sichtlich auch die protestantische Auseinandersetzung mit dem Marxismus. Der militante, offene Antikommunismus wich subtileren Formen.

Zur selben Zeit, als deutlich geworden war, daß der Sozialismus in Osteuropa weder von innen zerfallen würde, noch mit Waffengewalt von außen beseitigt werden konnte, begann in der ersten Hälfte der sechziger Jahre der „christlich-marxistische Dialog". Dieser ‚Dialog' wurde wesentlich veranlaßt durch die mit dem 2. Vatikanischen Konzil 1962/63 sichtbar gewordenen Veränderungen innerhalb des Katholizismus, der vor allem in Ländern mit starken kommunistischen Parteien wie Italien und Frankreich und im Zusammenhang mit den sozialen Bewegungen in den kolonialen und halbkolonialen Ländern der Dritten Welt, vor allem des katholischen Lateinamerika, in wachsendem Maße zu einer neuen Auseinandersetzung mit dem Marxismus sich genötigt sah.

Der neu eröffnete „christlich-marxistische Dialog" wurde über konfessionelle und nationale Grenzen hinweg geführt.[467] Auch ein großer Teil der protestantischen Theologen war daran beteiligt. Seit Mitte der sechziger Jahre erschien beinahe keine evangelische Zeitschrift, in der nicht ein Beitrag zum ,,christlich-marxistischen Dialog" enthalten war.

Im Mittelpunkt dieser Diskussionen standen die Anthropologie und Ontologie.[468] Es ging fast immer um ‚letzte' Fragen. Konkrete Probleme einer politischen Praxis spielten meistens keine Rolle.[469] Der Typus der Argumentation von christlicher Seite sah etwa so aus: Man begann mit dem Eingeständnis von Versäumnissen der Kirche gegenüber der ‚sozialen Frage', lobte den humanistischen Impuls des Marxismus – als Idee, nicht als Verwirklichung –, kritisierte dann aber seine ‚Beschränkung' auf den materialistisch-gesellschaftswissenschaftlichen Ansatz und bot ‚Bereicherungen' um neue Dimensionen an, eine ‚Vertiefung' und ‚Humanisierung' des Sozialismus durch das Christentum. Man wollte den Marxismus von seinem angeblichen ‚Dogmatismus' befreien.

Soweit über die philosophischen Erörterungen hinaus gesellschaftliche Probleme zur Sprache kamen, geschah das fast durchgängig in Kategorien der Konvergenztheorie.[470] Man sprach von der vermeintlich systemunabhängigen Entfremdung und Vereinzelung des Menschen durch die Technik, wobei sich Anknüpfungspunkte für die Trostfunktion der Religion ergaben. Über den konvergenztheoretisch geführten ‚Dialog' schreibt Jockers zusammenfassend:

[467] Ein Blick in die Teilnehmerlisten bei den seit 1965 durchgeführten Tagungen der internationalen Paulus-Gesellschaft, die das institutionelle Forum des ‚Dialogs' darstellt, bestätigt das ebenso wie ein Blick in die seit 1968 erscheinende ,,Internationale Dialogzeitschrift", das theoretische Diskussionsorgan des ‚Dialogs' – unbeschadet der Tatsache, daß in beiden Fällen die verantwortliche Trägerschaft bei der katholischen Kirche liegt.

[468] Eine treffende Schilderung der Art und Weise, in der der ‚Dialog' geführt wurde, gibt Werner II, S. 213.

[469] Unterstützt wurde diese Art des ‚Dialogs' durch die marxistischen Gesprächspartner, bei denen es sich meist um Vertreter eines existentialistisch bestimmten Revisionismus handelte (z. B. Garaudy oder Machovec). – Erst in letzter Zeit kamen z. B. in der IDZ auch Kommunisten zu Wort, die nicht mit ihrer Partei gebrochen haben (z. B. Steigerwald oder Schleifstein).

[470] Cf. z. B. Moltmann (S. 26), für den der ,,moralische und technizistische Positivismus der modernen Industriegesellschaft, sei sie westlich oder östlich", das Hauptproblem darstellt. – Über sein Verständnis des Marxismus cf. S. 15–25 und 26–44.

„Nach beiden Seiten wird kritisiert, bei Lichte besehen allerdings nur nach der östlichen, um so den eigenen Standpunkt als dritten Weg zu empfehlen. Das Streben nach einer mittleren Lösung, der Synthese der Systeme, wird christlich begründet, ohne zu sagen, daß dieses Streben nach demokratischem Sozialismus nicht etwa die Bereitschaft der USA oder irgendeines westlichen, kapitalistischen Staates bedeutet, solchen Sozialismus zu übernehmen. Ohne zu sagen, daß dieser ‚Sozialismus' nirgends in dieser Welt verwirklicht ist und wird, denn er ist nicht zu verwirklichen. Nicht, weil finstre Mächte dies verhindern oder verhinderten, sondern weil es nichts anderes ist als die Veränderung des Marxismus in den Status einer Religion ohne Anspruch auf Realisierbarkeit."[471]

Trotz dieser kritischen Einschätzung des ‚Dialogs' und seiner sozialen Funktion konnte die Auseinandersetzung mit dem Marxismus doch eine eigene Dialektik entfalten, indem der Sozialismus als sinnvolle Alternative überhaupt ins Gespräch kam und der Antikommunismus – wenigstens in seiner militanten Form – blockiert wurde. In den letzten Jahren waren in verstärktem Maße Stimmen zu vernehmen, die ein Abrücken vom bloßen Theoretisieren und die Erörterung praktischer Fragen mit dem Ziel gemeinsamer Aktionen von Christen und Marxisten verlangten.

Die Widerspiegelung der veränderten sozialen und politischen Situation in der evangelischen Theologie zeigte sich auch in einer zunehmenden Verdrängung spezifisch religiöser durch politisch-gesellschaftliche Inhalte. Nachdem bereits Anfang der sechziger Jahre bei Theologen wie z. B. Jürgen Moltmann eine gewisse Aufnahme ‚marxistischer' Gedankengänge, vermittelt vor allem über Ernst Bloch, zu registrieren war, verstärkte sich in den folgenden Jahren die Forderung nach einer ‚Politischen Theologie', auf katholischer Seite erhoben vor allem durch Johann Baptist Metz, und auf evangelischer z. B. durch Dorothee Sölle.

Seit den ökumenischen Weltkonferenzen in Genf von 1966 und Uppsala von 1968 kam in verstärktem Maße die Dritte-Welt-Proble-

[471] In: Werner I, S. 90. – Über den sozialgeschichtlichen Zusammenhang, in dem der ‚Dialog' zu sehen ist, und über seine soziale Funktion heißt es ebd. S. 95: „Der Dialog ist eine durch die historische Entwicklung modifizierte Form der Auseinandersetzung zwischen West- und Osteuropa (es ist also ein wesentlich europäisches Problem, die dritte Welt ist davon nicht betroffen) . . . eine neue Form der Klassenauseinandersetzung, mit dem Ziel des Wandels durch Annäherung . . ."

matik in die Theologie hinein, die sich niederschlug in Diskussionen um eine ‚Theologie der Revolution', initiiert vor allem durch Theologen aus den unterentwickelten Ländern und aus den USA.
Die Konzipierung einer ‚Theologie der Revolution' in den kapitalistischen Ländern wie etwa den USA signalisierte ein zunehmendes Krisenbewußtsein dieser Theologen, das Bewußtsein, in einer Gesellschaft zu leben, die ihrem Ende entgegengeht.[472] Das Dilemma, in das sich die evangelische wie die katholische Kirche gestellt sieht angesichts des Erfolgs der Befreiungsbewegungen, durch den der Imperialismus immer mehr in die Defensive geriet, charakterisiert der evangelische Pfarrer Werner so:

„Wenn die Ökumene angesichts dieser Entwicklung das Feld nicht völlig dem Marxismus überlassen will – und das wäre das Letzte, was sie sich wünschen würde –, dann muß sie von ihrer bisherigen Parteilichkeit für die westlichen ‚Demokratien' vorsichtig abrücken."[473]

Um ihre Glaubwürdigkeit nicht zu verlieren, müssen die Kirchen bemüht sein, „sich von der Last einer Mitverantwortung für neokolonialistische und imperialistische Praktiken zu befreien".[474]
Die Vertreter einer ‚Theologie der Revolution' sind bemüht, dem Marxismus eine ‚christliche Alternative' entgegenzusetzen. Konkret geht es dabei darum, das Bündnis christlicher Gruppen mit einer marxistischen Partei zu verhindern. Werner schreibt:

„Das Ziel ist es, dort, wo die Kirche Einfluß auf die Massen hat, also im wesentlichen in Lateinamerika, diese kirchlich beeinflußbaren Volkskräfte von den marxistisch-revolutionären Kräften zu trennen."[475]

Wie die ‚christliche Alternative' zur marxistisch verstandenen Revolution aussieht, illustriert der protestantische Theologe und Kirchensoziologe Trutz Rendtorff:

„Die christliche revolutionäre Bewegung läuft nicht darauf hinaus, bei sonstiger Revolution einfach ‚mitzumachen'; sie vermittelt dieser vielmehr jene christliche Orientierung, die jeder Revolution erst ihren wahren Sinn verleiht . . . Auf diese Weise kann die soziale Er-

[472] So Werner I, S. 101 und 103 in einer Analyse der ‚Theologie der Revolution', wie sie vor allem von dem Amerikaner Shaull vertreten wird.
[473] Ebd. S. 104.
[474] Ebd.
[475] Ebd. S. 105.

neuerung nunmehr als christliche Mission begriffen werden; sie ist nicht die Spezialmission der Christen; die revolutionäre Bewegung selbst ist dann christliche Mission.“[476]

Das Eigeninteresse der Kirchen verbindet sich auch hier mit der allgemeinen objektiven Funktion einer Unterstützung des Imperialismus durch den Versuch der Spaltung der revolutionären Kräfte, indem der marxistisch verstandenen Revolution die christliche entgegengestellt wird.

Es wurde schon angedeutet, daß mit der allgemeinen Politisierung eine zunehmende Säkularisierung der theologischen Inhalte verbunden war. Was bei Rudolf Bultmann mit der „Entmythologisierung“, bei Dietrich Bonhoeffer mit der Forderung nach einer „nichtreligiösen Interpretation“ biblischer Begriffe begonnen hatte, setzte sich weiter fort bis hin zur „Gott-ist-tot-Theologie“ oder sogar zur völligen Preisgabe der Theologie zugunsten von Soziologie und Psychoanalyse bei einem Großteil der „Celler Theologen“.[477] Von der wachsenden Politisierung blieb auch die offizielle Kirche nicht unberührt. Das zeigten z. B. die Denkschriften der EKD, etwa die Ost-Denkschrift von 1965. Die Auseinandersetzungen innerhalb der Synoden spitzten sich zu, als 1970 das vom ökumenischen Weltkirchenrat beschlossene ‚Anti-Rassismus-Programm‘, das eine finanzielle Unterstützung der revolutionären Befreiungsbewegungen in der Dritten Welt vorsieht, auch in den westdeutschen evangelischen Landeskirchen zur Debatte stand. Ein weiteres Anzeichen für die auch in der Amtskirche in Gang gekommene politische Bewegung war die im Frühjahr 1972 von einem Teil der evangelischen Bischöfe und Kirchenpräsidenten ausgesprochene Befürwortung einer Ratifizierung der Ostverträge.

Im Zuge der allgemeinen Politisierung in den sechziger Jahren wurden wachsende Teile vor allem der jungen Theologengeneration auch an sozialistische Positionen herangeführt. Auf dem Höhepunkt der studentischen Protestbewegung konstituierte sich auf den „Celler Konferenzen“[478] ein „Theologensyndikat“ aus Studenten,

[476] In: Rendtorff/Tödt, S. 65.
[477] Cf. dazu unten.
[478] Cf. dazu z. B. Bukow.

Assistenten, Vikaren, jungen Pfarrern und Religionslehrern, die sich als Teil der allgemeinen sozialistischen Opposition verstanden und innerhalb der Kirche ihren Beitrag zur antikapitalistischen Veränderung der westdeutschen Gesellschaft leisten wollten. Ihnen ging es nicht um neue Theologien, sondern um eine konkrete politische Praxis. Dabei hatten sie die marxistische Gesellschaftstheorie, z. T. in der Vermittlung über die „Kritische Theorie" der Frankfurter Schule, mehr oder weniger intensiv rezipiert. Mit dem Ende der antiautoritären Phase der Studentenbewegung löste sich freilich dieses „Syndikat" auf. Einzelne „Celler Theologen" traten später der DKP bei.

Der Prozeß der Annäherung an sozialistische Positionen blieb nicht nur auf die junge Theologengeneration beschränkt. Bei Helmut Gollwitzer z. B. verstärkte die Studentenbewegung diesen Prozeß, der bei ihm bereits Ende der fünfziger Jahre begonnen hatte. Gollwitzer versteht sich heute als Sozialist, ja sogar als ‚kritischer Marxist'. Die christliche Tradition interpretiert er sozialistisch:

„Das Evangelium zielt auf eine brüderliche Gemeinschaft der Menschen. Die christliche Gemeinde soll exemplarisch eine solche brüderliche Gruppe sein und in der Gesellschaft für den Abbau solcher Strukturen kämpfen, die die Menschen in unbrüderliches Verhalten zwingen. Darum hat das Evangelium eine Tendenz auf reale gesellschaftliche Demokratie, also auf Sozialismus hin."[479]

Sozialist ist für ihn derjenige,

„der die Überwindung der kapitalistischen Produktionsverhältnisse zugunsten von Strukturen, die weniger zu unbrüderlichem Verhalten zwingen, für möglich (angesichts der immer krasser sichtbar werdenden Schäden des Kapitalismus) hält und für diese Überwindung politisch kämpft."[480]

Weil für ihn ein unmittelbarer Zusammenhang besteht zwischen dem Evangelium und dem Kampf für den Sozialismus, impliziert für ihn das Theologiestudium zugleich ein sozialistisches Studium:

„Studium des christlichen Glaubens (= Theologiestudium) heute umfaßt diese Prüfung und Beteiligung an sozialistischer Verwirkli-

[479] Gollwitzer, Theologie-Studium und sozialistisches Studium (1971), in: Kupisch VIII, S. 104.
[480] Ebd. S. 104

chung . . . Verbindung von Theologiestudium und sozialistischem Studium ergibt darum sozialistisch praktizierende Christen und kritisch praktizierende Sozialisten."[481]

Die weltanschaulichen Grundlagen des Marxismus lehnt Gollwitzer als gläubiger Christ ab. Als Anleitung für die politische Praxis akzeptiert er aber die marxistische Gesellschaftstheorie.
Die Zahl derjenigen Theologen, deren Übernahme marxistischer Positionen sich auch in der Bereitschaft niederschlägt, mit Kommunisten zusammenzuarbeiten, ist zwar noch sehr klein, aber im Wachsen begriffen.[482] Soweit es sich dabei um die direkte Mitgliedschaft in der DKP handelt, dürften es ca. 50 von insgesamt 13 000 Theologen in der BRD sein.[483]
Zu dieser Gruppe gehört z. B. der evangelische Pfarrer Heinrich Werner, Internationaler Sekretär der Christlichen Friedensgesellschaft. Für ihn ist eine unterschiedliche Weltanschauung kein Hinderungsgrund, mit den Kommunisten zusammenzuarbeiten:

„Vom Evangelium Jesu Christi her gibt es keinen entscheidenden Einwand gegen eine konkrete Zusammenarbeit mit Atheisten, auch mit Kommunisten, auch mit der Deutschen Kommunistischen Partei."[484]

[481] Ebd. S. 105.
[482] Zur Konstituierung einer Gruppe „Christen für den Sozialismus", wobei sich auf Initiative des ökumenischen Arbeitskreises Politisches Nachtgebet Köln, in dem die Theologin Dorothee Sölle eine wichtige Rolle spielt, im September 1973 evangelische und katholische Christen aus mehreren europäischen Ländern zusammenschlossen, um von einer sozialistischen Position aus „in den Kämpfen der Gegenwart Partei (zu) ergreifen . . . für die Benachteiligten, Unterdrückten und Ausgebeuteten" und „gegen das Herrschaftssystem des Kapitalismus" cf. den Bericht in: KK 1973, Heft 11/12, S. 19.
[483] Cf. Rüdiger Reitz, Sie taufen und kämpfen für die Arbeiterklasse, in: Frankfurter Rundschau vom 24. 6. 1972.
[484] Werner II, S. 1213. – Eine weltanschauliche Übereinstimmung ist auch für die kommunistische Seite nicht Voraussetzung für ein Bündnis von Christen und Marxisten. Auf dem evangelischen Kirchentag von 1969 nahm der damalige Vorsitzende der DKP, Kurt Bachmann, zu dieser Frage Stellung: „Ebenso, wie viele evangelische und katholische Christen aus ihrem Glauben heraus im Widerstand gegen die NS-Diktatur und den Zweiten Weltkrieg gestanden haben, ebenso waren seit Bestehen der Bundesrepublik Christen am Kampf um gesellschaftlichen Fortschritt hervorragend beteiligt. Wir können heute nicht mehr von den Christen schlechthin sprechen . . . Religiöse Überzeugung ist heute auch für viele Menschen in der Bundesrepublik nicht mehr Hindernis, sondern Grund, sich am Kampf für Frieden und gesellschaftlichen Fortschritt zu beteiligen. Deshalb unterscheiden wir Kommunisten zwischen gläubigen Christen und sol-

Einer solchen Auffassung wurde bislang von Vertretern der Amtskirche entschieden widersprochen.[485] Zur Klärung der Frage, ob Mitgliedschaft in einer kommunistischen Partei und Kirchendienst miteinander vereinbar sind, setzte der Rat der EKD einen „Ausschuß für extreme Ideologien" ein. Innerhalb der evangelischen Kirche sind Bestrebungen im Gange, die Ministerpräsidentenbeschlüsse[486] vom Januar 1972 auch auf den kirchlichen Bereich anzuwenden.[487]

1878 war die Zustimmung der evangelischen Kirche zu Bismarcks Sozialistengesetz, mit dem man die Ministerpräsidentenbeschlüsse von 1972 verglichen hat, auf Grund ihrer engen rechtlichen und ökonomischen Bindung an den Staat und die herrschenden Klassen des Kaiserreichs noch eine Selbstverständlichkeit. Der Ausgang der gegenwärtigen Auseinandersetzungen innerhalb der Kirche um das Berufsverbot wird zeigen, wie weit oder wie wenig sich die evangelische Kirche heute, ein Jahrhundert später, von ihrer Bindung an die herrschenden Klassen gelöst hat.

Eine treffende Einschätzung der heutigen Situation in der Kirche, der Kontinuitäten und der Veränderungen, die sich in ihr abzeichnen, gibt Pfarrer Werner:

chen kirchlichen Kreisen, die den christlichen Glauben für die Interessen der herrschenden reaktionären Kräfte mißbrauchen und die Kirche in den Dienst der Reaktion stellen wollen." Zit. ebd. S. 1214.

[485] Nach einem Bericht im „Spiegel" (26/1972, S. 60) sagte der evangelische Oberkirchenrat Kratz von der Hessen-Nassauischen Landeskirche: „Ich halte es für schlichtweg idiotisch, wenn jemand als Christ in die DKP eintritt."

[486] Es handelt sich um die „Grundsätze zur Frage der verfassungsfeindlichen Kräfte im öffentlichen Dienst"; die Anwendung dieser Grundsätze kommt für die Betroffenen einem Berufsverbot gleich.

[487] Diese Bestrebungen werden in einem theologischen Gutachten aus der Humboldt-Universität von Berlin/DDR, das sich von einer an Karl Barth orientierten Position aus mit der Problematik befaßt, in Analogie zum Arierparagraphen der Nazizeit gesehen. Zur Frage, ob für die Kirche die Mitgliedschaft von Pfarrern in der DKP tragbar sei, heißt es: Die Kirche dulde „den praktischen Mißbrauch des Namens Jesu Christi, wie er überall dort geschieht, wo Pfarrer Mitglieder einer imperialistischen Partei sind, die den Namen Jesu Christi zu politischer Werbung benutzt." Wenn die Kirche bei so viel ‚Toleranz' auf einmal skrupelös werde bei einem in einer atheistischen Partei mitarbeitenden Pfarrer – es ging konkret um den inzwischen aus dem Dienst der hessen-nassauischen Landeskirche entlassenen Pfarrvikar Rolf Trommershäuser –, bestehe der „Verdacht, daß nicht so sehr die Stellung der DKP zur Existenz Gottes als vielmehr die Stellung der DKP zur Existenz von Privateigentum an Produktionsmitteln das eigentliche Ärgernis sein könnte." Gutachten, S. 211.

„So widerspiegelt sich der Klassenkampf auch innerhalb der Kirche. Freilich fällt es den Kirchen schwer, sich in dieser Realität zurechtzufinden. Immer noch sind die führenden Kräfte in den Kirchen eng verbunden mit den herrschenden Kräften unserer Gesellschaft. Es bestehen noch vielfache Bindungen an den Herrschaftsapparat des monopolkapitalistischen Staates. Aber die Tatsache, daß dies heute innerhalb der Kirche zum Problem geworden ist, öffnet die Perspektive für eine künftige fruchtbare Zusammenarbeit zwischen Pfarrern und Marxisten, zwischen Christen und Kommunisten."[488]

[488] Werner II, S. 1215.

III ZUSAMMENFASSUNG

I

1. Die Religion begriffen Marx und Engels, ihrer dialektisch-materialistischen Geschichtsauffassung entsprechend, als ein historisch-soziales Phänomen. Als ‚verkehrtes Bewußtsein einer verkehrten Welt' spiegelt sie die ganze Widersprüchlichkeit einer durch Klassengegensätze zerrissenen gesellschaftlichen Wirklichkeit wider, durch die sie selbst hervorgebracht wird. Sie ist in dialektischer Einheit ‚Ausdruck' (1), d. h. Verdoppelung und Sanktion dieser zerrissenen Realität, und zugleich ‚Protestation' (2) dagegen.
(1) Die Wurzel der Religion in der Klassengesellschaft liegt in der durch die antagonistischen Verhältnisse bedingten Undurchsichtigkeit der sozialen Wirklichkeit und in der Ohnmacht der Menschen dieser Realität gegenüber, in der die Produkte ihren Schöpfern über den Kopf gewachsen sind und den objektiven Schein selbständiger Mächte angenommen haben. Der verkehrte, illusorische Charakter der religiösen Widerspiegelung, in der die ‚irdischen Mächte die Form von überirdischen annehmen', impliziert eine zusätzliche Verschleierung der Wirklichkeit und kommt damit den bestehenden gesellschaftlichen Verhältnissen zugute. Diese Eigenart der Religon bildet den vorrangigen Anknüpfungspunkt für ihre Ausnutzung zum Zwecke einer Sicherung von Herrschaft, sei es durch deren ideologische Rechtfertigung oder sei es durch Lähmung und Ablenkung der Beherrschten.
(2) Indem die Religion neben den Bedingungen sozialer Ohnmacht und Unterdrückung auch die Interessen der Unterdrückten an ihrer Befreiung und damit ihren Anspruch auf Glück widerspiegelt, enthält sie ein Potential an Auflehnung und einen Bestand an realer Utopie und Hoffnung als Ziel und Triebkraft jener Auflehnung. In der Verfolgung dieser realen, wenn auch religiös motivierten Ziele vermag sich eine Dialektik zu entfalten, in welcher der mit ‚irdischen' Mitteln geführte Kampf um die Durchsetzung jener letztlich sozialen Ziele die religiöse Bewußtseinsform zunehmend abstreift. Dies kann sowohl für die Biographie eines individuellen Subjekts

zutreffen, als auch für ein gesellschaftliches Subjekt, wie der historische Prozeß der Säkularisierung im Zuge der sozialen Emanzipationsbewegung zeigt.
Da die ‚religiösen Nebelbildungen' erst dann ganz verschwinden können, wenn nicht mehr die Verhältnisse die Menschen beherrschen, sondern die Menschen die von ihnen geschaffenen, durchsichtig gewordenen Verhältnisse, geht es nach marxistischer Auffassung nicht um eine Bekämpfung der Religon, sondern um eine Bekämpfung der sozialen Verhältnisse, die Religion möglich und nötig machen. Erst die Beseitigung der Klassengesellschaft schafft die Voraussetzung, daß die Religion – wenn auch in einem langen Übergangsprozeß – als illusorisches Glücksversprechen verschwindet und die Menschen statt dessen die ‚lebendige Blume pflücken' können. Aus der Vorrangigkeit des Ziels der sozialen Befreiung resultiert die Notwendigkeit und die Möglichkeit eines Bündnisses aller an diesem Ziel Interessierten, unbeschadet unterschiedlicher weltanschaulicher Vorraussetzungen.

2. Die marxistische Religionstheorie ist durch die bisher überschaubare Geschichte nicht nur nicht widerlegt, sondern in hohem Maße bestätigt worden. Die Verdrängung der illusorischen Bewußtseinsform der Religion aus immer mehr Bereichen der gesellschaftlichen Tätigkeit nahm im selben Maße zu, wie die Menschen durch die Fortentwicklung der Produktivkräfte die Durchsichtigkeit und Beherrschung ihres Verhältnisses zur Natur vergrößerten. Zugleich blieb aber dieser Prozeß der Säkularisierung unvollständig und widersprüchlich, weil und sofern der Meisterung der Naturprozesse nicht die der historisch-gesellschaftlichen entsprach, was im Fortbestehen antagonistischer Produktionsverhältnisse seine wichtigste Ursache hat.
Dieser bei aller Widersprüchlichkeit unleugbare Prozeß der Säkularisierung begann mit der Emanzipation des Bürgertums aus den Verhältnissen des Feudalismus, setzte sich in der mit der Großen Industrie entstehenden Arbeiterbewegung verstärkt fort und hat heute ein Ausmaß erreicht, daß Religion zu einem – freilich nach wie vor existenten und in wechselnden Formen reproduzierten – Randphänomen der Gesellschaft geworden ist.

3. Die bürgerliche Religionssoziologie, in der sich der Säkularisierungsprozeß rückspiegelte, trägt die Merkmale einer ‚Krisenwissenschaft'. Sie entstand zu einer Zeit, als die Lösung der Arbeiterklasse von der Religion, die vormals zu den wirksamsten ideologischen Mitteln der Niederhaltung der Massen zählte, ein Ausmaß erreichte, das zu einer Gefährdung der Grundlagen kapitalistischer Herrschaft zu werden drohte. Denn mit der nicht mehr durch religiöse Verschleierungen getrübten Einsicht des Proletariats in die realen Zusammenhänge gesellschaftlicher Herrschaft wuchs die Gefahr, daß die arbeitenden Massen, ihrer Stärke zunehmend bewußt, sich nicht mehr ohnmächtig der gesellschaftlichen Realität gegenüber verhielten, sondern dazu übergingen, diese im politischen Kampf revolutionär zu verändern.
In einer solchen Situation war es die objektive Funktion der bürgerlichen Religionssoziologie, dieser ‚Bedrohung' dadurch entgegenzuarbeiten, daß sie den Marxismus als die den praktischen Kampf des Proletariats anleitende Theorie zu widerlegen suchte und zugleich Bewußtseinsformen rechtfertigte und förderte, die, wie die Religion, eher der Mystifikation als der Erkenntnis der Realität dienen. Dieser Funktion entsprach ihre These vom ‚meta-sozialen' Charakter der Religion, von deren Unvergänglichkeit sie bis heute ebenso ausgeht wie von der Ewigkeit der bestehenden Klassenverhältnisse.
Nachdem die bürgerliche Religionssoziologie von den dreißiger Jahren an jahrzehntelang als Hilfswissenschaft der kirchlichen Bürokratie betrieben worden war, tauchte Anfang der sechziger Jahre eine neue Konzeption auf. Als die Erfolglosigkeit der kirchlichen Bemühungen, die fortschreitende Entkirchlichung wachsender Bevölkerungsteile aufzuhalten, deutlich geworden war, gingen bürgerliche Religionssoziologen dazu über, den nicht mehr rückgängig zu machenden Säkularisierungsprozeß umzudeuten in eine bloße Veränderung in der Form der Religion. Zu diesem Zweck weiteten sie den Religionsbegriff uferlos aus. Zugleich versuchten sie damit, den Marxismus zu diskreditieren, indem sie ihn unter die Religionen bzw. Pseudoreligionen einreihten.

4. Im Unterschied zur bürgerlichen geht die marxistische Religions-

soziologie methodologisch vom gesellschaftlichen und geschichtlichen Charakter der Religion aus. Das – nach marxistischer Auffassung – Wesentliche an religiösen Phänomenen ist, daß sie – vielfach in komplizierten Vermittlungen – soziale Bewegungen, Konflikte, Interessen etc. widerspiegeln. Als die Aufgabe einer Soziologie der Religion ergibt sich demzufolge, den in letzter Instanz sozialökonomischen Kern religiöser Phänomene in Unterscheidung von ihren vielgestaltigen Oberflächenstrukturen bloßzulegen und sozialhistorisch konkret zu bestimmen. Religionssoziologische Untersuchungen haben darum die integrierte Anwendung verschiedener gesellschaftswissenschaftlicher Disziplinen zur Voraussetzung.

5. Die in Teil I dieser Arbeit erörterten theoretischen und kategorialen Prämissen wurden in Teil II der Untersuchung eines konkreten Problems – der Marxismusrezeption im deutschen Protestantismus – zugrundegelegt. Die Absicht war, zu prüfen, was der skizzierte theoretische Ansatz für die soziologische Erhellung und Erklärung konkreter Phänomene aus dem Bereich der Religion zu leisten vermag.
Dem marxistischen Ansatz entsprechend wurde von der folgenden Arbeitshypothese ausgegangen: Die protestantische Auseinandersetzung mit dem Marxismus ist unter dem entscheidenden Gesichtspunkt der Widerspiegelung und Austragung sozialer Konflikte in religiösem Gewand zu betrachten. Die Unterschiedlichkeit dieser Auseinandersetzung gibt Aufschluß über ihren Klassencharakter; sie resultiert letztlich nicht aus differierenden religiösen oder theologischen Anschauungen, sondern aus unterschiedlichen Klassenpositionen.

II

Die Untersuchung der protestantischen Marxismusrezeption von 1848 bis 1948 erbrachte die folgenden Ergebnisse:
1. Die mit der verstärkten Ausbreitung der kapitalistischen Produktionsweise in Deutschland um die Mitte des vorigen Jahrhunderts begonnene Auseinandersetzung der evangelischen Kirche mit dem

Sozialismus war im wesentlichen eine Reaktion auf das Anwachsen der Arbeiterbewegung, dem gleichzeitig ein wachsender Autoritätsverlust der christlichen Religion unter den proletarischen Massen entsprach. Die Kirche erblickte im Sozialismus den Sündenbock für die Entkirchlichung der Arbeiter und damit für die Einbuße ihres Masseneinflusses und zugleich die Bedrohung der feudal-bürgerlichen Gesellschaft, mit der sie aufs engste verflochten war und deren Gefährdung auch ihre eigene zu sein schien. In ihrer erbitterten Bekämpfung des Sozialismus orientierten sich die kirchlichen Repräsentanten (Wichern) anfangs am Kommunismus der Frühsozialisten. Später wurde die Sozialdemokratie als die konkrete, organisatorische Gestalt des Sozialismus das vorrangige Angriffsobjekt und mit ihr dann auch der Marxismus.
Angesichts der allgemeinen Verteufelung des Sozialismus in Kreisen des deutschen Protestantismus jener Zeit war der erste Rezeptionsversuch des wissenschaftlichen Sozialismus durch den evangelischen Pfarrer Todt ein bemerkenswertes Ereignis. Freilich ließ Todts Bindung an die feudalen Klassen seine theoretische Zustimmung zu den ökonomischen Lehren von Marx praktisch folgenlos bleiben.

2. In der Phase des Übergangs vom Kapitalismus der freien Konkurrenz zum Monopolkapitalismus oder Imperialismus nahm die Auseinandersetzung in der evangelischen Kirche mit der weiter angewachsenen sozialistischen Arbeiterbewegung zu. Mit der zunehmenden Stärke der Sozialdemokratie war in den Methoden ihrer Bekämpfung auch in kirchlichen Kreisen ein Übergang zu registrieren von der frontalen Attacke zu indirekteren Formen der ideologischen Bekämpfung. Man bediente sich dabei des schon von Wichern propagierten ‚christlichen Sozialismus'. Mit ‚christlich-sozialen' Ideen hofften die Vertreter der Kirche, wieder Resonanz unter den Arbeitern zu finden und den Einfluß der Sozialdemokratie und des Marxismus auf sie zurückdrängen zu können.
Im Zusammenhang mit den sozialen Veränderungen in der deutschen Gesellschaft, die sich im Übergang zum Imperialismus abzuzeichnen begannen, gingen um die Jahrhundertwende erstmals einige Pfarrer (Blumhardt, Göhre u. a.) offen zur Sozialdemokratie über, was regelmäßig zu schweren Konflikten mit der Amtskirche

führte. Während diese Theologen mit dem offiziellen Kirchenchristentum scharf ins Gericht gingen, erwarteten sie in einer sozialistischen Gesellschaft ein unverfälschtes Christentum. Die materialistische Geschichtsauffassung rezipierten sie partiell und vertraten in Ansätzen eine Klassenkampfposition, wenn sie auch den marxistischen Sozialismus einer ethischen ‚Ergänzung' für bedürftig hielten. Ihre Rolle in der sozialistischen Bewegung war ambivalent: Die öffentlich bekundete Lösung von Theologen aus der Identifikation mit den herrschenden Klassen bedeutete eine Stärkung der Sozialdemokratie. Indem sie aber ihre bürgerlich-kleinbürgerliche Klassenmentalität mitbrachten, förderten sie in der Sozialdemokratie den Einfluß des Revisionismus. Trotz dieses widersprüchlichen Charakters war hier immerhin zum erstenmal von einigen Theologen die Mauer zwischen evangelischer Kirche und organisiertem Sozialismus durchbrochen worden.

3. Die erste allgemeine Krise, in die das imperialistische System durch den ersten Weltkrieg und durch die russische Oktoberrevolution von 1917 geraten war, hatte vor allem in Deutschland zu einer Diskreditierung der alten Mächte – zu denen auf Grund ihrer engen Verbindung mit dem zusammengebrochenen Kaiserreich auch die evangelische Kirche zählte – und zu einem gewaltigen Aufschwung der sozialistischen Bewegung geführt.
Als Ausdruck der Annäherung größerer Teile der noch religiös orientierten unteren Klassen sowie auch einer wachsenden Zahl von Pfarrern an die sozialistische Bewegung und zugleich als Versuch, den fortgesetzten Prozeß der Entkirchlichung immer größerer Teile der Arbeiterklasse aufzuhalten und diese, unterstützt durch eine Lösung der Kirche aus der bürgerlichen Front, wieder an die Religion heranzuführen, entstand nach 1918 die religiös-sozialistische Bewegung. Die Widersprüchlichkeit der Interessen und Motive, die in diese Bewegung eingingen, zeigte sich sowohl im Verhältnis zum Marxismus wie in der politischen Praxis, vor allem an der Frage des Faschismus. Während einzelne Mitglieder des ‚Bundes der religiösen Sozialisten Deutschlands' in wachsendem Maße zu einer theoretischen und praktischen Rezeption des Marxismus gelangten, was vor allem in der entschlossenen Bekämpfung der von ihnen früh er-

kannten faschistischen Gefahr zum Ausdruck kam, und während dabei religiöse Bewußtseinsformen zunehmend in den Hintergrund traten, wie an Eckert paradigmatisch zu studieren ist, – nahmen viele Vertreter des rechten Mehrheitsflügels des ‚Bundes' und des Intellektuellenkreises um Tillich, die den Marxismus ablehnten oder den Sozialismus religiös verändern wollten, gegenüber dem nahenden Faschismus eine inkonsequente und z. T. hilflose Haltung ein. Dennoch, verglichen mit dem nach der russischen Revolution und der deutschen Novemberrevolution verschärften Antisozialismus der übergroßen Majorität der Amtskirche, die auf die Klassen der Reaktion orientiert war, bedeutete im Unterschied zu der noch winzigen Zahl sozialdemokratischer Theologen am Anfang des Jahrhunderts die religiös-sozialistische Bewegung in der Weimarer Republik einen Durchbruch größerer Kreise im deutschen Protestantismus zu sozialistischen und z. T. sogar marxistischen Positionen. Sie war der Ausdruck eines begonnenen Veränderungsprozesses in der sozialen Basis der evangelischen Kirche.

4. Nach der durch den Faschismus und den 2. Weltkrieg ausgelösten zweiten großen Krise des imperialistischen Systems war unter weiten Teilen der deutschen Bevölkerung die Einsicht in die Zusammenhänge zwischen Kapitalismus und Faschismus verbreitet und auch bei vielen der Wille vorhanden, aus dieser Einsicht Konsequenzen zu ziehen. Für die kompromittierte deutsche Monopolbourgeoisie war es angesichts der in Gang gekommenen Auseinandersetzung um die Frage: antifaschistisch-demokratische Neuordnung Deutschlands unter sozialistischer Perspektive oder Restauration des Kapitalismus, von entscheidender Bedeutung, ob und wie es ihr gelingen konnte, ihren eingebüßten Masseneinfluß wieder zurückzugewinnen.
In diese entscheidende Auseinandersetzung griffen die Kirchen – vor allem die katholische, aber auch die evangelische – zugunsten der restaurativen Kräfte ein. Unter Ausnutzung ihres noch immer vorhandenen und durch die allgemeine Krisensituation sowie durch ihren angeblichen antifaschistischen Widerstandskampf vorübergehend verstärkten Einflusses auf große Teile der Bevölkerung trugen sie dazu bei, daß der reale Gegner einer sozialen Neuordnung aus dem

Blick geriet, indem die wirkliche gesellschaftliche Alternative durch die Behauptung einer angeblich anstehenden weltanschaulichen Entscheidung zwischen Christentum und Marxismus verfälscht wurde.
Als Mittel im ideologischen Kampf um die Wiederherstellung der kapitalistischen Machtgrundlagen bedienten sich die Vertreter des auf die restaurativen Kräfte orientierten Teils des offiziellen Protestantismus vor allem der demagogischen Gleichsetzung von Kommunismus und Faschismus. Dadurch versuchten sie, die antifaschistische und antikapitalistische Stimmung der Massen gegen den marxistischen Sozialismus zu mobilisieren. Gegen die marxistische Theorie des Klassenkampfes propagierten sie die Ideologie der Sozialpartnerschaft und des Gemeinwohls.
Die Durchsetzung der Restauration erleichterten – ihrer gegenteiligen subjektiven Absicht zum Trotz – objektiv auch diejenigen Vertreter des Protestantismus, die mit Parolen eines antimarxistisch ausgerichteten ‚christlichen Sozialismus' und durch die Förderung des Antikommunismus innerhalb der Sozialdemokratie zur Spaltung der Arbeiterklasse und damit zur Schwächung der sozialen Gegenkräfte beitrugen.
Einen konsequenten Kampf gegen die Restauration von einer marxistischen Position aus führte in der evangelischen Kirche nur eine kleine Minderheit, die vornehmlich dem linken Flügel der religiösen Sozialisten aus der Weimarer Zeit entstammte (z. B. Rackwitz).
Einen ebenfalls energischen Kampf gegen das Wiedererstarken der Reaktion führten von einer bürgerlich-demokratischen Position aus die Kirchlichen Bruderschaften. Wenn auch diese Gruppierung, deren antirestaurative Haltung z. T. mit der Motivation verbunden war, der Kirche wieder Glaubwürdigkeit auch unter den sozialistischen Arbeitern zu verschaffen, eine distanzierte Stellung zum Marxismus einnahm, so hatte hier doch erstmals ein relevanter Teil auch des offiziellen deutschen Protestantismus das Bündnis mit den Klassen der Reaktion aufgekündigt.

Die marxistische These, daß sich die Vorgänge im Bereich der Religion nur zureichend verstehen lassen, wenn man die ihnen zugrundeliegenden, sich in ihnen auf vielfach vermittelte Weise widerspie-

gelnden gesellschaftlichen Interessenkollisionen begreift, erwies sich bei der Untersuchung der Marxismusrezeption im deutschen Protestantismus als fruchtbar. Die unverkennbare Tendenz einer zwar langsamen, aber wachsenden Annäherung eines zunehmenden Teils protestantischer Theologen an sozialistische oder gar marxistische Positionen wird erklärbar, wenn man sie in den Rahmen der allgemeinen sozialgeschichtlichen Entwicklung stellt.
Die Geschichte des Verhältnisses des deutschen Protestantismus zum Sozialismus und zum Marxismus begann mit der krassen Konfrontation; die Bindung der evangelischen Kirche an die herrschenden – im wesentlichen noch feudalen – Klassen war um die Mitte des 19. Jahrhunderts noch ungebrochen. Die Dynamik der kapitalistischen Entwicklung aber brachte als Folge des ökonomischen Prozesses der Konzentration und Zentralisation des Kapitals tiefgreifende soziale Veränderungen mit sich. Vor allem seit dem Übergang des Kapitalismus in sein imperialistisches Stadium war der ökonomische Monopolisierungsprozeß mit einer fortschreitenden Schrumpfung der sozialen Basis kapitalistischer Herrschaft verbunden. Die Auswirkungen dieses Prozesses wurden allmählich auch in Institutionen sichtbar, die, wie die Kirche, vormals selbst zum Herrschaftsapparat gehörten: Innerhalb der Pfarrerschaft, die zur sozialen Basis der Herrschenden zählte, begann ein langsamer Abwanderungsprozeß ins Lager der gesellschaftlichen Opposition. Um 1900 beschränkte sich die Zahl der sozialistisch orientierten Theologen auf ein Dutzend, in der Weimarer Republik gehörten zu dieser Gruppe (nach Schätzungen von Dahm) bereits 5–8 % aller evangelischen Pfarrer, und nach 1945 dürfte ihre Zahl weiter zugenommen haben, wobei nun bereits von einzelnen führenden Vertretern des offiziellen Protestantismus demokratisch-antikapitalistische Positionen eingenommen wurden.
Mit diesem Prozeß der Politisierung war zugleich eine Säkularisierung religiöser Inhalte verbunden. Bei vielen Theologen, die sich sozialistischen oder gar marxistischen Positionen näherten, ist festzustellen, daß sich bei ihnen die Religion immer mehr auf die Begründung der Motivation ihres Engagements beschränkte und immer weniger als spezifischer Inhalt in die Ziel- und Mittelbestimmung ihres Handelns einging. Anders als nach 1918 oder auch noch nach 1945

spielt z. B. bei der neu begonnenen Sozialismusdiskussion der Gegenwart das inhaltliche Konzept eines ‚christlichen Sozialismus' keine nennenswerte Rolle mehr.
Angesichts der allgemeinen Krise des kapitalistischen Gesellschaftssystems im Zusammenhang mit der wachsenden Verringerung der sozialen Basis kapitalistischer Herrschaft und mit der damit verbundenen Polarisierung der Klassenkräfte wächst das Dilemma, in dem die Kirche steht. Ihre nach wie vor starke und privilegierte gesellschaftliche Stellung gründet sich immer weniger auf eine durch die Religion vermittelte Massenbasis; sie hat und behält diese soziale Position, weil und solange sie sich den herrschenden Klassen bei der Sicherung vor allem der ideologischen Grundlagen ihrer Herrschaft als nützlich erweist. Tut die Kirche das aber allzu offen, schwindet ihr Einfluß bei den Massen weiter. Ohne Masseneinfluß vermag sie aber die ihr zugedachten Funktionen immer weniger zu erfüllen und verliert darum für die herrschenden Klassen an Interesse.
Das Eigeninteresse der kirchlichen Organisation am Überleben zwingt diese angesichts des geschilderten Dilemmas zu mannigfachen Anpassungensmanövern. In diesem Zusammenhang ist der Versuch der Kirche zu sehen, sich als eine Institution zwischen den Parteien und Fronten, als eine ‚dritte Möglichkeit' darzustellen. In einer von Klassengegensätzen zerrissenen Welt kann es aber auf Dauer keine Zwischenstellung geben.
Die immer deutlicher zutage tretenden weltweiten Krisenerscheinungen in allen entwickelten kapitalistischen Ländern bergen die Gefahr, daß die Nutznießer der bestehenden Verhältnisse zu reaktionären ‚Lösungen' zu greifen versuchen. Der gegenwärtig in der Bundesrepublik sich abzeichnende Rechtstrend ist ein Ausdruck dieser Versuche. Eine wichtige Voraussetzung dafür, diesen gefährlichen Trend zu stoppen und die gesellschaftlichen Lebensfragen der Gegenwart im Interesse der großen Mehrheit der Bevölkerung zu beantworten, ist die Verbreiterung und Stärkung der demokratischen Bewegung. In welchem Ausmaß das gelingt, wird auch davon abhängen, ob die Zahl derjenigen Christen weiter wächst, die bereit sind, ungeachtet weltanschaulicher Divergenzen im Bündnis auch mit Marxisten für konsequente Reformen zu kämpfen.

ABENDROTH, Wolfgang

(I) Bilanz der sozialistischen Idee in der Bundesrepublik Deutschland. In: Antagonistische Gesellschaft und politische Demokratie, Neuwied/Berlin 1967, S. 429–462.

(II) Der deutsche Protestantismus und der Zweite Weltkrieg. In: Antagonistische Gesellschaft . . ., S. 497–517.

ALTHAUS, Paul

Grundriß der Ethik, Gütersloh 1954.

Religiöser Sozialismus, Gütersloh 1921.

ASMUSSEN, Hans

Brief vom 19. 8. 1947 zur ‚Darmstädter Erklärung' des Bruderrats der EKD. Abgedruckt in: Evang.-luth. Kirchenzeitung 1947, S. 9–11.

BADSTÜBNER, Rolf

(I) Restauration in Westdeutschland 1945–1949, Berlin 1965.

(II) Der ‚christliche Sozialismus' und die Verfälschung des marxistischen Sozialismusbildes als Bestandteil der imperialistischen Strategie und Taktik. In: ZfG 1969/4, S. 451–457.

BALZER, Friedrich-Martin

(I) Klassengegensätze in der Kirche. Erwin Eckert und der Bund der Religiösen Sozialisten Deutschlands. Mit einem Vorwort von Wolfgang Abendroth, Köln 1973.

(II) Zur Geschichte der religiös-sozialistischen Strömungen in der Weimarer Republik. Aktuelle Anmerkungen. In: IDZ 1972/1, S. 37–41.

(III) Die Auseinandersetzungen um den Pfarrer Erwin Eckert. Ein Beitrag zur Geschichte der deutschen Arbeiterbewegung, Politikwissenschaftliche Staatsexamensarbeit, Marburg 1967.

(IV) Das Problem der Assoziation nichtproletarischer, demokratischer Kräfte an die Arbeiterbewegung. In: IDZ 1974/2, S. 170–181.

BALZER, Friedrich-Martin / Richard SORG

Ausgewählte Bibliographie zur marxistischen Kritik und Soziologie der Religion in der DDR seit 1963/3, S. 231 f.

BARNIKOL, Ernst
Das entdeckte Christentum im Vormärz. Bruno Bauers Kampf gegen Religion und Christentum und Erstausgabe seiner Kampfschrift, Jena 1927.

BAUER, Otto
Sozialdemokratie, Religion und Kirche, Wien 1927.

BELLAH, R. N.
Tokugawa Religion. The Values of Pre-Industrial Japan, Glencoe 1957.

BENSER, Günter / Stephan DÖRNBERG / Heinz HEITZER / Werner HORN / Helmut KOLBE / Siegfried THOMAS
Deutsche Geschichte von 1945 bis zur Gegenwart. In: Deutsche Geschichte 3, S. 389–751. (= Benser u. a.)

BENT, Ans J. van der
Der Dialog zwischen Christen und Marxisten. Eine kommentierte Bibliographie. 1959–1969. Hrsg. v. World Council of Churches, Genf 1969.

BENZ, Ernst
Wichern und der Sozialismus. In: Evangelischer Schriftendienst, Heft 7, hrsg. von G. Siegel, Stuttgart 1949.

BERGER, Peter L. / Thomas LUCKMANN
(I) Secularization and Pluralism. In: IJRS 2, 1966, S. 73–84.

BERGER, Peter L.
(II) Auf den Spuren der Engel. Die moderne Gesellschaft und die Wiederentdeckung der Transzendenz, Frankfurt/Main 1970.

BERGNER, Dieter / Wolfgang JAHN
Der Kreuzzug der evangelischen Akademien gegen den Marxismus, Berlin 1960.

BERTSCH, Herbert
CDU/CSU demaskiert, Berlin 1961.

BEYER, Hans
Der ‚religiöse Sozialismus' in der Weimarer Republik. In: DZfPh 1960, 11/12, S. 1464–1482. (= Beyer)

BEYER, Wilhelm Raimund
Tendenzen bundesdeutscher Marxbeschäftigung, Köln 1968.

BIRNBAUM, Norman
(I) Ideologiebegriff und Religionssoziologie. In: KZfSS, Sonderheft 6, 1962, S. 78–86.
(II) Säkularisation: Zur Soziologie der Religion in der heutigen Gesellschaft des Westens. In: Monatszeitschrift für Pastoraltheologie, Jg. 48 (1959), S. 68–84.

BLUMENBERG, Hans
(I) Die Legitimität der Neuzeit, Frankfurt 1966.
(II) Säkularisation. Kritik einer Kategorie historischer Illegitimität. In: Die Philosophie und die Frage nach dem Fortschritt, Verhandlungen des 7. Deutschen Kongresses für Philosophie, Münster 1962.

BÖHME, Helmut
Prolegomena zu einer Sozial- und Wirtschaftsgeschichte Deutschlands im 19. und 20. Jahrhundert, Frankfurt/Main 1968.

BOSSE, Hans
Marx – Weber – Troeltsch. Religionssoziologie und marxistische Ideologiekritik, München 1970.

BRAKELMANN, Günter
(I) Die soziale Frage des 19. Jahrhunderts. Materialreihe der evangelischen Sozialseminare von Westfalen, hrsg. von Sibylle Blanke, Witten 1966[3].
(II) Kirche und Sozialismus im 19. Jahrhundert. Die Analyse des Sozialismus und Kommunismus bei Johann Hinrich Wichern und bei Rudolf Todt, Witten 1966.

BREDENDIEK, Walter
(I) Christliche Sozialreformer des 19. Jahrhunderts, Leipzig 1953.
(II) Lenin und die Sowjetunion im Urteil evangelischer Theologen in den letzten Jahren der Weimarer Republik. In: Stimme 1970/8 (April), S. 243–250.
(III) Irrwege und Warnlichter. Anmerkungen zur Kirchengeschichte der neueren Zeit, Hamburg 1966.

BREIPOHL, Renate
Religiöser Sozialismus und bürgerliches Geschichtsbewußtsein zur Zeit der Weimarer Republik, Zürich 1971.

BRUNSTÄD, Friedrich
Deutschland und der Sozialismus, Berlin 1927[2].

Eigengesetzlichkeit des Wirtschaftslebens. In: Gesammelte Aufsätze und kleine Schriften, Berlin 1957, S. 377–391.

BUHR, Manfred
Entfremdung – philosophische Anthropologie – Marx-Kritik. In: DZfPh 1966/7, S. 806–834.

BUKOW, Wolf Dietrich
Das Elend der sozialistischen Opposition in der Kirche, ThExh 162, München 1969.

CHRISTENTUM UND SOZIALISMUS,
Hrsg. von der Arbeitsgemeinschaft für Christentum und Sozialismus, Köln 1947
(= Christentum und Sozialismus)

DAHM, Karl-Wilhelm
Pfarrer und Politik. Soziale Position und politische Mentalität des deutschen evangelischen Pfarrerstandes zwischen 1918 und 1933, Dortmunder Schriften zur Sozialforschung Bd. 29, Köln und Opladen 1965.

DAHM, Karl-Wilhelm / Niklas LUHMANN / Dieter STOODT
Religion – System und Sozialisation, Reihe Theologie und Politik, hrsg. v. Hans-Eckehard Bahr, Bd. II, Darmstadt/Neuwied 1972.

DEHN, Günther
Die alte Zeit, die vorigen Jahre. Lebenserinnerungen, München 1962.

DEPPE, Frank
Verschwörung, Aufstand und Revolution. Auguste Blanqui und das Problem der sozialen Revolution im 19. Jahrhundert, Frankfurt/Main 1970.

DERESCH, Wolfgang
(I) Predigt und Agitation der religiösen Sozialisten, Hamburg 1971.
(II) (Hrsg.) Der Glaube der religiösen Sozialisten. Ausgewählte Texte, Hamburg 1972.

DEUTSCHE GESCHICHTE
Hrsg. v. Hans-Joachim Bartmuss u. a., Bd. 2: Von

1789–1917, Berlin 1967. (= Deutsche Geschichte 2)
Bd. 3: Von 1917 bis zur Gegenwart, Berlin 1968.
(= Deutsche Geschichte 3)

DIBELIUS, Otto
Das Jahrhundert der Kirche, Berlin 1926.

DIEM, Hermann
(I) Der Antibolschewismus als Frage an die Kirche. In: EvTh 1948, S. 15–36.
(II) Die Kirche zwischen Rußland und Amerika, ThExh 10, München 1948.
(III) Kirche und kommunistische Partei. Bericht über ein Gespräch. In: Deutsches Pfarrerblatt 1949, S. 131–133.

DIETZ, Eduard
Das religiöse Problem des Marxismus, Schriften der religiösen Sozialisten 8, Karlsruhe-Rüppur 1929.
Die Rolle der Gewalt in der Wirtschafts- und Staatslehre von Marx und Engels, ZRS 1929/1, S. 36–43.
Die Staatsauffassungen von Marx und Engels, Schriften der religiösen Sozialisten 11, Mannheim 1929.

DRYANDER, Ernst von
Bolschewistische Weltanschauung. Schrifttum Christentum und Volkstum Nr. 4, Berlin 1931.

DURKHEIM, Émile
Les formes élémentaires de la vie religieuse. Le système totémique en Australie, Paris 1912 (1960[4]).

ECKERT, Erwin
(I) Materialistische Geschichtsauffassung und Religion. In: CVB 1923, Nr. 15, S. 1–2.
(II) Der 3. Kongreß der religiösen Sozialisten Deutschlands. In: SAV 1926, Nr. 33, S. 175 f.
(III) Was wollen die religiösen Sozialisten? Schriften der religiösen Sozialisten 1, Mannheim 1927.
(IV) Der kirchlich-soziale Kongreß in Düsseldorf. In: SAV 1927, Nr. 43, S. 251 f.
(V) Das Ziel der religiösen Sozialisten Deutschlands. In: SAV 1928, Nr. 2, S. 10 f.
(VI) Richtlinien für die sozialistischen Vertreter in den Körper-

schaften der badischen Landeskirche (Entwurf). In: SAV 1928, Nr. 47, S. 282.
(VII) Arbeitsmethoden und Taktik der religiösen Sozialisten Deutschlands. In: SAV 1929, Nr. 50, S. 373.
(VIII) Opposition, nicht Koalition. In: Der Klassenkampf, Nr. 20, 1930, S. 622–626.
(IX) Die christlichen Kirchen und der Faschismus. In: SAV 1930, Nr. 48, S. 380 f.
(X) Sind wir Marxisten? In: ZRS 1930/3, S. 163–168.
(XI) Kirchlicher Generalangriff gegen die Sowjetunion? In: SAV 1930, Nr. 7, S. 52 f.
(XII) Die Kirche, eine Organisation des Besitzes. In: SAV 1930, Nr. 21, S. 164.
(XIII) Der eigentliche Sinn der Aktion gegen die ‚Christenverfolgungen' ist der Kampf gegen den Marxismus. In: SAV 1930, Nr. 9, S. 69.
(XIV) Klare Fronten! In: SAV 1930, Nr. 9, S. 70 f.
(XV) Internationaler Zusammenschluß gegen Sowjetrußland ‚zum Schutz der abendländischen Kultur'. In: SAV 1930, Nr. 46, S. 363 f.
(XVI) Kreuzzug gegen Sowjeturßland? In: SAV 1930, Nr. 48, S. 381 f.
(XVII) Christuskreuz – nicht Hakenkreuz. In: RS 1931, Nr. 7–9, S. 27, 32, 38.
(XVIII) Kirche und Kommunismus – Stadtpfarrer Eckert (Mannheim) kommt zur KPD. Broschüre, hrsg. von der Bezirksleitung der KP, Bezirk Baden-Pfalz, 1931.

ELM, Ludwig

Zwischen Fortschritt und Reaktion. Geschichte der Parteien der liberalen Bourgeoisie in Deutschland 1893–1918, Berlin 1968.

ENGELBERG, Ernst

(I) Deutschland von 1849 bis 1871. In: Deutsche Geschichte 2, S. 345–475.
(II) Deutschland von 1871 bis 1897. In: Deutsche Geschichte 2, S. 479–675.

ERMEL, Horst D.

Die Kirchenaustrittsbewegung im Deutschen Reich. 1906–1914, Diss. Köln 1971.

FEUERBACH, Ludwig
Das Wesen des Christentums, (Leipzig 1849^3), Stuttgart 1969.

FINGER, Otto
Von der anthropologisch-materialistischen Religionskritik zur historisch-materialistischen Ideologieanalyse. In: DZfPh 1972/9, S. 1110–1135.

FISCHER, Fritz
Der deutsche Protestantismus und die Politik im 19. Jahrhundert. In: H. Böhme (Hrsg.), Probleme der Reichsgründungszeit 1848–1871, Köln/Berlin 1968, S. 49–71.

FRICKE, Dieter
Art.: Christlichsoziale Partei. In: Die bürgerlichen Parteien in Deutschland. Handbuch der Geschichte der bürgerlichen Parteien und anderer bürgerlicher Interessenorganisationen vom Vormärz bis zum Jahre 1945, Bd. I. Leipzig 1968, S. 245–255.

FUCHS, Emil
Marxismus und Christentum, Leipzig 1952.
Mein Leben, 2 Teile, Leipzig 1957 und 1959.

FUCHS, Ernst
Christentum und Sozialismus. Kirche für die Welt 1, Stuttgart 1946.

FÜRSTENBERG, Friedrich
(I) (Hrsg.) Religionssoziologie, Neuwied/Berlin 1970^2.
(II) Der Strukturwandel protestantischer Frömmigkeit als soziologisches Problem. In: Arch. Soc. Relig., Nr. 8 (1959), S. 71–80.

VON DER GABLENTZ, Otto Heinrich
(I) Über Marx hinaus, Berlin 1946.
(II) Der Marxsche Begriff der gesellschaftlichen Produktionsverhältnisse und die gesellschaftliche Wirklichkeit. In: Schmollers Jahrbuch 70, 1950/2, S. 129–146.

GESCHICHTE DER DEUTSCHEN ARBEITERBEWEGUNG
Hrsg. v. Institut f. Marxismus-Leninismus beim ZK der SED, Kapitel III: Periode von 1871 bis zum Ausgang des 19. Jahrhunderts, Berlin 1966.

GODELIER, Maurice
Ökonomische Anthropologie, Reinbek 1973, daraus:
(I) Warenwirtschaft, Fetischismus, Magie und Wissenschaft im Marxschen Kapital, S. 241–257.
(II) Fetischismus, Religion und allgemeine Theorie der Ideologie bei Marx, S. 258–280.

GÖHRE, Paul
(I) Drei Monate Fabrikarbeiter und Handwerksbursche, Leipzig 1891.
(II) Die evangelisch-soziale Bewegung. Ihre Geschichte und ihre Ziele, Leipzig 1886.
(III) Wie ein Pfarrer Sozialdemokrat wurde, Berlin 1900.
(IV) Das religiöse Problem des Socialismus. In: Sozialistische Monatshefte 1902, S. 267–277.
(V) Materialismus und Religion. In: Sozialistische Monatshefte 1902, S. 501–518.
(VI) Christentum und materialistische Geschichtsauffassung. In: Sozialistische Monatshefte 1902, S. 598–607.
(VII) Der unbekannte Gott, Leipzig 1919.

GOLDSCHMIDT, Dietrich
Standort und Methoden der Religionssoziologie. In: Soziologie und moderne Gesellschaft, Verhandlungen des 14. Deutschen Soziologentages vom 20.–24. 5. 1959 in Berlin, Stuttgart 1959.

GOLDSCHMIDT, Dietrich / Franz GREINER / Helmut SCHELSKY
(Hrsg.) Soziologie der Kirchengemeinde, Stuttgart 1960.

GOLLWITZER, Helmut
Forderungen der Freiheit. Aufsätze und Reden zur politischen Ethik, München 1962.

GOTTSCHALCH, Wilfried / Friedrich KARRENBERG / Franz Josef STEGMANN
Geschichte der sozialen Ideen in Deutschland, hrsg. von Helga Grebing. Deutsches Handbuch der Politik 3, München–Wien 1969.

GREBING, Helga
Geschichte der deutschen Arbeiterbewegung. Ein Überblick, München 1970.

GREIWE, Ulrich
(Hrsg.) ‚Herausforderung an die Zukunft' – Die kritische Generation vor der Jahrtausendwende, München 1970.

GROSSER, Alfred
Deutschlandbilanz. Geschichte Deutschlands seit 1945, München 1970.

GRÜNBERG, Carl / Henryk GROSSMANN
Art.: Christlicher und religiöser Sozialismus. In: Wörterbuch der Volkswirtschaft, Bd. 1, S. 538–559.

GRUNZ, Alfred
Das System des Marxismus. Hrsg. für den Gesamtverband vom Schlesischen Verband evangelischer Arbeitervereine, Breslau 1925.

GUTACHTEN
über die Frage „ob die politische Mitarbeit in einer atheistischen politischen Partei eine kirchliche Tätigkeit grundsätzlich ausschließt" im Auftrage des Direktors der Sektion Theologie an der Humboldt-Universität Berlin/DDR für die christliche Friedenskonferenz (CFK). In: IDZ 1973/3, S. 210–211.
(= Gutachten)

HABERMAS, Jürgen
(I) Zur philosophischen Diskussion um Marx und den Marxismus. In: Theorie und Praxis, Neuwied/Berlin 1967², S. 261–335.
(II) Zwischen Philosophie und Wissenschaft: Marxismus als Kritik. In: Theorie und Praxis, S. 162–214.
(III) Technik und Wissenschaft als ‚Ideologie'. In: Technik und Wissenschaft als ‚Ideologie', Frankfurt/Main 1968, S. 48–103.

HAHN, Erich
(I) Historischer Materialismus und marxistische Soziologie. Studien zu methodologischen und erkenntnistheoretischen Grundlagen der soziologischen Forschung, Berlin 1968.
(II) Ideologie. Zur Auseinandersetzung zwischen marxistischer und bürgerlicher Ideologietheorie. Eine Betrachtung zum 14. Internat. Kongreß für Philosophie 1968, Berlin 1969.

(III) Marxismus und Ideologie. In: DZfPh 1964/10, S. 1172–1190.

HARENBERG, Werner

(Hrsg.) Was glauben die Deutschen? Repräsentativumfrage des Emnidinstituts im Auftrag des ‚Spiegel' 1967, München 1968.

HEIDTMANN, Günther

(Hrsg.) Hat die Kirche geschwiegen? Das öffentliche Wort der evangelischen Kirche aus den Jahren 1945 bis 1964, Berlin 1964[3].

HEIMANN, Eduard

Mehrwert und Gemeinwirtschaft, Berlin 1922.

Der Sozialismus als sittliche Idee und die materialistische Geschichtsauffassung. In: Archiv für Sozialwissenschaft und Sozialpolitik 52, 1924/1, S. 139–176.

Karl Marx' Bedeutung für die Entwicklung der Nationalökonomie. In: ZRS 1930/2, S. 75–81.

Kapitalismus und Sozialismus. Reden und Aufsätze zur Wirtschafts- und Geisteslage, Potsdam 1931.

Die sittliche Idee des Klassenkampfes und die Entartung des Kapitalismus, Hamburg 1947.

HEISE, Wolfgang

Über die Entfremdung und ihre Überwindung. In: DZfPh 1965/6, S. 684–710.

HERZ, Heinz

Art.: Evangelisch-sozialer Kongreß. In: Die bürgerlichen Parteien in Deutschland. Handbuch der Geschichte der bürgerlichen Parteien und anderer bürgerlicher Interessenorganisationen vom Vormärz bis zum Jahre 1945, Bd. I, Leipzig 1968, S. 792–797.

HEYDEN, G. / M. KLEIN / A. KOSING

Philosophie des Verbrechens. Gegen die Ideologie des deutschen Militarismus, Berlin 1959.

HOBSBAWM, Eric J.

Sozialrebellen. Archaische Sozialbewegungen im 19. und 20. Jahrhundert, Neuwied/Berlin 1971.

HÖLLINGER, Sigurd

Das Verhältnis der Jugend zur Religion am Anfang der

siebziger Jahre. In: J. Wössner (Hrsg.), Religion im Umbruch, S. 353–366.

HOHLWEIN, Hans

Art.: Religiös-sozialistische Bewegung, RGG^3 V, S. 958–961.

HOLLITSCHER, Walter

Ein Dialog zwischen Marxismus und Christentum. In: DZfPh 1965/9, S. 1123–1131.

HUSTER, Ernst Ulrich / Gerhard KRAIKER / Burkhard SCHERER / Friedrich-Karl SCHLOTMANN / Marianne WELTEKE

Determinanten der westdeutschen Restauration 1945–1949, Frankfurt/Main 1972.

(= Huster u. a.)

HUTTEN, Kurt

(I) Der deutsche Kommunismus und das Christentum (I). In: AuB 2, 1948, Nr. 20, S. 500–505.

(II) Die Lage zwischen Christen und Sozialisten. In: AuB 4, 1950, Nr. 7–11, S. 163–168, 188–192, 212–216, 232–240, 259–264.

JANNASCH, Wilhelm

Art.: Bruderräte, RGG^3 I, S. 1426.

JANTSCH, Rudolf

Mißbrauchte Religion. Zur ‚evangelischen' Staatsethik des Helmut Thielicke, Berlin 1964.

JOCKERS, Karl-Jakob

Zum Dialog zwischen Christen und Marxisten. In: Werner I, S. 73–90.

KADENBACH, Johannes

Das Religionsverständnis von Karl Marx, München/Paderborn/Wien 1970.

KAISER, Kurt

Materialien über den religiösen Sozialismus in Deutschland aus der Zeit von 1918–1933, Diss. Köln 1962.

KARRENBERG, Friedrich

(I) Geschichte der sozialen Ideen im deutschen Protestantis-

mus. In: GOTTSCHALCH/KARRENBERG/STEGMANN, S. 561–694.
(II) Gestalt und Kritik des Westens. Beiträge zur christlichen Sozialethik heute, Stuttgart 1959.

KEHRER, Günther
(I) Das religiöse Bewußtsein des Industriearbeiters, München 1967.
(II) Religionssoziologie, Berlin 1968.

KEIL, Wilhelm
Christentum und Sozialismus, Stuttgart 1946.

KLEIN, Fritz
Deutschland von 1897/98 bis 1917. In: Deutsche Geschichte 2, S. 679–855.

KLOHR, Olof
(I) (Hrsg.) Moderne Naturwissenschaft und Atheismus, Berlin 1964.
(II) Theoretische Grundsätze und Aufgaben der Soziologie der Religion. In: Klohr III, S. 13–32.
(III) (Hrsg.) Religion und Atheismus heute. Ergebnisse und Aufgaben marxistischer Religionssoziologie, Berlin 1966.
(IV) Marxistischer Atheismus – Sozialismus und Säkularisierungsprozeß. In: RSIF, Heft 4, Jena 1967.

KLOHR, Olof / Johann KLÜGL
V. Europäisches Kolloquium zur Soziologie des Protestantismus. In: DZfPh 1965/8, S. 1012–1017.

KLOTZ, Leopold
(Hrsg.) Die Kirche und das Dritte Reich. Fragen und Forderungen deutscher Theologen. 2 Bände, Gotha 1932.

KLÜGL, Johann
(I) Theoretische Grundlagen und Ergebnisse der bürgerlichen Religionssoziologie. In: Klohr III, S. 51–78.
(II) Die bürgerliche Religionssoziologie und ihre Funktion im System des staatsmonopolistischen Kapitalismus. In: DZfPh 1967/6, S. 671–690.
(III) Säkularisierungsprozesse im Kapitalismus und die ideologische Funktion der bürgerlichen Religionssoziologie, Jena 1969 (unveröffentlichte Habilitationsschrift).

KÖNIG, Erika
Vom Revisionismus zum ‚demokratischen Sozialismus', Berlin 1964.

KOFLER, Leo
Zur Geschichte der bürgerlichen Gesellschaft. Versuch einer verstehenden Deutung der Neuzeit, Neuwied/Berlin 1966 (1948[1]).

KRAIKER, Gerhard
Politischer Katholizismus in der BRD. Eine ideologiekritische Analyse, Stuttgart 1972.

KRAMER, Dieter
Reform und Revolution bei Marx und Engels, Köln 1971.

KRAUSE, Dieter
Was ist Ideologie? Ideologiekritik als Absage an die Aufklärung. In: Das Argument Nr. 66, 1971, 6/7, S. 523–550.

KUCZYNSKI, Jürgen
Klassen und Klassenkämpfe im imperialistischen Deutschland und in der BRD, Frankfurt/Main 1972.

KÜNNETH, Walter
Thesen zum Gespräch über Kirche und Sozialismus. In: Evang.-luth. Kirchenzeitung 1948, Nr. 1/2, S. 68–69.

KUPISCH, Karl
(I) Kirche und soziale Frage im 19. Jahrhundert, Theologische Studien 73, Zürich 1963.
(II) Vom Pietismus zum Kommunismus. Historische Gestalten, Szenen und Probleme, Berlin 1953.
(III) (Hrsg.) Quellen zur Geschichte des deutschen Protestantismus 1871–1945, München/Hamburg 1965.
(IV) Art.: Kirchlich-sozial, RGG³ III, S. 1622–1623.
(V) Im Bann des Zeitgeistes. Zur Standortbestimmung von Kirche und Christentum in der heutigen Gesellschaft, ThExh 159, München 1969.
(VI) Strömungen der Evangelischen Kirche in der Weimarer Republik. In: Archiv für Sozialgeschichte, hrsg. v. der Friedrich-Ebert-Stiftung, XI. Bd., 1971, Hannover 1971, S. 373–415.
(VII) (Hrsg.) Quellen zur Geschichte des deutschen Protestantismus von 1945 bis zur Gegenwart, 1. Teil, Hamburg 1971.

(VIII) (Hrsg.) Quellen zur Geschichte des deutschen Protestantismus von 1945 bis zur Gegenwart, 2. Teil, Hamburg 1971.

LENIN, W. I.
Werke, Berlin 1961 ff. (= LW)

LENK, Kurt
(Hrsg.) Ideologie. Ideologiekritik und Wissenssoziologie, Neuwied/Berlin 1964².

LENSKI, Gerhard
The Religious Factor, New York 1961 (Deutsch: Religion und Realität, Köln 1967).

LEWADA, J. A.
(I) Die soziale Praxis und die atheistische Weltanschauung in der Wissenschaft. In: Klohr I.
(II) Die Religion als Gegenstand der soziologischen Forschung. In: Klohr III, S. 32–39.

LUCKMANN, Thomas
Das Problem der Religion in der modernen Gesellschaft, Freiburg 1963.

LÜBBE, Hermann
Säkularisierung. Geschichte eines ideenpolitischen Begriffs, München 1965.

LÜNING, Hildegard
(Hrsg.) Mit Maschinengewehr und Kreuz oder Wie kann das Christentum überleben? Reinbek 1971.

LUTTER, Hans
Der Säkularisierungsprozeß im Sozialismus: Deutsche Demokratische Republik, b) Der Einfluß der Großstadt auf die Säkularisierung in angrenzenden ländlichen Gebieten. In: Klohr III, S. 105–110.

LUTZ, Hans
(I) Evangelische Kirche und Marxismus. In: Situation und Entscheidung, 1. Folge, 1947, S. 73–97.
(II) Das Kommunistische Manifest und die christliche Verkündigung. In: Situation und Entscheidung, 2. Folge, 1948, S. 163–180.
(III) Sozialgeschichtliche Voraussetzungen des Atheismus. In: Gewerkschaftliche Monatshefte 1968/10, S. 596–601.

MAHLING, Friedrich
Kirchliche Stimmen zur Arbeiterbewegung von 1839 bis 1862. In: Neue kirchliche Zeitschrift 33. Jg., 2. und 3. Heft, Leipzig und Erlangen 1922, S. 115–167.

MAIER, Harry
Soziologie der Päpste. Lehre und Wirkung der katholischen Sozialtheorie, Berlin 1965.
(= H. Maier)

MAIER, Joseph
(I) Zum Problem der neuen Religiosität. In: Der Friede, Idee und Verwirklichung, Heidelberg 1961, S. 49–58.
(= J. Maier)
(II) Religiöse Überzeugungen und religiöse Verhaltensweisen, in: KZfSS 1958/3.

MARQUARDT, Friedrich-Wilhelm
Theologie und Sozialismus. Das Beispiel Karl Barths, Gesellschaft und Theologie, Systematische Beiträge 7, München 1972.

MARTENS, Klaus
Wie reich ist die Kirche? Der Versuch einer Bestandsaufnahme in Deutschland, München 1969.

MARX, Karl
Grundrisse der Kritik der politischen Ökonomie (Rohentwurf) 1857–1859, Berlin 1953.
(= Grundrisse)

MARX, Karl / Friedrich ENGELS
Werke, Berlin 1956 ff.
(= MEW)

MASULA, Wolfgang
Der Säkularisierungsprozeß im Sozialismus: Deutsche Demokratische Republik, a) Säkularisierung und Großstadt. In: Klohr III, S. 92–105.

MATTHES, Joachim
(I) Bemerkungen zur Säkularisierungsthese in der neueren Religionssoziologie. In: Probleme der Religionssoziologie, S. 65–77.
(II) Kirche und Gesellschaft, Einführung in die Religionssoziologie II, Reinbek 1969.
(III) Religion und Gesellschaft. Einführung in die Religionssoziologie I, Reinbek 1967.

MAUS, Heinz
(I) Besprechung von: Marxismusstudien 1. u. 2. Folge. In: Schmollers Jahrbuch 78, 1958/3, S. 355–356.
(II) Besprechung von: Marxismusstudien 3. Folge. In: Schmollers Jahrbuch 81, 1961/1, S. 88–89.
(III) Art.: Ideologen, RGG³ III, S. 566–567.

MEHNERT, Gottfried
Evangelische Kirche und Politik 1917–1919. Die politischen Strömungen im deutschen Protestantismus von der Julikrise 1917 bis zum Herbst 1919, Düsseldorf 1959.

MEHRING, Franz
Geschichte der deutschen Sozialdemokratie, 2 Teile. Gesammelte Schriften I/II, hrsg. v. Th. Höhle, H. Koch, J. Schleifstein, Berlin 1960.
(I) 1. Teil: Von der Julirevolution bis zum preußischen Verfassungsstreit 1830–1863.
(II) 2. Teil: Von Lassalles ‚Offenem Antwortschreiben' bis zum Erfurter Programm 1863–1891.

MENNICKE, Carl
Marxismus und Christentum. In: ChW 34/1920, S. 390–393.
Das Problem der sittlichen Idee in der marxistischen Diskussion der Gegenwart, Crimmitschau 1927.

MILLER, Alexander
Ein Christ sagt Ja zu Karl Marx. Aus dem Englischen übersetzt und eingeleitet von Werner Koch, München 1948.

MOCHALSKI, Herbert
Der Bruderrat der Evangelischen Kirche in Deutschland 1945–1951. In: Bekennende Kirche. Martin Niemöller zum 60. Geburtstag, München 1952, S. 159–163.

MOLTMANN, Jürgen
Umkehr zur Zukunft, München/Hamburg 1970.

MÜLLER, Eberhard
Hauptsache: der Mensch. Zur neuen Begegnung von Christentum und Sozialismus, Evangelische Akademie. Stimmen zum Gespräch der Kirche mit der Welt, Heft 19, Tübingen 1948.

NEUMANN, Gerhard J.
Art.: Göhre, RGG³ II, S. 1663–1664.

NÜRNBERGER, Richard
Imperialismus, Sozialismus und Christentum bei Friedrich Naumann. In: Historische Zeitschrift 170, 1950, S. 525–548.

OBERDIECK, Frieda
Der Religiöse Sozialismus des Kreises um Paul Tillich, Wirtschaftswissenschaftliche Diss. Göttingen 1949.

ODIN, Karl-Alfred
Die Denkschriften der EKD. Texte und Kommentar, Neukirchen 1966.

ONNA, Ben van / Martin STANKOWSKI
(Hrsg.) Kritischer Katholizismus. Argumente gegen die Kirchen-Gesellschaft, Frankfurt/Main 1969.

OUDENRIJN, Frans van den
Kritische Theologie als Kritik der Theologie. Theorie und Praxis bei Karl Marx, Mainz/München 1972.

POLLMANN, Klaus Erich
Landesherrliches Kirchenregiment und soziale Frage. Der evangelische Oberkirchenrat der altpreußischen Landeskirche und die sozialpolitische Bewegung der Geistlichen nach 1890, Berlin 1973.

RACKWITZ, Arthur
(I) Kann ein Christ Marxist sein? In: DND 1948, Nr. 16, S. 5–6.
(II) Der Marxismus im Lichte des Evangeliums – Untersuchungen über das Kommunistische Manifest, Berlin 1948.

RAUH, Hans-Christoph
(I) Zur Herkunft, Vorgeschichte und ersten Verwendungsweise des Ideologiebegriffs bei Marx und Engels bis 1844. In: DZfPh 1970/6, S. 689–715.
(II) Zum Problem der „verkehrten Widerspiegelung“ bei Marx. Ein Beitrag zu Geschichte, Inhalt und Funktion des marxistischen Ideologiebegriffs, Gesellschaftswiss. Diss. Berlin 1969.

REICKE, Siegfried
Art.: Patronat, RGG³ V, S. 156–159.

REINHARDT, H. / W. SCHUBARDT / H. ULLBRICH
(Hrsg.) Entfremdung und Humanität. Marx und seine klerikalen Kritiker, Berlin 1964.

RENDTORFF, Trutz
(I) Zur Säkularisierungsproblematik. Über die Weiterentwicklung der Kirchensoziologie zur Religionssoziologie. In: IJRS, Bd. 2, 1966: Theoretische Aspekte der Religionssoziologie I, S. 51–70.
(II) Tendenzen und Probleme der kirchensoziologischen Forschung. In: Probleme der Religionssoziologie, S. 191–201.
(III) Christentum zwischen Revolution und Restauration. Politische Wirkungen neuzeitlicher Theologie, München 1970.

RENDTORFF, Trutz / Karl Gerhard STECK
Protestantismus und Revolution, ThExh 161, München 1969.

RENDTORFF, Trutz / Heinz Eduard TÖDT
Theologie der Revolution. Analysen und Materialien, Frankfurt/Main 1968³.

ROBBE, Martin
(I) Philosophische Probleme der Religionswissenschaft. In: DZfPh 1963/11, S. 1374–1388.
(II) Religion und Gesellschaft. In: DZfPh 1965/7, S. 890–898.
(III) Marxismus und Religionsforschung. In: IJRS, Bd. 2, 1966: Theoretische Aspekte der Religionssoziologie I, S. 157–184.
(IV) Der Ursprung des Christentums, Leipzig/Jena/Berlin 1967.
(V) Christentum und Christen im Spätkapitalismus. In: DZfPh 1970/9, S. 1059–1077.
(VI) Ideologische Aspekte des antiimperialistischen Bündnisses von Marxisten und Christen. In: DZfPh 1971/2, S. 176–192.

ROER, Ingo
Konvergenztheoretische Elemente in der Theologie der Gesellschaft. In: Werner I, S. 55–72.

ROSE, Günther

Konvergenz der Systeme. Legende und Wirklichkeit, Köln 1970.

ROSENBERG, Hans

Probleme der deutschen Sozialgeschichte, Frankfurt/Main 1969.

ROSENBERG, Arthur

Entstehung der Weimarer Republik, hrsg. v. Kurt Kersten, Frankfurt/Main 1961.

Geschichte der Weimarer Republik, hrsg. v. Kurt Kersten, Frankfurt/Main 1961.

RUDOLPH, Ernst

Klassenkampf oder . . .?, Berlin 1932.

SAVRAMIS, Domosthenes

(I) Religionssoziologie. Eine Einführung, München 1968.

(II) Rezension von: Aquaviva, Der Untergang des Heiligen in der industriellen Gesellschaft. In: KZfSS 1966/2, S. 392.

SCHEMPP, Paul

Die Stellung der Kirche zu den politischen Parteien und das Problem einer christlichen Partei, Kirche für die Welt 3, Stuttgart 1946.

SCHENKEL, Gotthilf

Kirche, Sozialismus, Demokratie. Der Deutschenspiegel. Schriften zur Erkenntnis und Erneuerung, Bd. 8/9, Stuttgart 1946.

SCHLEICH, H. / R. JENTZSCH

Nochmals in eigener Sache! In: Christ und Sozialist 1950, Nr. 11/12, S. 3–5.

SCHMIDT, Willem

(Hrsg.) Gesellschaftliche Herausforderung des Christentums. Vom Kulturprotestantismus zur Theologie der Revolution. Eine Sendereihe des Deutschlandfunks, München 1970.

SCHREUDER, Osmund

(I) Kirche im Vorort. Soziologische Erkundung einer Pfarrei, Freiburg/Basel/Wien 1962.

(II) Die Religionssoziologie und der Marxismus, Manuskriptdruck o. O., o. J.

SCHREY, Heinz-Horst

(I) Die Kirche und die soziale Frage. In: ThR 21, 1953, S. 15–62.

(II) Neuere Literatur zur Ethik, daraus: Zur Geschichte der sozialen Frage. In: ThR 31, 1965/66, S. 161–179.

(III) Art.: Protestantismus, II. In der modernen Welt, RGG³ V, S. 661–663.

(IV) Art.: Sozialismus. II. Religiöser Sozialismus, RGG³ VI, S. 181–186.

(V) Literatur zum Marxismus (I). Die neueste Phase der Begegnung von Marxismus und Christentum. In: ThR 32, 1967, S. 322–343.

(VI) Literatur zum Marxismus (II). In: ThR 33, 1968, S. 77–91.

(VII) Auseinandersetzung mit dem Marxismus, Stuttgart 1969².

(VIII) ‚Politische Theologie' und ‚Theologie der Revolution'. Die Rezeption des Neomarxismus durch die Theologie. In: ThR 36, 1971, S. 346–377 und

(IX) ThR 37, 1972, S. 43–77.

SCHUFFENHAUER, Werner

Feuerbach und der junge Marx. Zur Entstehungsgeschichte der marxistischen Weltanschauung, Berlin 1965.

SCHWERDTFEGER, Erich

Die politische Theorie in der Theologie Paul Tillichs, Diss. Marburg 1969.

SEILS, Martin

Die Bedeutung Rudolf Todts für die Begegnung zwischen der Evangelischen Kirche und dem Sozialismus. In: „. . . und fragten nach Jesus", Beiträge aus Theologie, Kirche und Geschichte, Festschrift für Ernst Barnikol, Berlin 1965, S. 228–250.

SHANAHAN, William O.

Der deutsche Protestantismus vor der sozialen Frage 1815–1871, München 1962.

SKODA, Franz

Die sowjetrussiche philosophische Religionskritik heute. Quaestiones Disputatae 36, Freiburg/Basel/Wien 1968.

SOECKNICK, Gerda
Religiöser Sozialismus der neueren Zeit unter besonderer Berücksichtigung Deutschlands, Königsberger Sozialwissenschaftliche Forschungen, Jena 1926.

SÖLLE, Dorothee / Klaus SCHMIDT
(Hrsg.) Christentum und Sozialismus – vom Dialog zum Bündnis, Stuttgart 1974.

SORG, Richard
Linke Christen – Verbündete, nicht nur ‚Fellow-Travellers'. In: Marburger Blätter 1973/5, S. 22–27.

SPIEGEL-SCHMIDT, Friedrich
Religiöse Wandlungen und Probleme im evangelischen Bereich. In: Die Vertriebenen in Westdeutschland, Bd. III, Kiel 1959, S. 23–91.

STAMMER, Otto
(Hrsg.) Max Weber und die Soziologie heute. Verhandlungen des 15. deutschen Soziologentages, Tübingen 1965.

STEIGERWALD, Robert
(I) Marxismus und christlicher (religiöser) Sozialismus. Einige kritische Bemerkungen. In: IDZ 1972/1, S. 53–58.
(II) Marxismus – Religion – Gegenwart, Frankfurt 1973.

STEINBERG, Hans-Josef
Sozialismus und deutsche Sozialdemokratie. Zur Ideologie der Partei vor dem 1. Weltkrieg, Schriftenreihe des Forschungsinstituts der Friedrich-Ebert-Stiftung, B. Historisch-politische Schriften, Hannover 1967.

STIEHLER, Gottfried
Ludwig Feuerbachs Kritik der Religion. In: DZfPh 1972/9, S. 1136–1145.

STÖHR, Martin
(Hrsg.) Disputation zwischen Christen und Marxisten, München 1966.
Koexistenz – Dialog – Frieden. Zum Verhältnis von Christen und Marxisten. In: Frieden konkret, 27 Variationen, hrsg. v. Rainer Schmidt, Essen 1968.

STUDNITZ, Hans-Georg von
‚Ist Gott Mitläufer?' Die Politisierung der evangelischen

Kirche. Analyse und Dokumentation, Stuttgart-Degerloch 1969.

SUCK, Ernst August

Der religiöse Sozialismus in der Weimarer Republik, Diss. Marburg 1953.

TENBRUCK, Friedrich H.

Die Kirchengemeinde in der entkirchlichten Gesellschaft. Ergebnisse und Deutung der „Reutlingen-Studie". In: GOLDSCHMIDT/GREINER/SCHELSKY, S. 122–132.

THEODOR, Gertrud

Friedrich Naumann oder der Prophet des Profits. Ein biographischer Beitrag zur Geschichte des frühen deutschen Imperialismus, Berlin 1957.

THIER, Erich

(I) Die Kirche und die soziale Frage von Wichern bis Naumann. Eine Untersuchung über die Beziehungen zwischen politischen Vorgängen und kirchlichen Reformen, Schriftenreihe der Inneren Mission, Reihe A, Heft 1, Gütersloh 1950.

(II) Das Menschenbild des jungen Marx, Göttingen 1961^2.

TILING, Magdalene von

Was hat das Christentum zum Marxismus zu sagen? Deutschnationale Flugschrift Nr. 341, Berlin 1929.

TILLICH, Ernst

Religiöse Sozialisten. In: Das Sozialistische Jahrhundert 1947, Heft 9/10, S. 155–156.

TILLICH, Paul

(I) Religiöse Verwirklichung, Berlin 1930.

(II) Gesammelte Werke. Hrsg. von Renate Albrecht, Stuttgart 1959 ff.

(III) Für und wider den Sozialismus. Hrsg. v. Wolf-Dieter Marsch, Auswahl und Einführungen von Karin Kretzler, München/Hamburg 1969.

TODT, Rudolf

(I) Der radikale deutsche Sozialismus und die christliche Gesellschaft. Versuch einer Darstellung des socialen Gehaltes des Christentums und der socialen Aufgaben der christlichen Gesellschaft auf Grund einer Untersuchung des

Neuen Testaments, 2. verbesserte und vermehrte Auflage, Wittenberg 1878 (1877[1]).

(II) Der innere Zusammenhang und die nothwendige Verbindung zwischen dem Studium der Theologie und dem Studium der Socialwissenschaften, Eberswalde 1877.

TÖDT, Heinz-Eduard

Die Marxismus-Diskussion in der ökumenischen Bewegung. In: Marxismusstudien VI, S. 1–42.

TROELTSCH, Ernst

(I) Die Bedeutung des Protestantismus für die Entstehung der modernen Welt, Tübingen 1928[5].

(II) Die Soziallehren der christlichen Kirchen und Gruppen, Tübingen 1912.

UGRINOWITSCH, D. M.

Methodologische Fragen der marxistischen Religionssoziologie. In: Klohr III, S. 39–48.

ULEDOW, A. K.

Die Struktur des gesellschaftlichen Bewußtseins. Eine soziologisch-theoretische Untersuchung, Berlin 1972.

ULRICH, Thomas

Ontologie, Theologie, gesellschaftliche Praxis. Studien zum religiösen Sozialismus Paul Tillichs und Carl Mennikkes, Zürich 1971.

VEIDT, Karl

(I) Der Kulturkampf unserer Zeit: Christentum gegen Marxismus, Deutschnationale Flugschrift Nr. 338, Berlin 1929.

(II) Der Marxismus als Weltanschauung. Wirtschaftliche und politische Bewegung, Schriften des Christlich-Sozialen Volksdienstes Nr. 20, Berlin 1932.

VIOLETT-BUCH zur Obrigkeitsschrift von Bischof Dibelius. Dokumente zur Frage der Obrigkeit. Frankfurt/Main 1963[2].

VORLÄNDER, Karl

Sozialdemokratische Pfarrer. Eine Skizze. In: Archiv für Sozialwissenschaft und Sozialpolitik 30, 1910, S. 456 ff., A. In Deutschland, S. 456–483.

VRIJHOF, Pieter Hendrik
Was ist Religionssoziologie? In: Probleme der Religionssoziologie, S. 10–35.

WACH, Joachim
Religionssoziologie, Tübingen 1951.

WÄCHTER, Theodor von
(I) Die Stellung der Sozialdemokratie zur Religion, Stuttgart 1894.
(II) Muß es stets Reiche und Arme – Herren und Knechte geben? oder Das Naturgesetz des Kampfes ums Dasein und der Sozialismus, Stuttgart 1895.

WEBER, Max
(I) Die protestantische Ethik und der Geist des Kapitalismus. In: Gesammelte Aufsätze zur Religionssoziologie, Bd. I, Tübingen 1963, S. 1–206.
(II) Typen religiöser Vergemeinschaftung (Religionssoziologie). In: Wirtschaft und Gesellschaft (Studienausgabe) 1. Halbband, Köln/Berlin 1964, S. 317–488.
(III) Aus den Schriften zur Religionssoziologie, hrsg. von Max Graf zu Solms, Frankfurt/Main 1948.
(IV) Die protestantische Ethik II. Kritiken und Antikritiken, hrsg. v. Johannes Winckelmann, München und Hamburg 1968.

WEISS, Andreas von
Die Diskussion über den historischen Materialismus in der deutschen Sozialdemokratie 1891–1918, Wiesbaden 1965.

WEITLING, Wilhelm
Das Evangelium des armen Sünders, hrsg. v. Waltraud Seidl-Höppner (nach der Ausgabe von 1846^2), Leipzig 1967.

WERNER, Heinrich
(I) (Hrsg.) Christen und Revolution – Konvergenz und Theologie, Köln 1971.
(II) Pfarrer und Kommunisten. In: Blätter 11/1972, S. 1203–1215.

WICHERN, Johann Hinrich
Sämtliche Werke, hrsg. v. Peter Meinhold, Berlin und Hamburg,

(I) Bd. 1, 1962.
(III/2) Bd. 3, II 1969.

WINKLER, Erich
Marxismus – heute. In: Das Sozialistische Jahrhundert 1946, Heft 3/4, S. 33–34.

WINTER, Gerhard
(I) Zur Geschichtsauffassung Paul Tillichs, Diss. Berlin 1967.
(II) Paul Tillichs Frage nach dem Sinn des Lebens und die Krise des bürgerlichen Geschichtsbewußtseins. In: DZfPh 1968/3, S. 312–326.
(III) Über den Religionsbegriff in der zeitgenössischen evangelischen Theologie. In: DZfPh 1969/8, S. 985–1002.

WÖSSNER, Jakobus
(Hrsg.) Religion im Umbruch. Soziologische Beiträge zur Situation von Religion und Kirche in der gegenwärtigen Gesellschaft, Stuttgart 1972.

WOLF, Ernst
(I) Art.: Evangelisch-sozial, RGG^3 II, S. 793–795.
(II) Art.: Protestantismus, I, Konfessionskundlich, RGG^3 V, S. 648–661.
(III) Die evangelischen Kirchen und der Staat im Dritten Reich, Theologische Studien 74, Zürich 1963.
(IV) Art.: Christlich-sozial, RGG^3 I, S. 1740–1743.

WOLFINGER, Hans Dieter
Der unvollendete Sozialismus. Ein vergessener Auftrag der Kirche, Hamburg 1970.

WÜNSCH, Georg
(I) Religion und Wirtschaft, Tübingen 1925.
(II) Materialistische Geschichtsauffassung und christliche Wahrheit. In: ZRS 1930/2, S. 149–163, 205–216.
(III) (Hrsg.) Reich Gottes – Marxismus – Nationalsozialismus. Ein Bekenntnis religiöser Sozialisten, Tübingen 1931.
(IV) Zwischen allen Fronten. Der Marxismus in soziologischer und christlicher Kritik, Hamburg 1962.

ZIEGER, Paul
Art.: Kirchenaustrittsbewegung in Deutschland, RGG^3 III, S. 1344–1348.

ZILLESSEN, Horst

(Hrsg.) Volk – Nation – Vaterland. Der deutsche Protestantismus und der Nationalismus, Veröffentlichungen des Sozialwissenschaftlichen Instituts der evangelischen Kirchen in Deutschland, Bd. 2, Gütersloh 1970.

ZÖLLIG, Carl

Ein Christ soll Sozialist sein, Hamburg 1949.

Jahrbücher, Reihen, Wörterbücher, Zeitschriften
(mit Abkürzungen)

AuB = Für Arbeit und Besinnung. Kirchlich-theologische Halbmonatsschrift für evangelische Geistliche, Stuttgart.

Arch. Soc. Relig. = Archives de Sociologie des Religions, Paris.

Archiv für Sozialgeschichte, hrsg v. d. Friedrich-Ebert-Stiftung, Hannover.

Archiv für Sozialwissenschaft und Sozialpolitik, Tübingen.

Das Argument. Zeitschrift für Philosophie und Sozialwissenschaften, Berlin.

Blätter = Blätter für deutsche und internationale Politik, Köln.

Christ und Sozialist. Blätter der Gemeinschaft für Christentum und Sozialismus, Frankfurt/Main.

ChW = Die Christliche Welt. Wochenschrift für Gegenwartschristentum, Marburg.

CVB = Christliches Volksblatt, Karlsruhe.

DND = Die Neue Demokratie im Bild. Illustrierte Zeitschrift für Politik, Wirtschaft und Kultur, Baden-Baden.

DZfPh = Deutsche Zeitschrift für Philosophie, Berlin.

EPI = Evangelischer Presse- und Informationsdienst. Nachrichten aus dem religiösen Leben in aller Welt, Frankfurt/Main.

Evangelisch-lutherische Kirchenzeitung, Berlin.

EvTh = Evangelische Theologie, München.

Gewerkschaftliche Monatshefte, Köln.

Hamburger Akademische Rundschau, Hamburg.

Historische Zeitschrift, München.

IDZ = Internationale Dialogzeitschrift, Freiburg.

IJRS = Internationales Jahrbuch für Religionssoziolo-

		gie, hrsg. v. Joachim Matthes, bisher 7 Bände, Köln und Opladen 1965–1971.
KK	=	Kritischer Katholizismus. Zeitung für Theorie und Praxis in Gesellschaft und Kirche, Köln.
		Junge Kirche. Protestantische Monatshefte, Dortmund.
KZfSS	=	Kölner Zeitschrift für Soziologie und Sozialpsychologie, Köln.
Marxismusstudien (I)	=	Marxismusstudien, 1. Folge, hrsg. v. Erwin Metzke, Schriften der Evangelischen Akademien 3, Tübingen 1954.
(II–V)	=	2.–5. Folge, hrsg. v. Iring Fetscher, Schriften der Evangelischen Studiengemeinschaft 5 ff., Tübingen 1957/60/62/68.
(VI)	=	6. Folge, hrsg. v. Ulrich Duchrow, im Auftrag der Marxismus-Kommission der Evangelischen Studiengemeinschaft, Tübingen 1969.
		Monatsschrift für Pastoraltheologie, Göttingen.
		Neue kirchliche Zeitschrift, Leipzig, Erlangen.
		Deutsches Pfarrerblatt. Bundesblatt der deutschen evangelischen Pfarrervereine, Essen.
Philosophisches Wörterbuch	=	Philosophisches Wörterbuch, hrsg. v. Georg Klaus und Manfred Buhr, 2 Bde.,
(I)		Bd. I, Berlin 1970^{7}
(II)		Bd. II, Berlin 1971^{8}.
Probleme der Religionssoziologie	=	Probleme der Religionssoziologie. KZfSS, Sonderheft 6, 1962, hrsg. v. Dietrich Goldschmidt und Joachim Matthes, Opladen 1971^{3}.
RGG^{3}	=	Die Religion in Geschichte und Gegenwart, 6 Bände, hrsg. v. Kurt Galling, Tübingen, 3. Auflage 1957–1962.
RS	=	Der Religiöse Sozialist. Sonntagsblatt des arbeitenden Volkes, Mannheim.
RSIF	=	Religionssoziologie. Internationale Forschungsberichte, 5 Hefte, Jena, 1966–1968, hrsg. v. Olof Klohr.
Der Ruf	=	Der Ruf – der jungen Generation. Unabhängige Blätter, München.

Sachwörterbuch der Geschichte	=	Sachwörterbuch der Geschichte Deutschlands und der deutschen Arbeiterbewegung, hrsg. v. Horst Bartel u. a., 2 Bde.,
(I)	=	1. Bd., Berlin 1969,
(II)	=	2. Bd., Berlin 1970.
SAV	=	Sonntagsblatt des arbeitenden Volkes, Karlsruhe und Mannheim.
Schmollers Jahrbuch	=	Schmollers Jahrbuch für Gesetzgebung, Verwaltung und Volkswirtschaft, Berlin.
Situation und Entscheidung	=	Situation und Entscheidung, Zeitbuch für Politik und Kultur, hrsg. v. Walter Rest, Warendorf.
		Das Sozialistische Jahrhundert, Halbmonatsschrift, Berlin.
		Sozialistische Monatshefte, Internationale Revue des Sozialismus, Berlin.
Stimme	=	Stimme der Gemeinde zum kirchlichen Leben, zur Politik, Wirtschaft und Kultur, Frankfurt/Main.
ThR	=	Theologische Rundschau, Tübingen.
		Der Überblick. Nachrichtendienst aus der christlichen Welt, München.
unterwegs	=	unterwegs – eine evangelische Zeitbuchreihe, Berlin.
		Wissen und Tat. Zeitschrift für Wirtschaft, Politik und Kultur, hrsg. v. d. KPD-Landesleitung Groß-Hessen.
Wörterbuch der marxistisch-leninistischen Soziologie	=	Wörterbuch der marxistisch-leninistischen Soziologie, hrsg. v. Wolfgang Eichhorn I u. a., Opladen 1971².
Wörterbuch der Volkswirtschaft	=	Wörterbuch der Volkswirtschaft, hrsg. v. Ludwig Elster, Jena 1931⁴.
		Zeitschrift für Geschichtswissenschaft, Berlin.
ZRS	=	Zeitschrift für Religion und Sozialismus, Karlsruhe und Mannheim.

Pahl-Rugenstein

Friedrich Martin Balzer
Klassengegensätze in der Kirche
Erwin Eckert und der Bund Religiöser Sozialisten, 296 Seiten, Schutzumschlag, DM 14,80

Heinrich Werner (Hrsg.)
Christen und Revolution
Beiträge von G. Bassarak, H. Treblin, A. Schweizer, I. Roer, K. J. Jockers, H. Stuckmann und H. Werner, 154 Seiten, engl. br., DM 9,80

Hans Karl Rupp
Außerparlamentarische Opposition in der Ära Adenauer
Der Kampf gegen die Atombewaffnung, 331 Seiten, br., DM 22,80

Hans Dieter Bamberg
Militärseelsorge in der Bundeswehr
Schule der Anpassung und des Unfriedens, 304 Seiten, engl. br., DM 9,80

Winfried Schwamborn
Handbuch für Kriegsdienstverweigerer
Auf den neusten Stand gebrachte Ausgabe, 166 Seiten, br., DM 9,80

Stefan Doernberg u. a. (Hrsg.)
Probleme des Friedens, der Sicherheit und der Zusammenarbeit
Beiträge aus Ost- und Westeuropa, 320 Seiten, br. mit Schutzumschlag, DM 14,80

Hans Werner Bartsch u. a. (Hrsg.)
Chile – Ein Schwarzbuch
Großband, 228 Seiten, 200 teilweise ganzseitige Abbildungen, Leinen, mit Schutzumschlag, DM 12,80

Kritischer Katholizismus
Monatsschrift, Jahresabonnement DM 18,–

akid Zeitschrift für Theorie und Praxis in Kirche und Gesellschaft
Erscheint monatlich, Jahresabonnement DM 18,–

Politik · Soziologie

BRD – DDR Vergleich der Gesellschaftssysteme
Mit Beiträgen von H. Jung, F. Deppe, K. H. Tjaden, G. Fülberth, R. Kühnl, P. Römer, E. Wulff, K. Steinhaus u. a., 442 Seiten, DM 12,80

Boris A. Cagin
Der subjektive Faktor
Struktur und Gesetzmäßigkeiten
256 Seiten, DM 14,80

Frank Deppe
Das Bewußtsein der Arbeiter
359 Seiten, DM 12,80

Jean C. Quiniou
Marxismus und Informatik
160 Seiten, DM 12,80

Wolfgang Fritz Haug
Vorlesungen zur Einführung ins „Kapital"
198 Seiten, DM 12,80

Florence Hervé
Studentinnen in der BRD
206 Seiten, 55 Tabellen, DM 12,80

Ch. Kievenheim/A. Leisewitz (Hg.)
Soziale Stellung und Bewußtsein der Intelligenz
Mit Beiträgen von F. Deppe, S. Herkommer, Ch. Kievenheim, A. Leisewitz, B. Moldenhauer, J. Priewe, E. Spoo u. a., 384 Seiten, DM 14,80

Igor S. Kon
Soziologie der Persönlichkeit
496 Seiten, DM 19,80

Jürgen Kuczynski
Wissenschaft und Gesellschaft
240 Seiten, DM 14,80

Jürgen Kuczynski
Wissenschaft heute und morgen
149 Seiten, DM 12,80

Hellmuth Lange
Wissenschaftlich-technische Intelligenz
237 Seiten, DM 12,80

Artur Meier
Soziologie des Bildungswesens
Eine Einführung. 400 Seiten, DM 19,80

Mitbestimmung als Kampfaufgabe
Grundlagen – Möglichkeiten – Zielrichtungen. Hrsg. vom Institut für marxistische Studien und Forschungen, Frankfurt/Main, Studienausgabe, 282 Seiten, DM 10,–

Alfred Oppolzer
Entfremdung und Industriearbeit
Die Kategorie der Entfremdung bei Karl Marx
304 Seiten, DM 19,80

W. S. Semjenow
Kapitalismus und Klassen
Zur Sozialstruktur in der modernen kapitalistischen Gesellschaft, 379 Seiten, DM 19,80

Die Septemberstreiks 1969
Darstellung, Analyse, Dokumente, hrsg. vom Institut für Marxistische Studien und Forschungen, Frankfurt/Main, 277 Seiten, DM 11,80

Medizin und gesellschaftlicher Fortschritt
Thesen, Referate, Diskussionen und Beschlüsse des Kongresses „Medizin und gesellschaftlicher Fortschritt“ am 20./21. Januar 1973 in Marburg, 470 Seiten, DM 14,80

Andrzej Wohl
Die gesellschaftlich-historischen Grundlagen des bürgerlichen Sports
204 Seiten, DM 12,80

Willy Wyniger
Demokratie und Plan in der DDR
Probleme der Bewältigung der wissenschaftlich-technischen Revolution, 140 Seiten, DM 14,80

Pahl-Rugenstein